भारत हमें क्या सिखा सकता है?

व्याख्यान

भारत हमें क्या सिखा सकता है?

मैक्स मूलर

अनुवाद
डॉ. सुरेश मिश्र

राजकमल प्रकाशन

मूल कृति *India : What can it teach us?* का हिन्दी अनुवाद

ISBN : 978-93-88933-89-6

मूल्य : ₹695

पहला संस्करण : 2019
This book is printed on **Print on Demand** Technology : 2024

प्रकाशक : राजकमल प्रकाशन प्रा. लि.
1-बी, नेताजी सुभाष मार्ग, दरियागंज
नई दिल्ली-110 002

शाखाएँ : अशोक राजपथ, साइंस कॉलेज के सामने, पटना-800 006
पहली मंजिल, दरबारी बिल्डिंग, महात्मा गांधी मार्ग, प्रयागराज-211 001
1, अनमोल सोराबजी संतुक लेन, धोबी तलाव, मरीन लाइंस, मुम्बई-400 002
वेबसाइट : www.rajkamalprakashan.com
ई-मेल : info@rajkamalprakashan.com

BHARAT : HAMEIN KYA SIKHA SAKATA HAI?
by Max Müller
Translated by Dr. Suresh Mishra

कैम्ब्रिज विश्वविद्यालय के कार्पस क्राइस्ट कॉलेज के फैलो एवं
संस्कृत प्रोफेसर ई.वी. कावेल, एम.ए., एल.एल.डी. को
समर्पित

अनुवादकीय

भारतीय इतिहास और संस्कृति का अध्येता होने के कारण मैंने प्रो. मैक्स मूलर के अवदान पर छुट-पुट पढ़ रखा था, लेकिन जब मैंने करीब दस साल पहले उनकी कृति "इंडिया : व्हाट कैन इट टीच अस" को पढ़ा तो मुझे लगा इस कृति को हिन्दी में प्रकाशित होना ही चाहिए। मैंने इस पुस्तक का अनुवाद करना प्रारम्भ किया और उसके प्रकाशन के लिए प्रकाशकों से पत्र व्यवहार करना भी प्रारम्भ किया। पुस्तक की भाषा और उसमें निहित विषय इतने दुरूह थे कि कभी-कभी ऐसा लगा कि इस काम को छोड़ देना चाहिए। लेकिन फिर धीरे-धीरे काम आगे बढ़ता गया और अनुवाद पूरा हो गया।

चूँकि अनुवाद के लिए मुझे यह पुस्तक छपे रूप में उपलब्ध नहीं हुई इसलिए मैंने इस अनुवाद में मूल अंग्रेजी पुस्तक के ई-संस्करण का उपयोग किया है। पुस्तक में कुल 346 पादटिप्पणियाँ हैं जो पुस्तक में आए बिन्दुओं के सूक्ष्म पक्षों को विस्तार से समझाती हैं। आम पाठक के लिए ये बहुत दुरूह होंगी, ऐसा मानकर मैंने इन पादटिप्पणियों का अनुवाद नहीं किया है।

इस पुस्तक का अनुवाद करना मेरे लिए एक चुनौती थी। जिन विषयों पर प्रो. मैक्स मूलर ने व्याख्यान दिए थे वे स्वयं में ही बहुत क्लिष्ट विषय थे और प्रो. मैक्स मूलर जैसे विद्वान चिन्तक द्वारा दिए व्याख्यानों की भाषा भी जटिल थी। यह जटिलता उनके लम्बे-लम्बे मिश्र वाक्यों के कारण और भी बढ़ गई। इस सारी उलझन के बीच मैंने अनुवाद की भाषा को आसान और सुपाठ्य बनाने की पूरी कोशिश की है, ताकि प्रो. मैक्स मूलर की गहन विद्वत्ता प्रकट करने वाली विषय वस्तु पाठकों की समझ में आ सके। कहना कठिन है कि मैं इसमें कितना सफल हुआ हूँ।

राजकमल प्रकाशन के श्री अशोक महेश्वरी को धन्यवाद कि वे इस महान रचना को हिन्दी के पाठकों तक पहुँचाने का माध्यम बन रहे हैं।

—डॉ. सुरेश मिश्र

प्रिय श्री कावेल

आपके हार्दिक प्रोत्साहन के बिना ये व्याख्यान न तो लिखे जा सकते थे और न ये व्याख्यान दिए जा सकते थे। इसलिए मुझे आशा है कि अब आप मुझे ये व्याख्यान आपको ही समर्पित करने की अनुमति देंगे। प्राच्य विद्या के विद्वान के रूप में आपकी महान उपलब्धियों के प्रति मेरी हार्दिक प्रशंसा के रूप में ही नहीं, बल्कि हमारी तीस साल पुरानी मित्रता के एक स्मारक के रूप में भी यह ग्रन्थ आपको समर्पित कर रहा हूँ। हमारी यह मित्रता ने कई तूफानों को झेला है और मुझे विश्वास है कि हमारे शेष जीवन में भी यह मित्रता बनी रहेगी।

मुझे यह स्पष्ट कर देना चाहिए कि इन व्याख्यानों को आपको समर्पित करके मैं इनमें व्यक्त अपने विचारों का कोई दायित्व आप पर नहीं थोपना चाहता। मैं जानता हूँ कि आप भारत के प्राचीन धर्म और साहित्य से सम्बन्धित मेरे कई मतों से सहमत नहीं हैं, और मुझे यह अच्छी तरह मालूम है कि समग्र प्राचीन संस्कृत साहित्य का मैंने जो काल निर्धारण किया है उसे मानने वाला मैं लगभग एकाकी व्यक्ति हूँ। यदि विज्ञान और साहित्य की अदालत में मित्रता की कोई आवाज होती तो मैं आपको यह विश्वास दिलाता हूँ कि मेरे व्याख्यानों पर आपने जो बेबाक आलोचना की थी उसे मैं आपकी सच्ची और ईमानदार मित्रता का श्रेष्ठ प्रमाण मानता हूँ। यदि सच्चे विद्वानों, मेरा मतलब है सिर्फ अध्ययन के ही नहीं, बल्कि निर्णय-सक्षम और चरित्रवान विद्वानों ने मेरे लेखन को कठोर और गवेषणापूर्ण आलोचना के योग्य समझा है, तो यह मेरे लिए अत्यन्त सम्मान की बात है। यदि किसी विद्वान ने एक भी नया तथ्य प्रस्तुत किया है तो मैंने उसके प्रति बहुत सावधानी बरती है, हालाँकि यह मेरे ही विरुद्ध जाता था। इसके विपरीत मैंने अपनी थोथी प्रशंसा या थोथी आलोचना की कभी चिन्ता नहीं की। अपने अध्ययन के प्रति गम्भीर निष्ठा और सत्य के प्रति अविचल निष्ठा किसी भी विद्वान को ऐसे मजबूत कवच से मंडित कर

देती है कि प्रशंसा या निन्दा का उस पर कोई प्रभाव नहीं पड़ता। यह उसे ऐसा पारदर्शी मुखरक्षक भी देती है जो किसी भी दिशा से आने वाले प्रकाश की किसी भी किरण को नहीं रोकती। उसका लक्ष्य होता है अधिक प्रकाश, अधिक सत्य, अधिक तथ्य और तथ्यों का अधिक संयोग। यदि उस लक्ष्यप्राप्ति में वह असफल होता है, जैसा कि उसके पहले कई विद्वान असफल हुए हैं, तो वह यह जानता है कि सत्य की खोज में असफलताएँ कभी-कभी विजय और सच्चे विजेता की शर्त बन जाती हैं, चाहे उसे संसार पराजित कहता है।

संस्कृत के अध्ययन और अध्यापन की जो स्थिति वर्तमान में है उसे आपसे ज्यादा कोई नहीं जानता। आप जानते हैं कि आजकल और आने वाले कुछ समय तक संस्कृत का अर्थ है अन्वेषण और विजय। आपकी स्वयं की कृतियाँ आगे बढ़ते कदम का और नई उपलब्धियों के स्थायी होने का वास्तविक चिन्ह हैं। किन्तु आप यह भी जानते हैं कि संस्कृत साहित्य के विशाल महाद्वीप का कितना छोटा हिस्सा अभी तक खोजा गया है और अभी कितना अज्ञात है। इसमें सन्देह नहीं कि अन्वेषण का यह कार्य कष्टप्रद है और अकसर निराश करने वाला होता है, किन्तु युवा छात्रों को उस टिप्पणी की सच्चाई को समझना चाहिए जो हाल ही में इंडियन सिविल सर्विस के एक उल्लेखनीय सदस्य डॉ. बरनैल ने की थी, और जिनके निधन पर हम सभी दुखी हैं। उन्होंने कहा था ''जो भी कष्ट दूसरों के कष्ट का निवारण करता है वह कोई कष्ट नहीं है।'' हम ऐसे लोग चाहते हैं जो कड़ी मेहनत कर सकें, चाहे उसमें उनके परिश्रम का प्रतिदान उन्हें न मिले। हमें मजबूत और साहसी लोग चाहिए जो तूफानों और जहाज ध्वस्त होने से नहीं डरते। सबसे बुरे नाविक वे नहीं होते जिनके जहाज ध्वस्त हो जाते हैं, बल्कि वे होते हैं जो किनारे बैठे-बैठे लहरें गिनते रहते हैं और अपने पैर गीले होने से डरते हैं।

सर विलियम जोन्स, थॉमस कोलब्रुक और होरेस हेमेन विलसन के परिश्रमों की आलोचना करना आसान है, किन्तु यदि ये लोग वहाँ नहीं दौड़ते जहाँ आज भी कई लोग जाने से डरते हैं, तो संस्कृत के अध्ययन और अध्यापन का क्या होता? और यदि उनकी विजयें ही हमेशा के लिए हमारे ज्ञान की सीमा बन जाते तो संस्कृत के अध्ययन और अध्यापन का क्या होता? आप इस बारे में सबसे ज्यादा जानते हैं कि संस्कृत साहित्य में नलों और शकुन्तलाओं से अधिक खोजने की आवश्यकता है और यह बात निश्चित है कि जो युवागण प्रति वर्ष

भारत जाते हैं उनमें जोखिम उठाने की या साहसिक काम करने की भावना की कमी नहीं है। तब फिर क्यों ऐसा कहा जाना चाहिए कि इंडियन सिविल सर्विस को कभी पूरी दुनिया में जिन पुराने अन्वेषकों के समूह ने प्रतिष्ठा दिलाई थी वह समूह अब पूरी तरह लुप्त हो गया है और जो इंग्लैंड भारत की प्राचीन भाषा, साहित्य और इतिहास के अध्ययन के लिए सबसे शक्तिशाली प्रोत्साहन और अत्यन्त चमकदार अवसर देता है, वह अब संस्कृत के अध्ययन अध्यापन की अग्रिम पंक्ति में नहीं है।

यदि मेरा व्याख्यान सुनने वाले, इंडियन सिविल सर्विस के लिए कुछ युवा उम्मीदवार मन में संकल्प कर लें कि यह आलोचना मिटा दी जाएगी और यदि इनमें से कुछ लोग सर विलियम जोन्स के पदचिन्हों पर चलने का संकल्प ले लें और दुनिया को यह दिखा दें कि जो अंग्रेज हिम्मत, लगन और वास्तविक राजनीतिक प्रतिभा से भारत पर भौतिक विजय प्राप्त कर सके थे, वे अपनी बौद्धिक विजय की प्रशंसा अन्य देशों के हाथों में नहीं जाने देंगे, तो मुझे सचमुच आनन्द का अनुभव होगा। मैं यह अनुभव करूँगा कि मुझ पर मेरे दत्तक देश का और उसके कुछ महानतम राजनयिकों का जो भारी ऋण है उसे मैंने, चाहे कितने भी छोटे रूप में हो, चुका दिया है। इस देश ने और यहाँ के राजनयिकों ने मुझे ऐसा अवसर दिया है कि मैं अपने जीवन के स्वप्न को पूरा कर सका—याने संस्कृत, नहीं आर्यों के साहित्य की सबसे प्राचीन पुस्तक ऋग्वेद के पाठ और उसकी टीका का प्रकाशन और अब 'सेक्रेड बुक्स ऑफ द ईस्ट' के अनुवाद के संस्करण का प्रकाशन।

मैंने अपने व्याख्यानों को वैसा ही रहने दिया है जैसा उन्हें मैंने कैम्ब्रिज में दिया था। मैं व्याख्यानों की पद्धति को पसन्द करता हूँ, क्योंकि यह मुझे ऐसा स्वाभाविक तरीका दिखता है जैसा कि हमारे युग में, याने उपदेशात्मक होना चाहिए। जिस प्रकार प्राचीन ग्रीस में संवादों में लोगों के बौद्धिक जीवन का सच्चा रूप प्रतिबिम्बित होता था और जैसे मध्यकाल में विद्वत्तापूर्ण साहित्य, आश्रमों के प्रकोष्ठ में बैठे संत के साथ स्वाभाविक रूप से एक लम्बे एकालाप का रूप ग्रहण कर लेता था उसी प्रकार हमारे समय व्याख्यान की प्रणाली लेखक को तत्काल उस स्थिति में लाकर बिठा देती है जिसमें वह अपने साथियों के सामने बोलने का और अपना ज्ञान दूसरों को देने का अभ्यस्त रहता है। इसमें सन्देह नहीं कि इसमें कुछ नुकसान भी हैं। जो व्याख्यान

उपदेशात्मक होता है उसे पूर्ण बनाने के लिए हमें कुछ बातों को कहना और दोहराना होता है, जिनसे कुछ पाठक परिचित होंगे। लेकिन हमें वह जानकारी छोड़ने के लिए बाध्य होना पड़ता है, जो सम्भवतः हमें अपने छात्रों के सामने प्रस्तुत करने में नहीं हिचकना चाहिए, चाहे वह अधूरे स्वरूप में क्यों न हो, और जिसके बारे में हम महसूस करते हैं कि हमने अभी इतनी दक्षता और परिपक्वता प्राप्त नहीं कर ली है कि हम उसे एक विशाल जनसमूह के सामने स्पष्ट और आसान रूप में प्रस्तुत कर सकें।

किन्तु जो लाभ हैं वे नुकसान से अधिक हैं। एक समालोचनात्मक श्रोता समूह को लगातार अपनी आँखों के सामने रखते हुए, एक व्याख्यान हमें इस बात के लिए बाध्य करता है कि हम अपने विषय को संक्षिप्त करें, महत्त्वपूर्ण और गैर महत्त्वपूर्ण के बीच में भेद करें और स्वयं को उस आनन्द के प्रदर्शन से वंचित रखें जिसे हमने सबसे अधिक परिश्रम से पाया था, लेकिन जो अन्य छात्रों के लिए खास महत्त्व का नहीं है। व्याख्यान देते समय हमें यह बात लगातार ध्यान में रखना होता है कि छात्र को क्या याद नहीं रहता, कि उनका ज्ञान सिर्फ उनके लिए ही नहीं बना है, बल्कि दूसरों के लिए भी है और ठीक से जानने का अर्थ होता है ठीक से पढ़ा पाना। मैं यह स्वीकार करता हूँ कि मैं तब तक नहीं लिख सकता जब तक कि मैं उस व्यक्ति के बारे में नहीं सोच लेता जिसके लिए मैं लिख रहा हूँ। आपके विश्वविद्यालय में जिस प्रकार के विद्वान, मेधावी और सहृदय लोग श्रोता थे, उससे बेहतर श्रोताओं की मैं कभी आशा नहीं कर सकता।

अभी मैं यह स्वीकार करता हूँ कि मैं जो कुछ कहना चाहता था वह प्रस्तुत करने में सफल नहीं हुआ। विशेष रूप से मैं उन साक्ष्यों को प्रस्तुत नहीं कर पाया जिन पर मेरे वक्तव्य, व्याख्यान के उच्चतर स्तर तक, आधारित थे। इसलिए, मैंने कम व्यवस्थित तरीके से कई टिप्पणियाँ जोड़ दी हैं, जो शायद वैसी नहीं हैं, जो हमारे अध्ययन के उच्चतम उद्देश्य के लिए आवश्यक हैं।

सप्रेम आपका

—मैक्स मूलर

ऑक्सफोर्ड
दिसम्बर, 1882

क्रम

भारत हमें क्या सिखा सकता है?

1

भारत हमें क्या सिखा सकता है?

जब मुझे कैम्ब्रिज के इतिहास अध्ययन-मंडल से कुछ व्याख्यान देने का आमंत्रण मिला जो खासतौर से इंडियन सिविल सर्विस के उम्मीदवारों के लिए बनाया गया था, तो मैं कुछ देर के लिए झिझका क्योंकि मुझे इस पर बहुत सन्देह था कि क्या मैं अपने व्याख्यानों के जरिए वास्तव में कुछ ऐसा कर सकूँगा जो उनके लिए परीक्षा उत्तीर्ण करने में सचमुच उपयोगी होगा। ऐसा लगता है कि विश्वविद्यालयों का एक मात्र नहीं तो प्रमुख उद्देश्य युवाओं को परीक्षा पास करने के लिए योग्य बनाना है और इंडियन सिविल सर्विसेज के उम्मीदवारों के लिए अपनी परीक्षा पास करना, और अच्छी तरह से पास करना किसी भी कक्षा के विद्यार्थियों की तुलना में बहुत ज्यादा महत्त्व का है।

हालाँकि मुझे यह डर था कि मेरे कुछ व्याख्यानों में उपस्थित होने से ऐसे उम्मीदवार को शायद ही लाभ होगा जो लन्दन की तीन परीक्षाओं की कठिन यात्रा तय करने के लिए पूरी तरह तैयार नहीं हैं, तथापि, दूसरी ओर मैं इस तथ्य को भी नहीं नकार सकता था कि ये विश्वविद्यालय किसी परीक्षा के लिए सिर्फ सीढ़ी बनने के लिए ही नहीं बने हैं, बल्कि ऐसा कुछ और भी है जो विश्वविद्यालय पढ़ा सकते हैं और उन्हें पढ़ाना चाहिए—इसके बारे में मुझे पूरी तरह विश्वास है कि वे मूलत: पढ़ाने के लिए बने थे—कि वह परीक्षक मंडल के सामने उसकी बाजारू कीमत चाहे न हो, किन्तु हमारे पूरे जीवन के लिए उसका स्थायी मूल्य हो। यही बात हमारे काम में वास्तविक रुचि, और उससे ज्यादा, हमारे काम के प्रति प्रेम, और उससे ज्यादा हमारे काम में सच्चा आनन्द और सुख प्रदान करता है। यदि कोई विश्वविद्यालय यह पढ़ा सकता है, यदि वह अध्ययन करने और जीवन संघर्ष के लिए खुद को तैयार करने और दैनन्दिन जीवन के उबाऊ परिश्रम के लिए युवाओं के दिमाग में एक सूक्ष्म जीवन्त कीटाणु उनके दिमाग में रोप देता है, तब मुझे यह विश्वास हो जाता है कि किसी विश्वविद्यालय ने कुछ ज्यादा किया और उसने अत्यन्त कठिन परीक्षा को पास करने में और सीनियर रेंगलर्स या प्रथम श्रेणी का व्यक्ति बनने के लिए

उच्चतम स्थान पाने में उनकी सहायता करने की तुलना में उसने उन्हें ज्यादा स्थायी फायदा पहुँचाया है।

दुर्भाग्य से एक के बाद दूसरी परीक्षा पास करने के लिए जो काम करना पड़ता है और ढेर सारी जानकारी एकत्र करने की जो प्रक्रिया हाल में ही उत्कृष्टता के शिखर पर ला दी गई है उससे बहुत विपरीत प्रभाव पड़ा है। इससे उस काम के लिए भूख पैदा न होकर अगर बौद्धिक उबकाई नहीं तो ऐसी उदासीनता तो पैदा होती ही है जो जीवनपर्यन्त बनी रह सकती है।

इसका डर जितना इंडियन सिविल सर्विस के उम्मीदवारों के लिए है उतना किसी और के लिए नहीं है। इंडियन सिविल सर्विस में प्रवेश के लिए पहली परीक्षा उत्तीर्ण करने और यह प्रमाण देने के बाद कि उन्होंने उदार शिक्षा के लाभ हासिल कर लिए हैं और क्लासिक्स, इतिहास और गणित में हमारे पब्लिक स्कूलों से सामान्य जानकारी प्राप्त कर ली है, जिससे बाद की जिन्दगी के सभी ज्यादा महत्त्वपूर्ण और प्रोफेशनल अध्ययनों के लिए श्रेष्ठ और सुनिश्चित नींव निस्सन्देह रूप से डाल दी गई है, वे एकाएक पाते हैं कि अपने पुराने अध्ययनों और पुराने मित्रों से कट गए हैं। तब उन्हें ऐसे नए विषय लेने के लिए बाध्य होना पड़ता है जो उनके लिए विकर्षी चाहे न हों लेकिन अजनबी और अजीब जरूर लगते हैं। अजनबी वर्णमाला, अजनबी भाषा, अजनबी नाम, अजनबी साहित्य और कानूनों का उन्हें सामना करना होगा और उन्हें उनका चयन नहीं करना है बल्कि उन्हें आवश्यक रूप से जानना है। दो साल तक चलने वाला यह पाठ्यक्रम तय है, विषय निश्चित है, किताबें तय हैं, परीक्षा की व्यवस्था है और यदि उम्मीदवार ठीक ढंग से हर अगली बाधा को पक्के तौर पर बिना किसी दुर्घटना के पार करना चाहता है तो उसे बाएँ-दाएँ देखने का समय नहीं है।

मैं यह अच्छी तरह जानता हूँ कि इसका कोई रास्ता नहीं है। यदि परीक्षाएँ बुद्धिमत्ता से संचालित की जा सकती हैं तो मैं परीक्षा प्रणाली के खिलाफ नहीं हूँ। खुद एक पुराना परीक्षक होने के नाते मुझे यह कहने के लिए बाध्य होना पड़ेगा कि जितना ज्ञान इन परीक्षाओं में तैयारशुदा रूप में पैदा किया जाता है वह एकदम भौचक कर देने वाला है। प्रश्नपत्र में उत्तर हैं, कई तारीखें हैं, शाही नामों और लड़ाइयों की सूचियाँ हैं, अनियमित क्रियाएँ हैं, सांख्यिकी के आँकड़े हैं और दूसरी कितनी सारी चीजें हैं। किन्तु उम्मीदवारों को जो काम करना है उसमें उनका दिल बहुत कम लगता है। जो परिणाम आते हैं वे निश्चित रूप से बढ़िया हैं लेकिन उनमें मौलिक सोच की चिनगारी या कोई चतुराईपूर्ण गलती शायद ही कभी दिखती है। यह ऐसा काम है जो जरूरत के कारण किया गया है या यूँ कहें कि कर्तव्य की भावना के कारण किया गया है पर प्रेम के कारण शायद ही कभी यह काम किया गया है।

अब उसे कैसा होना चाहिए। हमें ग्रीक और लैटन, कविता, दर्शन, कानून, यूनानी और इटैलियन कला का अध्ययन क्यों अनुकूल लगता है। इससे एक विशेष प्रकार का उत्साह क्यों पैदा होता है और इसे समान रूप से सम्मान दिया जाता है, जबकि संस्कृत, प्राचीन काव्य, दर्शन, कानून और भारत की कला को अधिक हुआ तो विचित्र ही माना जाता है लेकिन ज्यादातर लोग इसे निरर्थक उबाऊ और हास्यास्पद मानते हैं।

यह कहना अजीब है कि यह भावना अन्य किसी देश की तुलना में इंग्लैंड में ज्यादा मौजूद है। फ्रांस, जर्मनी और इटली, यहाँ तक कि डेनमार्क, स्वीडन और रूस में भारत के नाम के साथ एक धुँधला आकर्षण है। जर्मन भाषा की एक अत्यन्त सुन्दर कविता है 'ब्राह्मण की बुद्धिमत्ता' जिसकी रचना रूकर्ट ने की है। मेरे ख्याल से यह रचना विचार और रूप के हिसाब से गेटे की वेस्ट–आस्ट्लिखर डिवन से भी ज्यादा पूर्ण है। जर्मनी में जो विद्वान संस्कृत का अध्ययन करता है उसके बारे में ऐसा माना जाता है कि वह प्राचीन ज्ञान के गहरे और काले रहस्यों में दीक्षित है, और यदि किसी व्यक्ति ने भारत की यात्रा की है और वह चाहे कलकत्ता, बम्बई या मद्रास ही गया हो तो भी उसकी बात ऐसे सुनी जाती है जैसे वह दूसरा मार्कोपोलो हो। इंग्लैंड में संस्कृत के विद्यार्थी को उबाऊ समझा जाता है और यदि कोई बुजुर्ग इंडियन सिविल सर्वेंट एलीफेंटा या टॉवर्स ऑफ साइलेन्स के वैभव का वर्णन करता है तो यह खतरा रहता है कि लोग उठकर चले जाएँगे।

यह जरूर है कि ऐसे कुछ प्राच्यविद हैं जिनकी किताबें पढ़ी जाती हैं और जिन्होंने इंग्लैंड में प्रतिष्ठा पा ली है, क्योंकि वे वास्तव में असाधारण प्रतिभा के धनी थे और उन्हें देश के महान लोगों में रखा गया होता, यदि दुर्भाग्य से उनकी ऊर्जा भारतीय साहित्य में न लगी होती। मेरा मतलब सर विलियम जोन्स से है, जिनके बारे में डॉ. जॉन्सन ने कहा था, ''इनसान के पुत्रों में वे सबसे अधिक प्रबुद्ध लोगों में से थे।'' इसके अलावा थामस कोलब्रुक भी ऐसे ही थे। लेकिन अपने दिनों में अच्छा काम करने वाले कई लोगों, जैसे वेलेंटाइन, बुचानन, कैरी, क्राफर्ड, डेविस, इलियट, एलिस, हाउटन, लेडन, मेकेनजी, मार्सदेन, वारेल, विलकिन्स, विल्सन और अन्य कई विद्वानों को प्राच्य विद्वानों के एक छोटे से समूह के अलावा शायद ही कोई जानता है और उन्हें इंग्लैंड के उन पुस्तकालयों में बेकार समझा जाता है, जो अपने यहाँ विद्वत्ता और विज्ञान की मुख्य शाखाओं की सम्पूर्ण किताबें होने का दावा करते हैं।

कितने ही बार जब मैंने इंडियन सिविल सर्विस के युवा उम्मीदवारों को सलाह दी कि वे कुछ और करने के पहले संस्कृत का अध्ययन करें तो मुझसे कहा गया, ''संस्कृत का अध्ययन करने का हमारे लिए क्या उपयोग है? शकुन्तला, मनु और हितोपदेश के तो अनुवाद मिलते हैं और इनके अलावा उस साहित्य में ऐसा क्या

है जो पढ़ने योग्य है? कालिदास बहुत सुन्दर हो सकते हैं और मनु के कानून बहुत विस्मयकारी हैं और हितोपदेश की कथाएँ बहुत अनोखी हैं लेकिन आप संस्कृत साहित्य की तुलना यूनानी साहित्य से नहीं कर सकते या आप हमें संस्कृत की पांडुलिपियों की प्रतिलिपि करने और उनका सम्पादन करने में समय बर्बाद करने के लिए नहीं कह सकते क्योंकि हमें इनसे ऐसी कोई शिक्षा नहीं मिलती जिसे हम पहले से नहीं जानते या ये हमें ऐसा कुछ नहीं सिखातीं जिसे सीखने की हम उपेक्षा करते हैं।''

यह मुझे बहुत दुखद गलतफहमी लगती है और इसे हटाना और यथासम्भव सुधारना मेरे व्याख्यानों का मुख्य मकसद होगा। मैं यह सिद्ध करने की कोशिश नहीं करूँगा कि संस्कृत साहित्य यूनानी साहित्य के समान है। हमें हमेशा तुलना क्यों करना चाहिए? यूनानी साहित्य के अध्ययन का अलग मकसद है, और संस्कृत साहित्य के अध्ययन का अलग। लेकिन मैं आशा करता हूँ कि मैं आपको यह विश्वास दिला दूँगा कि संस्कृत साहित्य को सही भावना ये यदि पढ़ा जाए तो वह मानवीय रुचि से भरपूर है, ऐसी शिक्षाओं से भरपूर है जो यूनानी भी हमें नहीं सिखा पाए। यह एक ऐसा विषय है जिस पर हर एक इंडियन सिविल सर्विस को अपने खाली समय में कहीं ज्यादा ध्यान देना चाहिए। जिस युवक को अपने जीवन के 25 साल भारत में बिताना है, भारतीयों के बीच में, कर्मचारियों के बीच में कर्मचारी बनकर, विदेशियों के बीच में विदेशी बनकर रहना है तो उसके लिए यही सर्वश्रेष्ठ तरीका है। उसके करने के लिए ढेर सारी उपयोगी और रोचक बातें होंगी, बशर्ते कि वह उन्हें करना चाहता है। जैसा कि वह इटली, ग्रीस या इजिप्त में पिरामिडों के बीच या बेबीलोन के महलों के बीच करता।

अब आप समझ गए होंगे कि मैंने अपने व्याख्यानों का शीर्षक 'भारत हमें क्या सिखा सकता है' क्यों रखा? यह सच है कि ऐसी बहुत-सी बातें हैं जिन्हें भारत को हमसे सीखना है किन्तु ऐसी दूसरी चीजें भी हैं जो एक तरह से महत्त्वपूर्ण हैं और जिन्हें हम भी भारत से सीख सकते हैं।

यदि मैं संसार में किसी ऐसे देश की तलाश करूँ जहाँ प्रकृति ने पृथ्वी के किसी हिस्से में सम्पत्ति, शक्ति और सुन्दरता का वरदान दिया है तो मैं भारत की ओर इंगित करूँगा। यदि मुझसे कोई पूछे कि किस आकाश के नीचे मानव मस्तिष्क ने अपने श्रेष्ठतम वरदानों को अत्यन्त पूर्णता से विकसित किया है और जीवन की महानतम समस्याओं पर अत्यन्त गहन चिन्तन किया है और कुछ ऐसे प्रश्नों का हल पा लिया है जो उन लोगों का भी ध्यान आकर्षित कर सकता है, जिन्होंने प्लेटो और काण्ट का अध्ययन किया है—तो मैं भारत की तरफ इशारा करूँगा। और यदि मुझसे कोई पूछे कि हम यूरोप के रहने वालों को, जिन्हें

यूनानियों, नोमनों और यहूदियों के विचारों पर लगभग पूरी तरह से पोषित किया गया है, उन्हें किस साहित्य से ऐसी सीख मिलेगी जिसकी बहुत जरूरत है ताकि हम अपना आन्तरिक जीवन अधिक पूर्ण, अधिक व्यापक, अधिक वैश्विक, वास्तव में अधिक मानवीय और न सिर्फ वर्तमान जीवन बल्कि एक शाश्वत जीवन बना सकने वाली सीख प्राप्त कर सकते हैं, तो मैं फिर से भारत की ओर इशारा करूँगा।

मैं जानता हूँ कि मेरी बात सुनकर आपको आश्चर्य होगा। जिन लोगों ने अपने सक्रिय जीवन के कई साल कलकत्ता, बम्बई और मद्रास में बिताए हैं वे इस विचार से सिहर जाएँगे कि वे जिन लोगों से वहाँ बाजारों में, या अदालतों में या तथाकथित देशज समाज में मिले, वे हमें कुछ सिखा सकते हैं।

इसलिए मैं अपने इन मित्रों को, जो कई साल तक भारत में सिविल सर्वेंट, अधिकारियों, मिशनरियों और व्यापारियों के रूप में रहे और जो इस देश के बारे में उस व्यक्ति से बहुत ज्यादा जानते होंगे जिसने आर्यावर्त की भूमि पर कभी पैर नहीं रखा, स्पष्ट करना चाहूँगा कि हम अलग-अलग भारत के बारे में बात कर रहे हैं। जबकि मैं मुख्यत: उस भारत के बारे में सोचता हूँ जैसा वह एक हजार, दो हजार और शायद तीन हजार साल पहले था। वे आज के भारत के बारे में सोचते हैं, और जब वे आज के भारत के बारे में सोचते हैं तो उन्हें मुख्यत: कलकत्ता, बम्बई या मद्रास और शहरी भारत की याद आती है। मैं ग्राम्य समुदायों वाले भारत को देखता हूँ जो भारतीयों का सच्चा भारत है।

मैं आप लोगों को, खासतौर से इंडियन सिविल सर्विस के उम्मीदवारों को यह दिखाना चाहता हूँ कि एक हजार, दो हजार और तीन हजार साल का तथा आज का भी भारत समस्याओं से भरा है जिसके निदान का सम्बन्ध हम सभी से है, यहाँ तक कि उन्नीसवीं सदी के इस यूरोप से भी है।

यदि आपकी यहाँ इंग्लैंड में कोई विशेष रुचि बन गई है तो उसकी तुष्टि के लिए भारत में बहुत सामग्री मिलेगी और यदि किसी ने अपने देश में श्रेष्ठ चिन्तकों और कामगारों से सरोकार रखने वाली महान समस्याओं में से किसी एक पर रुचि लेना सीख लिया है तो उसे भारत से यह डर नहीं होना चाहिए कि वह उसके लिए एक बौद्धिक निर्वासन होगा।

यदि आप भूगर्भशास्त्र में रुचि रखते हैं तो आपके लिए हिमालय से लेकर सीलोन तक काम है।

यदि आप वनस्पतिशास्त्र के शौकीन हैं तो वहाँ समृद्ध वनस्पतियाँ हैं, जिन पर हूकर जैसे कई विद्वान काम कर सकते हैं।

यदि आप प्राणिशास्त्री हैं तो हैकर के बारे में सोचिए जो अभी-अभी भारतीय वनों की यात्राएँ कर रहा है और भारतीय समुद्रों में खोजबीन कर रहा है और जिसे

लग रहा है कि भारत में रहने से उसके जीवन का सबसे उज्ज्वल स्वप्न साकार हुआ है।

यदि आप नृतत्व शास्त्र में रुचि रखते हैं तो भारत एक नृतत्वशास्त्रीय संग्रहालय है।

यदि आप पुरातत्व के शौकीन हैं और आपने इंग्लैंड में किसी उत्खनन में सहायता की है और कचरे के ढेर में से एक फाइबुला, चाकू या पत्थर का टुकड़ा पाने का आनन्द जानते हैं तो केवल जनरल कनिंघम की आर्क्यालाजिकल सर्वे ऑफ इंडिया रिपोर्ट्स पढ़िए। आप उस क्षण की व्यग्रता से राह देखेंगे कि आप कब भारत के बौद्ध शासकों द्वारा बनवाए गए प्राचीन विहारों और महाविद्यालयों को ज्यादा प्रकाश में लाने के लिए अपना फावड़ा उठाएँ।

यदि आप सिक्के जमा करने के शौकीन हैं तो भारत में ईरानी, कैरियन, थ्रेसियन, पार्थियन, ग्रीक, मेसिडोनियन, सीथियन, रोमन और मुस्लिम सिक्कों की भरमार है। जब वारेन हेस्टिंग्ज गवर्नर जनरल था तो बनारस में एक नदी के किनारे एक मटका मिला था जिसमें 172 स्वर्ण डेरिक्स थे। वारेन हेस्टिंग्ज ने सोचा कि वह इन प्राचीन सिक्कों को कोर्ट ऑफ डायरेक्टर को प्रस्तुत करके अपने स्वामियों को श्रेष्ठ उपहार दे सकेगा। कहानी यह है कि यह सिक्के गला दिए गए। जब वारेन हेस्टिंग्ज लौटा तो वे सिक्के गायब हो चुके थे। ऐसा अनाचार फिर न हो इसके लिए आप काम कर सकते हैं।

एशियाटिक सोसायटी बंगाल के अन्तिम अंकों में से एक में आप पढ़ सकते हैं कि एक कोष खोजा गया जो इतना सम्पन्न था जितना मेकेना में डॉ. श्लीमेन के द्वारा खोले गए किसी मकबरे में पाया गया था। यही नहीं, मैं कहूँगा कि यह मैकेना में पाए गए खजाने से एकदम असम्बद्ध नहीं था, तथापि इंग्लैंड में शायद ही किसी ने इस पर ध्यान दिया होगा!

मिथकों के अध्ययन में पूर्ण रूप से एक नया स्वरूप प्राप्त कर लिया गया है। इसका कारण यह है कि इस पर भारत के प्राचीन वैदिक मिथकों ने प्रकाश डाला है। यद्यपि मिथकों के सच्चे विज्ञान की आधारशिला रख दी गई है, लेकिन सभी ब्यौरे अभी भी तय होना है और ये भारत से बेहतर कहीं तय नहीं हो सकते।

पुराकथाओं के अध्ययन ने भारत में ही पुनर्जीवन प्राप्त किया और यहीं से विभिन्न समय पर विभिन्न माध्यमों से ये पुराकथाएँ पूर्व से पश्चिम को गईं। अब ऐसा माना जाता है कि बौद्ध धर्म हमारी दन्तकथाओं और नीतिकथाओं का मुख्य स्रोत रहा है। किन्तु यहाँ भी कई समस्याएँ अपने निदान की प्रतीक्षा कर रही हैं। उदाहरण के लिए सिंह की खाल पहने गधे की कथा के संकेत पर गौर करें, जिसका उल्लेख प्लेटो की क्रेटिलस में आता है। क्या यह पूर्व से उधार लिया गया था? या

फिर उस नेवले की कहानी लें जिसे एफ्रोडाइट ने स्त्री बना दिया था और जब उसने चूहे को देखा तो उसे लपकने से अपने को रोक नहीं सका। यह भी संस्कृत के एक आख्यान के समान है कि फिर यह ग्रीस में इतनी जल्दी कैसे पहुँच गया कि यह लगभग 400 ई.पू. में स्टाटिस की एक कामेडी में आ गया? यहाँ भी करने को काफी काम हैं।

हम और भी पीछे अतीत में लौट सकते हैं और भारत की कथाओं और पश्चिम की कथाओं में अनोखा संयोग पाएँगे। हम यह अभी तक नहीं कह पा रहे हैं कि उन्होंने पूर्व से पश्चिम या पश्चिम से पूर्व की यात्रा कैसे की होगी। सोलोमन के समय भारत और सीरिया और पैलेस्टाइन के बीच संचार का एक मार्ग था। मेरा विश्वास है कि कुछ शब्दों के कारण, जो ओफिर से निर्यात होने वाली चीजों के नाम के रूप में बाइबिल में आते हैं, यह कहा जा सकता है कि ये चीजें हैं हाथी दाँत, गोरिल्ला, मोर और चन्दन। लेकिन ये सब चीजें भारत के अलावा किसी भी अन्य देश से निर्यात नहीं की जा सकती थीं। इस अनुमान का भी कोई कारण नहीं है कि भारत, फारस की खाड़ी, लाल सागर और भूमध्य सागर तथा भारत के बीच कभी भी समाप्त नहीं हुआ, उस समय भी नहीं जब 'बुक ऑफ किंग्स' का लेखन माना जाता था।

अब आपको सोलोमन का न्याय याद आ गया होगा, जिसे यहूदियों की भारी बुद्धिमत्ता के प्रमाण के रूप में हमेशा प्रशंसा मिली है। मैं यह मानता हूँ कि चूँकि मेरे पास कानूनी मस्तिष्क नहीं है, मैं उस समय अपनी सिहरन को नहीं दबा पाया जब मैंने सोलोमन का निर्णय पढ़ा : 'जीवित बच्चे के दो टुकड़े कर दो और एक को आधा और दूसरे को आधा दे दो।'

अब मैं आपको वैसी ही एक कहानी बताता हूँ जो बौद्धों द्वारा बताई जाती है। इन बौद्धों के पवित्र धार्मिक नियम इस प्रकार की दन्तकथाओं और नीति कथाओं से भरपूर हैं। बौद्ध त्रिपिटक के तिब्बती अनुवाद कुन्जूर में हम दो स्त्रियों के बारे में पढ़ते हैं जो खुद को एक ही बच्चे की माँ बताती हैं। लम्बे समय तक उनके झगड़े को सुनने के बाद राजा ने यह तय करने की आशा छोड़ दी कि कौन उसकी असली माँ है। इस पर विशाखा सामने आई और उसने कहा : 'इन स्त्रियों का परीक्षण और पुनर्परीक्षण करने का क्या उपयोग है। उन्हें यह बच्चा ले जाने दें और उन्हें खुद ही मामला तय करने दें।' इस पर दोनों स्त्रियाँ बच्चे पर झपट पड़ीं और जब उनकी लड़ाई हिंसात्मक हो गई तो बच्चे को चोट लग गई और वह चिल्लाने लगा। तब उनमें से एक स्त्री ने बच्चे को छोड़ दिया क्योंकि वह बच्चे का रोना नहीं सहन कर सकी।

इससे झगड़ा निपट गया। राजा ने वह बच्चा असली माँ को दे दिया, और दूसरी की उसने डंडे से पिटाई की।

यह मुझे ज्यादा आदिम कथा नहीं दिखती, फिर भी यह मुझे कथा सुनाने की ऐसी शैली प्रतीत होती है जिसमें मुझे मानव स्वभाव के ज्ञान की गहरी समझ और बुद्धिमत्ता, सोलोमन की बुद्धिमत्ता से भी ज्यादा दिखती है।

आपमें से कई ने भाषाओं का ही नहीं, बल्कि भाषा विज्ञान का भी अध्ययन किया होगा। क्या ऐसा कोई देश है जिसमें इस विज्ञान की कुछ अत्यन्त महत्त्वपूर्ण समस्याओं का अध्ययन, जैसे बोलियों का उत्थान और पतन, या भाषाओं का सम्भावित मिश्रण, सिर्फ शब्दों को लेकर नहीं, बल्कि व्याकरण सम्बन्धी तत्त्वों में भी—भारत के आर्यों, द्राविड़ों और मुंडा निवासियों में भी किया जा सकता है, जब वे विभिन्न आक्रान्ताओं और विजेताओं के सम्पर्क में आए, जैसे—ग्रीक, यू ची, अरब, ईरानी, मुगल और अन्त में अंग्रेज।

यदि आप न्यायशास्त्र के छात्र हैं तो भारत में कानून का इतिहास तलाशा जा सकता है। यह ग्रीस, रोम और जर्मनी में कानून के इतिहास से भिन्न है, हालाँकि दोनों विरोधी चीजों और समानताओं में तुलनात्मक न्यायशास्त्र के छात्र के लिए सुझाव भरे पड़े हैं। अभी भी हर साल सामग्री सामने आ रही है, उदाहरण के लिए, तथाकथित धर्म या समयकारिक सूत्र, जिन्होंने बाद की छन्दबद्ध स्मृतियों के लिए प्रदान की है, जैसे मनु की प्रसिद्ध स्मृति। जिसे कभी 'मनु स्मृति' कहा जाता था, वह निश्चय ही 1200 या कम से कम 500 ई.पू. की कही जाती थी। अब उसे बिना किसी हिचक के शायद चौथी सदी ईस्वी का कहा जाता है और बाद में इसे कोड कहा गया, न कि कोड ऑफ लॉज कहा गया और कोड ऑफ लॉज ऑफ मनु तो कतई नहीं कहा गया।

यदि आपने सभी कानूनों के पूर्व की परिस्थितियों पर—जैसे सबसे सादे राजनीतिक समुदायों की आधारभूमि और उन्नति पर—किए गए हाल के अनुसंधानों के मूल्य को समझना सीख लिया है, और यदि आपको इसके बारे में यहाँ कैम्ब्रिज से ज्यादा मौके नहीं मिल पाएँ, तो आप पाएँगे कि आपके सामने अवलोकन के लिए भारत की मौजूदा ग्राम्य जमींदारियों का एक मैदान खुला है जो अनुसंधान के लिए पर्याप्त सामग्री देगा।

हम चाहे इसे स्वीकार करें या इंकार करें, हम किसी अन्य वस्तु से ज्यादा इस जीवन के लिए ज्यादा चिन्ता करते हैं—बल्कि यों कहें कि इसे स्वीकार करने वालों के लिए कम और उससे इंकार करने वालों के लिए ज्यादा फिक्र की जाती है। उसे हम समझें जो हमारे सभी कामों और विचारों तथा आशाओं को सहयोग देता है, फैलाता है और दिशा देता है—जिसके बिना न तो ग्रामीण समुदाय रह सकता है, न साम्राज्य, न रिवाज न कानून, न सही न गलत—वह समझें, जिसने भाषा के बाद, मनुष्य और जानवर के बीच विशेष और स्थायी बाधा मजबूती से खड़ी कर दी है—जिसने जीवन को सम्भव और सहन करने योग्य बनाया है, और जो सभी राष्ट्रीय

जीवन का आधार है क्योंकि यह गहरा है, हालाँकि अकसर यह व्यक्ति के जीवन का प्रच्छन्न झरना होता है—सभी इतिहासों का इतिहास और फिर भी सभी रहस्यों का रहस्य। धर्म की बात करें तो आप उसके सच्चे उद्‍गम को, उसकी स्वाभाविक वृद्धि को और उसके अपरिहार्य ह्रास को भारत से ज्यादा कहीं अध्ययन नहीं कर सकते। भारत ब्राह्मणवाद का घर है, बौद्ध धर्म का जन्म स्थान है, जरथुस्त्रवाद की शरणस्थली है और आज भी नए अन्धविश्वासों की जननी है—और क्यों नहीं भविष्य में, शुद्धतम धर्म की नव विकसित सन्तान उन्नीस सदियों की धूल से ही पवित्र की जाए?

आप स्वयं को भारत में हर स्थान पर घोर अतीत और सुदूर भविष्य के बीच पाएँगे, और यहाँ ऐसे अवसर मिलेंगे, जैसे कि पुरानी दुनिया में शायद ही कभी मिल सकते थे। आज के किसी भी जलते प्रश्न को ले लें—लोक शिक्षा, उच्च शिक्षा, संसदीय प्रतिनिधित्व, विधि संहिता, वित्त, आव्रजन, गरीबों का कानून, और आपको चाहे कुछ भी पढ़ाना हो या आजमाना हो, या कुछ भी देखना हो या सीखना हो, भारत आपको ऐसी प्रयोगशाला देगा जो अन्यत्र कहीं भी नहीं है। जिस संस्कृत का अध्ययन आपको शुरू में बहुत नीरस और निरर्थक लग सकता है, उसे यदि आप जारी रखें—क्योंकि आप कहीं और से बेहतर कैम्ब्रिज में जारी रख सकते हैं—तो आपके सामने साहित्य की वे विशाल परतें खुलेंगी, जो अभी तक अनजानी और अज्ञात हैं। इससे आपको अपना चिन्तन स्तरीय बनाने में ऐसी अन्तर्दृष्टि मिलेगी, जो आपके पहले के ज्ञान से ज्यादा होगी और ऐसी श्रेष्ठ सीखें मिलेंगी जो मानवीय हृदय की गहन सहानुभूतियों को प्रभावित करती हैं।

यदि आप समय निकाल सकते हैं तो इस पर भरोसा कीजिए और आप देखेंगे कि भारत में आपके विश्राम के समय के लिए आपके लिए ढेर सारा काम हैं।

जैसा कि आपकी कल्पना है, भारत एक सुदूर, अजनबी या अनोखा देश है। भविष्य के लिए भारत यूरोप का है, उसका स्थान भारतीय-यूरोपीय संसार में है, उसका स्थान खुद हमारे इतिहास में है, और इतिहास के जीवन में अर्थात मानवीय मस्तिष्क के इतिहास में है।

आप जानते हैं कि हमारे युग के कुछ सर्वश्रेष्ठ प्रतिभाशाली और मेधावी लोगों ने बाहरी या भौतिक संसार, पृथ्वी की वृद्धि, जीवन की प्रथम जीवित कोशिकाओं के उदय, उसके युग्म और विभेदीकरण, और जैविक जीवन के प्रारम्भ और धरातल से शिखर तक होने वाली उसकी क्रमिक प्रगति का अध्ययन किया है। क्या एक आन्तरिक और बौद्धिक संसार भी नहीं है जिसे उसके ऐतिहासिक विकास के साथ पढ़ा जाए? जिसे उसकी जड़ों के पहली बार प्रकट होने से लेकर उनके मिश्रण और भेद तक, जो हमें विवेकपूर्ण चिन्तन के प्रारम्भ तक ले जाए और उसके धरातल से लेकर शिखर तक उसके निरन्तर विकास का परिचय दे? और मानव मस्तिष्क

इतिहास के उस अध्ययन में, उस हमारे अध्ययन में, हमारे सच्चे व्यक्तित्व के अध्ययन में, भारत का स्थान किसी भी देश से ऊँचा है। आप अपने विशेष अध्ययन के लिए मानव मस्तिष्क के किसी भी क्षेत्र को चुनें, चाहे वह भाषा हो, धर्म हो, मिथक हों, दर्शन हों चाहे कानून या रिवाज हों, आदिम कला या आदिम विज्ञान हो, हर जगह आपको भारत जाना है, चाहे आप उसे पसन्द करें या न करें, क्योंकि इनसान के इतिहास की कुछ अत्यन्त मूल्यवान और अनुकरणीय सामग्री में से कुछ का कोष भारत में और भारत में ही है।

जिनका भाग्य जल्दी ही भारत के साथ जुड़नेवाला है, ऐसे लोगों को मैं विश्व के इतिहास में उस आश्चर्यजनक देश की जो वास्तविक स्थिति है उसे बताने की कोशिश कर रहा हूँ। इसी समय मैं शायद इस विश्वविद्यालय के अन्य सदस्यों को यह दिखाकर कि सृष्टि के इतिहास का हमें कितना अपूर्ण ज्ञान है, उनकी कुछ सहानुभूति प्राप्त कर सकूँगा। यदि हम इतिहास के बारे में अपना क्षितिज ग्रीकों, रोमनों, सेक्सनों, सेल्टों तक और पेलेस्टाइन, इजिप्ट और बेबीलोन की धुँधली पृष्ठभूमि तक करेंगे और अपने सबसे पास के बौद्धिक रिश्तेदार भारत के आर्यों, संस्कृत जैसी विस्मयकारी भाषा के निर्माताओं, हमारी बुनियादी अवधारणाओं के निर्माण में हमारे साथ काम करने वालों, सबसे अधिक स्वाभाविक धर्मों के जनकों, सबसे पारदर्शक मिथक बनाने वालों, अत्यन्त सूक्ष्म दर्शन के अन्वेषकों और अत्यन्त विस्तृत विधानों के निर्माताओं को छोड़ देंगे तो मानवीय बुद्धि के विकास के बारे में हमारी अन्तर्दृष्टि वैसी ही बनी रहेगी।

ऐसी कई चीजें हैं जिन्हें हम किसी उदार शिक्षा में जरूरी मानते हैं। यदि हम ठीक से समझें और मुक्त रूप से व्याख्या करें तो हमारे स्कूलों और विश्वविद्यालयों में पढ़ाए जा रहे इतिहास के सभी अध्यायों की तुलना एक क्षण के लिए भी भारत से सम्बन्धित अध्याय से नहीं की जा सकती।

हमारे जमाने में, जबकि इतिहास का अध्ययन असम्भव जैसा होता जा रहा है—मुझे ऐसा लगता है कि सच्चे इतिहासकारों का पहले से ज्यादा अब यह कर्तव्य हो गया है कि चीजों का सही अनुपात तलाशें, कलात्मक नजरिए के कठोर नियमों के अनुसार अपनी सामग्री को व्यवस्थित करें और दुनिया के ऐतिहासिक मंच से गुजरते समय अपने रास्ते से उन सभी चीजों को नजर से हटा दें जिनकी हमारे द्वारा उपेक्षा की जा सकती है। अन्वेषण की ताकत इसी में है और यह वास्तव में महत्त्वपूर्ण है। यह बात एक आम वृत्तान्तकार से सच्चे इतिहासकार को अलग करती है, खासतौर पर तब, जब उसने स्वयं का अन्वेषण किया है। मेरा विचार है कि फ्रेडरिक महान ने ही अपने शासनकाल के सच्चे इतिहासकार के बारे में आह भरते समय, कड़ुवाहट से शिकायत की थी कि जिन्होंने प्रशिया का इतिहास लिखा वे अपनी वर्दी के बटनों का वर्णन करना नहीं भूले। जब कार्लाइल ने कहा कि उसने सभी को पढ़ लिया है,

किन्तु उनमें ऐसा कुछ नहीं है कि वह उनके नाम और पदवियाँ अगली पीढ़ी को सौंपने की प्रेरणा देगा, तब शायद कार्लाइल ऐसी ही कृतियों के बारे में सोच रहा था। और फिर भी कार्लाइल के इतिहासों में भी इतना कुछ है जिसे आराम से विस्मृति को सौंपा जा सकता है।

हम इतिहास को क्यों जानना चाहते हैं? इतिहास क्यों हमारी उदार शिक्षा का मान्य हिस्सा बना हुआ है? सिर्फ इसलिए कि हम सभी, और हममें से हरेक को यह जानना चाहिए कि हम जैसे हैं वैसे हम कैसे बनें, जिससे हर पीढ़ी को उसी बिन्दु से फिर से शुरू न करना पड़े, और उसी मैदान में श्रम न करना पड़े बल्कि हमसे पहले आए लोगों के अनुभव का हम लाभ लें और उच्चतर बिन्दुओं तथा बेहतर उद्देश्यों की ओर बढ़ सकें। जैसे, बच्चा जब बढ़ता है तो वह अपने पिता या पितामह से पूछ सकता है कि जिन खेतों से उन्हें अनाज मिलता है उन्हें किसने तैयार किया था, हम इतिहासकार से पूछते हैं कि हम कहाँ से आए, और जो कुछ हमारे पास है वह कैसे हमारे पास आया। इतिहास हमें बाद में कई रोचक चीजें और गल्प बता सकता है, जो एक बच्चा अपनी माँ या दादी से सुनना चाहता है। किन्तु सबसे पहले इतिहास हमें हमारे अतीत, हमारे पूर्वजों और हमारे कुल के बारे में बताता है।

हमारे मुख्य बौद्धिक पूर्वज, निस्सन्देह, यहूदी, ग्रीक, रोम और सेक्सन थे और यहाँ यूरोप में हम उस व्यक्ति को प्रबुद्ध या शिक्षित नहीं कह सकते जो इस बारे में अनभिज्ञ है कि वह पेलेस्टाइन, ग्रीस, रोम और जर्मनी के अपने बौद्धिक पूर्वजों का ऋणी है। विश्व का सम्पूर्ण पुराना इतिहास उसके लिए अन्धकारमय होगा और अपने पूर्ववर्ती लोगों द्वारा अपने लिए किए गए काम से अनभिज्ञ वह अपने बाद में आने वाली पीढ़ी के लिए शायद ही कुछ करने की चिन्ता करेगा। जीवन उसके लिए रेत की एक शृंखला होगा, जबकि वह उसके लिए बिजली की ऐसी शृंखला होना चाहिए जो अतीत के अत्यन्त पुराने चिन्तन से और भविष्य की अत्यन्त सुदूर आशाओं से हमारे हृदयों को कँपा दे और झंकृत कर दे।

आइए हम अपने धर्म से शुरू करें। यहूदी नस्ल के बारे में जाने बिना ईसाई धर्म की ऐतिहासिक सम्भावना को कोई नहीं समझ सकता। इसका अध्ययन खासतौर से ओल्ड टेस्टामेन्ट के पृष्ठों से किया जाना चाहिए। यहूदियों का बाकी प्राचीन संसार से सच्चा सम्बन्ध क्या था, उनके खास विचार क्या थे और सेमेटिक नस्ल के अन्य सदस्यों के विचारों से उनके विचारों में क्या समानता थी या अन्य प्राचीन देशों से ऐतिहासिक सम्पर्क से उन्हें क्या नैतिक और धार्मिक स्पन्दन मिला, इन्हें समझने के लिए यह अत्यन्त जरूरी है कि हम बेबीलोन, निनेवा, फोनीशिया और ईरान के इतिहास की ओर कुछ ध्यान दें। ये हमें सुदूर देश और विस्मृत लोग दिखा सकते हैं और बहुत से लोग यह भी कहना चाह सकते हैं कि "मृतों को कब्र में ही रहने

दो, हमारे लिए वे ममियाँ यानी सुरक्षित की गई लाशें किस काम की हैं?'' तथापि, इतिहास की अनोखी निरन्तरता ऐसी है कि मैं आपको ऐसी कई चीजें दिखा सकता हूँ, जिसके लिए हम बेबीलोन के, निनेवा के, मिस्र के, फोनिशिया और फारस के ऋणी हैं।

जो भी व्यक्ति घड़ी पहनता है, वह घंटे का विभाजन 60 मिनटों में किए जाने के लिए बेबीलोनिया का ऋणी है। यह विभाजन बहुत खराब हो सकता है, तथापि यह हमें ग्रीकों और रोमनों से मिला है और उन्हें यह बेबीलोन से मिला था। साठ पर आधारित विभाजन खास बेबीलोनियाई है। 150 ई.पू. में हिप्पारकोस ने इसे बेबीलोन से अपनाया और टोलमी ने 150 ईस्वी में इसे ज्यादा विस्तार दिया। फ्रांसीसियों ने यद्यपि सभी दूसरी चीजों को दाशमिक बना लिया, लेकिन उन्होंने हमारी घड़ियों के डायल का सम्मान किया और उनमें 60 बेबीलोनियाई मिनट ही रहने दिए।

पत्र लिखने वाला हर व्यक्ति अपने अक्षरों के लिए रोमनों और ग्रीकों के प्रति ऋणी है और ग्रीक लोग अपने अक्षरों के लिए फोनीशियनों के ऋणी हैं और फोनीशियों ने इसे मिस्र से सीखा। ध्वनिशास्त्र के सभी छात्र आपको यह बताएँगे कि ये अत्यन्त अपूर्ण अक्षर हो सकते हैं, तथापि हम इसके लिए प्राचीन फोनीशियनों और मिस्रियों के ऋणी हैं और हर शब्द में किसी प्राचीन मिस्री चित्रलिपि की ममी जड़ी हुई है।

ईरानियों का हम पर क्या ऋण है? यह कुछ ज्यादा नहीं दिखता, क्योंकि वे बहुत नवाचारी नहीं थे और जो भी वे जानते थे, उन्होंने अपने पड़ोसियों बेबीलोनियनों और असीरियनों से सीखा। सबसे पहले, हम इसके लिए उनके ऋणी हैं कि उन्होंने ग्रीकों से अपने को पराजित होने दिया। क्योंकि जरा सोचिए कि यदि ईरानियों ने मेराथान में ग्रीकों को पराजित कर दिया होता और गुलाम बना लिया होता, अर्थात प्राचीन ग्रीस की प्रज्ञा को नष्ट कर दिया होता तो दुनिया कैसी होती। इसे मानवता की प्रगति के लिए अनिच्छा से किया गया योगदान कहा जा सकता है और मैं सिर्फ इसलिए इसका यहाँ उल्लेख कर रहा हूँ कि सिर्फ ग्रीक और रोमन ही नहीं, बल्कि सेक्सन और एंग्लो-सेक्सन भी पारसी या अग्निपूजक होने से बच गए।

किन्तु मैं यहाँ स्वेच्छा से दिए गए ऐसे उपहार का उल्लेख कर सकता हूँ जो हमें ईरानियों से मिला। यह है हमारी द्वि-धातु वाली मुद्रा में चाँदी और सोने का सम्बन्ध। इसमें सन्देह नहीं कि यह सम्बन्ध पहले बेबीलोनिया में तय किया गया था, किन्तु इसे व्यावहारिक और ऐतिहासिक महत्त्व ईरानियन साम्राज्य में मिला और वहाँ से यह एशिया के ग्रीक उपनिवेशों में फैला और वहाँ से यूरोप में गया और वहाँ वह आज तक किंचित अन्तर के साथ बना हुआ है।

टेलेन्ट को साठ मिना में और मिना को साठ शेकेल्स में विभाजित किया गया। यहाँ हमें फिर से बेबीलोनियाई साठ की गणना प्रणाली मिलती है। मेरा विश्वास है कि उसका उद्‌गम और लोकप्रियता इस तथ्य पर है कि साठ में सबसे ज्यादा संख्या में विभाजक होते हैं। शेकल को ग्रीक में स्टेटर अनुवादित किया गया और एथीनिया का एक सोने का स्टेटर, ईरान के सोने के स्टेटर के समान, क्रासस, डेरियस और सिकन्दर के समय तक सोने के एक मीना का 60 वाँ हिस्सा होता था, जो हमारे सावरेन से ज्यादा फर्क नहीं था। चाँदी का सोने से अनुपात 13 या 13 से 1 तय किया गया, और यदि चाँदी के एक शेकर का वजन 13 से 10 किया गया तो ऐसा सिक्का हमारे फ्लोरिन के काफी निकट माना जाता था। आधा चाँदी का शेकर द्रख्म था, और इसलिए यह हमारे शिलांग का सच्चा पूर्वज था।

आप यह भी कह सकते हैं कि चाँदी और सोने का सापेक्षिक मूल्य तय करने की कोई भी कोशिश भारी गलती है और रही है। फिर भी इससे प्रकट होता है कि विश्व किस प्रकार एकजुट है, और किस प्रकार अच्छे या बुरे के लिए, हम जैसे हैं, वैसा है। ऐसे हम खुद से नहीं बने हैं बल्कि उनके परिश्रम से बने हैं, हमारे सच्चे बौद्धिक पूर्वजों के द्वारा बने हैं, जिनकी शिराओं में बहने वाला रक्त या उनकी खोपड़ी को बनाने वाली हड्डी चाहे जिस चीज के बने हों।

यदि धर्म के सम्बन्ध में यह सच है कि उसके उद्‌गम और विकास के बारे में पूरी तरह जाने बिना हम उसे न तो समझ सकते हैं और न उसकी कद्र कर सकते हैं। अर्थात मेसोपोटामिया के शंकु आकार के लेख, मिस्त्र की चित्र लिपि और उसकी इबारत और फोनीशिया तथा फारस के ऐतिहासिक स्मारकों के बारे में कुछ जाने बिना हम उन्हें नहीं समझ सकते। यह बात उन सभी तत्त्वों के बारे में सच है जो हमारे पूरा बौद्धिक जीवन का निर्माण करते हैं। यदि हम यहूदी या सेमेटिक धर्म के हैं, हमारा दर्शन ग्रीक है, हमारी राजनीति रोमन है और यदि हमारी नैतिकता सेक्सन है, तो यह मान लिया जाता है कि ग्रीकों, रोमनों के इतिहास का या ग्रीस से इटली तक और जर्मनी से लेकर इन द्वीपों तक की सभ्यता के प्रवाह का ज्ञान, उदार अर्थात ऐतिहासिक और विवेकपूर्ण शिक्षा का अनिवार्य तत्त्व है।

किन्तु तब यह कहा जा सकता है कि बस यह काफी है। हमें वह सब तो जान ही लेना चाहिए जो दुनिया के महान ऐतिहासिक राज्यों में हमारे वास्तविक आध्यात्मिक पूर्वजों के बारे में जानने योग्य है। हमने मिस्त्रियों, बेबीलोनियनों, फोनीसियनों, यहूदियों, यूनानियों, रोमनों और सेक्सनों से जो भी विरासत में पाया है, उसके लिए हमें उनका कृतज्ञ होना चाहिए। लेकिन हम भारत की चर्चा यहाँ क्यों करें ? पर्याप्त रूप से शिक्षित कहे जाने के लिए हर व्यक्ति को जो कुछ पहले से ही सहना पड़ रहा है, उस पर हमें क्यों नया बोझ डालना चाहिए ? सिन्धु और गंगा पर रहने वाले काले निवासियों से हमें विरासत में ऐसा क्या मिला है कि हम उनके राजाओं के

नाम, तारीखों और कामों को अपनी स्मृति के अभिलेखागार में डालें जो पहले से ही भार से कराह रही है।

यह शिकायत कुछ तो तर्कसंगत है। भारत के प्राचीन निवासी सीधे रूप से हमारे वैसे बौद्धिक पूर्वज नहीं हैं, जैसे कि यहूदी, ग्रीक, रोम और सेक्सन हैं, लेकिन फिर भी वे उस परिवार की एक शाखा हैं जिसके हिस्से हम भाषा अर्थात चिन्तन के कारण हैं। कुछ मामलों में उनके ऐतिहासिक अभिलेख दूसरे अभिलेखों की तुलना में इतने दूर तक फैले हुए हैं और हमारे लिए ऐसे पूर्ण और पठनीय दस्तावेजों के रूप में सुरक्षित हैं कि हम उनसे ऐसी सीखें ले सकते हैं जो हमें कहीं नहीं मिलेंगी। ये दस्तावेज हमारी बौद्धिक विरासत में ऐसी खोई हुई कड़ियाँ प्रदान करते हैं जो एप और मानव के बीच की खोई हुई कड़ी—और हम जिसे गुम होने दे सकते हैं—से ज्यादा महत्त्व की है।

अभी तक मैं भारत के साहित्य के बारे में नहीं, बल्कि उससे ज्यादा प्राचीन भारत की भाषा संस्कृत के बारे में बोल रहा हूँ। कोई भी अब यह अनुमान नहीं लगाता कि संस्कृत ग्रीक, लेटिन और एंग्लो-सेक्सन का स्रोत थी। ऐसा कहा जाता था, लेकिन यह काफी पहले से ही बता दिया गया है कि संस्कृत केवल उसी तने की एक शाखा है जहाँ से ग्रीक, लेटिन और एंग्लो सेक्सन निकली हैं। सिर्फ ये ही नहीं, बल्कि सभी ट्यूटोनिक, सभी सेल्टिक और सभी स्लाव भाषाएँ, यहाँ तक कि ईरान और अरमीनिया की भाषाएँ भी निकली हैं।

तो फिर ऐसा क्या है कि संस्कृत की ओर हमारा ध्यान जाना चाहिए, और इतिहासकारों की नजर में उसे अत्यन्त महत्त्व दिया जाना चाहिए?

सबसे पहले, प्राचीनता—क्योंकि हम जानते हैं कि संस्कृत को ग्रीक के जमाने से पहले भी हम जानते हैं। लेकिन जो बात उसकी कालक्रम सम्बन्धी प्राचीनता से भी ज्यादा महत्त्व की है वह यह है कि अनोखे रूप में सुरक्षित यह आर्य भाषा हमें विरासत में मिली है। दुनिया लेटिन और ग्रीक को सदियों से जानती रही है और निस्सन्देह ऐसा महसूस किया जाता था, कि दोनों में कुछ समानता है। किन्तु उस समानता को कैसे स्पष्ट किया जाए? यह माना जाता था कि किसी ग्रीक शब्द के निर्माण की कुंजी लेटिन थी, कभी-कभी ऐसा लगता था कि किसी लेटिन शब्द का मूल ग्रीक में था। बाद में, जब गोथिक और एंग्लो सेक्सन जैसी प्राचीन ट्यूटोनिक भाषाएँ और प्राचीन सेल्टिक और स्लावोनिक भाषाओं का भी अध्ययन किया गया तो इन सभी में एक परिवार की होने की समानता देखी गई। यह एक रहस्य बना रहा कि इन भाषाओं के बीच में यह समानता कैसे आई और किस प्रकार इन भाषाओं के बीच में इतना फर्क हो गया। इसने ऐसे-ऐसे अत्यन्त निराधार सिद्धान्तों को जन्म दिया जिनका कोई वैज्ञानिक आधार नहीं है। तथापि जैसे ही संस्कृत ने इन भाषाओं के बीच कदम रखा, वैसे ही प्रकाश और गरमाहट और आपसी मान्यता

आई। वे अब अजनबी नहीं रहे और हर भाषा खुद ही अपनी सही जगह आ गई। संस्कृत उन सबकी बड़ी बहिन थी और उन्हें वह ऐसी कई बातें बता सकती थी जिसे परिवार के अन्य सदस्य एकदम भूल गए थे। फिर भी हर भाषा के पास कहने को उसकी अपनी कहानियाँ थीं और उन सब कहानियों से लेकर ही मानव मस्तिष्क का एक अध्याय संकलित किया गया है, जो कुछ मायने में यहूदी, ग्रीक, लेटिन या सेक्सन जैसे अन्य अध्यायों से ज्यादा महत्त्व का है।

जिस प्रक्रिया से इतिहास का वह प्राचीन अध्याय सामने लाया गया वह बहुत सादा है। जो शब्द आर्य परिवार की सभी सातों शाखाओं में समान रूप और समान अर्थ में आते हैं उन्हें ले लें और आपको उनमें ऐसा सच्चा और विश्वसनीय लेखा-जोखा मिलेगा जिसमें हम अपने पूर्वजों के उस समय के विचार पढ़ सकते हैं, जब वे हिन्दू, फारसी, ग्रीक, रोमन, सेल्ट या ट्यूटन या स्लाव नहीं बने थे। यह सच है कि इनमें से कुछ प्राचीन अध्याय आर्य परिवार की इन सात शाखाओं में किसी एक में खो गए होंगे, किन्तु यदि वे उसकी मूल शाखाओं के छह, पाँच या चार या तीन या दो शाखा में भी मिल जाते हैं, तो भी सम्भावना बची रहती है, जब तक कि हम इन भाषाओं में बाद का ऐतिहासिक सम्पर्क सिद्ध न कर दें कि ये शब्द आर्यों के महान विभाजन या अलगाव के पहले अस्तित्व में थे। यदि हम संस्कृत में अग्नि और लेटिन में इगनिस अर्थात अग्नि पाते हैं, तब हम मजे से यह निष्कर्ष निकाल सकते हैं कि अविभाजित आर्य अग्नि से परिचित थे, चाहे अग्नि के उसी नाम का कहीं और चिन्ह न मिले। क्योंकि ऐसा कोई संकेत नहीं हैं कि लेटिन अन्य किसी आर्य भाषा की तुलना में संस्कृत से ज्यादा लम्बे समय तक जुड़ी रही, या लेटिन ऐसा शब्द संस्कृत से उधार ले सकती थी, जब ये दोनों भाषाएँ लुप्त हो गईं। लेकिन हमारे पास लिथुआनियन शब्द उगनिस है और स्काटिश इंगले शब्द है जो यह बताते हैं कि स्लावनिक और सम्भवत: ट्यूटोनिक भाषाएँ भी आग के लिए वही शब्द जानती थीं, हालाँकि बाद में उन्होंने उसके स्थान पर दूसरा शब्द रख लिया। शब्द, अन्य दूसरी चीजों के समान मर जाते हैं और यह कहना हमेशा आसान नहीं होता कि उन्हें क्यों एक ही भूमि पर रहना चाहिए और उन्हें क्यों दूसरे में लुप्त या नष्ट हो जाना चाहिए। उदाहरण के लिए इगनिस का सभी रोमन भाषाओं में क्या हश्र हुआ ? वह लुप्त हो गया और नष्ट हो गया। सम्भवत: इसका कारण यह था कि अपना अन्तिम निर्बल अक्षर खोने के बाद, उसे उच्चारित करना ठीक नहीं रहा और अन्य शब्द फोकस, जिसका लेटिन में अर्थ अग्नि-स्थल, चूल्हा, वेदी ने उसका स्थान ले लिया।

मान लीजिए, हम यह जानना चाहते हैं कि क्या प्राचीन आर्य विभाजित होने के पहले चूहे से परिचित थे : तो हमें मुख्य आर्य शब्दकोष देखना होगा, और हमें संस्कृत मूश, ग्रीक μῦς, लेटिन मुस, प्राचीन स्लावोनिक माइस, प्राचीन उच्च

जर्मन मूस ढूँढ़ना चाहिए, ताकि हम यह कह सकें कि चूहे का होना, उसका नामकरण और एक प्रजाति के रूप में उसकी कल्पना और उसे कोई अन्य कीट न समझा जाना इतने सुदूर काल में था कि हमें उसे अपने कालक्रम से न मापकर भारतीय कालक्रम में मापना होगा।

और यदि हमें यह पूछना हो कि क्या चूहे की शत्रु बिल्ली उस पुराने जमाने में थी कि नहीं तो हमें निर्णायक रूप से यह कहना चाहिए कि, नहीं। बिल्ली को संस्कृत में मार्जार और विडाल कहा जाता है। ग्रीक और लेटिन में उसे मुस्टेला और फेलिस कहा गया है जो मूल रूप से पालतू बिल्ली का बल्कि वीजल या मारटेन का संकेत देते हैं। बिल्ली के लिए ग्रीक में वास्तविक नाम था कट् और लेटिन में केट्स और इन शब्दों ने बिल्ली के लिए नाम सभी ट्यूटोनिक, स्लावोनिक, सेल्टिक भाषाओं को प्रदान किया है। आज हम जहाँ तक जानते हैं, यह जानवर मिस्त्र से यूरोप आया जहाँ इसे सदियों तक पूजा जाता रहा और पालतू बनाया गया और चूँकि उसका यह आगमन सम्भवत: चौथी सदी से हुआ, हम यह बखूबी समझ सकते हैं कि जब आर्य राष्ट्र विभाजित हुए तब इनके लिए कोई समान शब्द नहीं रहा होगा।

इस प्रकार आर्यों के विभाजन के पहले सभ्यता के न्यूनाधिक पूर्ण चित्र का पुनर्निर्माण हो गया है या किया जा सकता है। यह वैसे ही है जैसे, प्राचीन पत्थरों के टुकड़ों को साथ में रखकर एक मोजेक बनाया जाता है। मुझे सन्देह है कि क्या मानव मस्तिष्क के इतिहास की तलाश करने में कभी हम विभिन्न आर्य भाषाओं की संगमकारी किरणों के द्वारा उजागर किए गए धरातल से और भी निचले धरातल पर पहुँचेंगे भी या नहीं।

पर यही काफी नहीं है क्योंकि प्रोटो-आर्य भाषा भारत, ग्रीस, इटली और जर्मनी में बिखरे अवशेषों से पुनर्निर्मित हुई है और यह स्पष्टत: चिन्तन की बहुत लम्बी प्रक्रिया का परिणाम है। जब हम जीवन के इन सुदूर कालों को देखते हैं तो कालक्रम की सीमाओं से हमें झिझक होने लगती है। किन्तु यदि हम संस्कृत को एक पूर्ण साहित्यिक भाषा के रूप में पाते हैं, जो ग्रीक और लेटिन, 1500 ई.पू. से एकदम भिन्न है, तब जब हम संस्कृत, ग्रीक और लेटिन के उद्गम की तलाश करते हैं तो उनकी धाराएँ कहाँ जाकर मिल सकती हैं। जब हमने इन विशाल राष्ट्रीय धाराओं के साथ चलकर उनके मिलन बिन्दु तक उनका अनुगमन किया, तब भी वह समान भाषा एक चट्टान के समान दिखती है जो युगों-युगों में चिन्तन के उतार-चढ़ाव के प्रवाह से चिकनी हुई है। हम उस भाषा में ऐसा यौगिक पाते हैं, उदाहरण के लिए जैसे अस्मि अर्थात I am। या ग्रीक में εσμι। कोई अन्य भाषा इस I am की शुद्ध अवधारणा के लिए क्या देगी। वे कह सकती हैं, मैं खड़ा हूँ, या मैं रहता हूँ, या मैं बढ़ता हूँ, या मैं लौटता हूँ, किन्तु सिर्फ कुछ ही भाषाएँ I am

कह सकती हैं। हमारे लिए सहायक क्रिया I am से ज्यादा कुछ स्वाभाविक नहीं दिखता लेकिन वास्तव में किसी भी कला को उतनी कोशिश की जरूरत नहीं पड़ी जितनी इस छोटे शब्द I am को। और वे सारी कोशिशें समान प्रोटो-आर्यन बोली के स्तर से नीचे पड़ी हैं। अस्मि जैसा यौगिक और I am के समान अवधारणा पाने के लिए कई विभिन्न तरीके खुले थे और उनका प्रयास भी हुआ। लेकिन सभी छोड़ दिए गए और सिर्फ यही एक बाकी रहा, और आर्य परिवार की सभी भाषाओं और सभी बोलियों में हमेशा के लिए यही क्रिया स्वीकार की गई। अस्मि में, जैसी कि धातु है, और यौगिक अस्मि में, और यौगिक अस्मि विधेय धातु, अस, अर्थात होना, मि का विधेय है। किन्तु कोई भी भाषा कभी भी अस, to be जैसी एकदम इतनी रिक्त, या इतनी सामान्य धातु नहीं उत्पन्न कर सकती। अस का अर्थ मूलतः साँस लेना है, और इससे हमारे पास असु, साँस, आत्मा, जीवन, अस यानी मुँह, लेटिन ओस, आरिस है। लगातार घिस-मँजकर यह अस धातु अर्थात साँस लेना को अपने मूल स्थूल चरित्र के सभी चिन्हों को छोड़ना पड़ा और तभी वह अस्तित्व के उस शुद्ध अमूर्त अर्थ को संवहित कर पाई जिसने चिन्तन के उच्चतर परिचालन को वैसी ही सहायता मिली, जैसी भारतीय प्रतिभा के द्वारा शून्य का आविष्कार करने में हमें गणित के क्षेत्र में मिली है। कौन कह सकता है कि श्वसनार्थक अस् धातु को सत्तार्थक अस् धातु के रूप में विकसित होने की प्रक्रिया में कितना लम्बा समय लगा होगा? और विशेष रूप से तब जब श्वसनार्थक इस अस् धातु आर्यों की थी, सेमेटिक या तूरानियन नहीं। इसका एक अलग ही ऐतिहासिक व्यक्तित्व था। यह हमारे पूर्वजों का कार्य था, जो उस सूत्र का प्रतिनिधित्व करता है, जो हमें उन लोगों के विचारों, सोचने के तरीकों तथा चिन्तनधारा से जोड़ता है, जिन्होंने सबसे पहले हमारे लिए सोच-विचार किया था और उस वाणी के साथ भी हमें जोड़ देता है जो हमारे लिए अपने पूर्वजों के मुँह से सर्वप्रथम अभिव्यक्त हुई थी और आज हजारों या लाखों साल बीतने पर भी हम उन्हीं के विचारों को सोचते और उन्हीं के शब्दों में बोलते हैं।

यही है जिसे मैं शब्द के सच्चे अर्थ में इतिहास कहता हूँ, जो दरबारों के षडयंत्रों से राज्यों के हत्याकांडों से, जिससे इतिहास के कई पृष्ठ भरे पड़े हैं, कहीं ज्यादा जानने योग्य है। और यह सभी काम सिर्फ शुरुआत है, और जो भी इन प्राचीनतम ऐतिहासिक अभिलेखागारों में परिश्रम करना चाहता है उसे ढेर सारी नई बातें मिलेंगी। फिर भी लोग पूछते हैं कि संस्कृत सीखने का क्या उपयोग है?

हम हर चीज के अभ्यस्त हो जाते हैं और यह आश्चर्य करना छोड़ देते हैं कि किस प्रकार अकस्मात आए भूकम्प के समान हमारे पिताओं को किस बात ने चौंकाया होगा और उनकी स्थायी धारणाओं को किसने ध्वस्त कर दिया होगा। स्कूल में हर बच्चा यह पढ़ता है कि अंग्रेजी एक आर्य या भारोपीय भाषा है, कि वह

ट्यूटोनिक शाखा की है और यह शाखा इटालियन, ग्रीक, सेल्टिक स्लावोनिक, इरानिक और भारतीय शाखाओं के साथ उसी पुंज से निकली है और सब मिलकर आर्यन या भारोपीय भाषा परिवार का निर्माण करती हैं।

हालाँकि यह हमारे प्रारम्भिक स्कूलों में पढ़ाया जाता है किन्तु वास्तव में यह सिर्फ पचास साल पहले प्रज्ञा विश्व के नए क्षितिज के खुलने जैसा और निकटतम बिरादरी के विस्तार जैसा था, जो हमें एकदम परिचित लगा, जबकि पहले हम अजनबी थे, और इसने करोड़ों तथाकथित बर्बरों को हमारे रिश्तेदारों में बदल दिया। एक-सा दूध पीने की तुलना में एक ही भाषा बोलने से अधिक निकटता होती है और भारत की प्राचीन भाषा संस्कृत पक्के तौर पर वैसी ही भाषा है जैसी कि ग्रीक, लेटिन और एंग्लो सेक्सन। यदि हमने भारतीय भाषा और साहित्य नहीं पढ़ा होता तो हमने कुछ नहीं सीखा होता। और यदि भारत ने हमें कुछ और नहीं पढ़ाया होता, तो भी उसने उससे कहीं ज्यादा ही पढ़ा दिया होता जो कि अन्य किसी भाषा ने कभी पढ़ाया है।

जब यह नया प्रकाश दुनिया में पहले आया तो विद्वानों और दार्शनिकों ने जो लिखा उसे पढ़ना काफी रोचक है, और अनुकरणीय भी। उन्हें यह विश्वास नहीं था कि एथेन्स और रोम और भारत के तथाकथित हब्शियों के बीच का कोई समुदाय हो सकता है। शास्त्रीय प्रज्ञा के विद्वानों ने विचार पर पहरा दिया। खुद मुझे अभी तक वह समय याद है जब मैं लीपजिग में छात्र था और संस्कृत पढ़ना शुरू किया था और किस प्रकार उस समय मेरे शिक्षकों, गोटफ्रीड हरमेन, हाप्ट, वेस्टरमैन, स्टालबाम और अन्य ने संस्कृत और तुलनात्मक व्याकरण की घृणा से टीका की थी। जब प्रोफेसर बोप ने पहले संस्कृत जेण्ड, ग्रीक, लेटिन और गोथिक का तुलनात्मक व्याकरण प्रकाशित किया तो उनका जितना मजाक उड़ाया गया, उतना कभी किसी का नहीं उड़ाया गया था। सभी उनके खिलाफ थे और गोथिक, सेल्टिक, स्लावोनिक, या फारसी की तुलना करते हुए यदि कभी वे किसी एक शब्द का भी उच्चारण गलत कर देते थे तो उन लोगों का चिल्लाना कभी बन्द न होता था, जो ग्रीक और लेटिन के अलावा कुछ नहीं जानते थे और अपना उच्चारण सही करने के लिए अपने ग्रीक शब्दकोष देखा करते थे। डुगाल्ड स्टीवर्ट, हिन्दुओं और स्काटों के बीच रिश्ता स्वीकार न करके, यह विश्वास करते थे कि पूरी संस्कृत भाषा और पूरा संस्कृत साहित्य, जो तीन हजार साल तक विस्तृत था और जो ग्रीस या रोम के प्राचीन साहित्य से भी विशाल था, धूर्त ब्राह्मण पुरोहितों की धोखाधड़ी थी। मुझे यह भी याद है कि जब मैं लीपजिग में स्कूल में था, (जो एक बहुत अच्छा स्कूल था और जहाँ नोब, फोरबिगर, फन्कहीनेल और पाम जैसे शिक्षक थे, जो एक पुराना स्कूल था और लीबनिज जिसके पुराने छात्र थे,) तब मेरे एक शिक्षक डॉ. क्ली ने हमें एक अपराह्न यह बताया कि भारत में एक ऐसी भाषा बोली जाती

थी, जो ग्रीक और लेटिन जैसी ही थी, नहीं, जर्मन और रूसी के समान थी। उस अपराह्न में तब इतनी गर्मी थी कि कोई गम्भीर काम नहीं हो सकता था। पहले तो हमने सोचा कि यह मजाक है लेकिन जब हमने ब्लैकबोर्ड पर संस्कृत, ग्रीक और लेटिन के अंकों, सर्वनामों और क्रियाओं के कॉलम देखे तो फिर हमें मानना ही पड़ा। तब हमें लगा कि आदम और हौआ, स्वर्ग, बेबेल का टॉवर, शेम, हैम और जाफेट, होमर और एनीस और वर्जिल के हमारे सारे विचार हमारे आसपास लगातार चक्कर काट रहे हैं और वे तब ही थमे जब हमने टुकड़े जमा किए और एक नया संसार बनाने का प्रयास किया और एक नई ऐतिहासिक चेतना के साथ रहने की कोशिश की।

यहाँ आप देखेंगे कि मैं भारत के कुछ ज्ञान को क्यों एक उदार या ऐतिहासिक शिक्षा का अनिवार्य हिस्सा मानता हूँ। यूरोपीय लोगों की अवधारणा बदल गई है और भारत से परिचय होने से उसका बहुत विस्तार हुआ है और अब हम जानते हैं कि हम उससे कुछ भिन्न हैं, जैसा कि हम अपने बारे में सोचते थे। मान लीजिए कि यदि अमेरिकी लोग किसी दुर्घटना के कारण अपनी अंग्रेजी मूल भूल जाते और दो या तीन हजार साल बाद वे ऐसी भाषा और ऐसे विचार अपने पास पाते जिसे ऐतिहासिक रूप से किसी ऐसी तारीख का मान लेते जो आकाश से गिरी हुई लगती, और जब अपने उद्‌गम और उन्नति का उनके पास कोई उत्तर न होता, तो जब उनके सामने अंग्रेजी भाषा और साहित्य का अस्तित्व एकाएक उजागर होता, जैसी कि वे 18वीं सदी में थीं, और वे उस सभी का स्पष्टीकरण कर देतीं जो एकदम चमत्कारी होता और हर सवाल को करीब-करीब हल कर देता तो वे क्या कहते? यह कुछ वैसा ही है जैसा कि संस्कृत की खोज ने हमारे साथ किया है। इसने हमारी ऐतिहासिक चेतना में एक नया युग जोड़ दिया है और हमारे बचपन की यादों को फिर से जीवित कर दिया है, जो हमेशा के लिए लुप्त हो गई दिखती थीं।

चाहे जो कुछ भी रहा हो, यह अब एकदम साफ है कि कई हज़ार साल पहले, हम कुछ ऐसे थे जो अंग्रेज, या सेक्सन या ग्रीक या हिन्दू के रूप में अभी तक विकसित नहीं हुए थे और फिर भी उनमें इन सभी चरित्रों के कीटाणु थे। आप कह सकते हैं कि यह अजीब-सा है। हाँ, वह वास्तविक प्राणी है और एक पूर्वज भी है जिसके बारे में जानकर हमें नार्मनों, सेक्सनों, सेल्टों जैसे अपने आधुनिक पूर्वजों से ज्यादा गर्व होना चाहिए। संस्कृत और अन्य आर्य भाषाओं ने हमारे लिए जो कुछ किया है वह केवल इतना ही नहीं है। इन्होंने लोगों के बारे में हमारे नजरिए को सिर्फ विस्तारित ही नहीं किया है, बल्कि करोड़ों अजनबियों और बर्बरों को एक परिवार के सदस्य के रूप में गले लगाना सिखाया है और मानव के समग्र प्राचीन इतिहास को एक ऐसी वास्तविकता दी है जो उसके पास पहले कभी नहीं थी।

हम पुरातन बातों के लिए बहुत बोलते और लिखते हैं, और यदि हमें कोई ग्रीक मूर्ति या मिस्री स्फिंक्स या बेबीलोनियन बैल मिलता है तो हमारा हृदय हर्ष से भर जाता है और हम भूतकाल के खजानों का स्वागत करने के लिए किसी भी शाही महल से ज्यादा भव्य संग्रहालय बनाते हैं। यह बिलकुल ठीक है, लेकिन क्या आप यह जानते हैं कि हममें से हरेक के पास वह है जो पुरातन काल का सबसे ज्यादा समृद्ध और आश्चर्यजनक संग्रहालय है, जो किन्हीं भी मूर्तियों, स्फिंक्स या बैल से भी अधिक प्राचीन है। यही क्यों, हमारी अपनी भाषा में भी ऐसा है, जब मैं पिता या माता, हृदय या आँसू, एक, दो, तीन, यहाँ और वहाँ शब्दों का उपयोग करता हूँ और जब मैं सिक्कों या गणकों को हाथ में लेता हूँ जो एकमात्र ग्रीक मूर्ति, एकमात्र बेबीलोनियन बैल, एकमात्र मिस्री स्फिंक्स के पहले से चलन में थे। हाँ, हममें से हरेक अपने साथ अत्यन्त आश्चर्यजनक पुरातन संग्रहालय लिए चल रहा है। और यदि वह यह जानता है कि उन कोषों से कैसा व्यवहार करना चाहिए, उन्हें चमकाने के लिए कैसे रगड़ें और पालिश करें तो ये कोष हमें ऐसी बात बताएँगे जो उन सभी से ज्यादा आश्चर्यजनक होंगे जो तमाम चित्रलिपियाँ और शंकु आकार के शिलालेख मिलकर हमें बता पाएँगे। जो कहानियाँ उन्होंने हमें सुनाई हैं वे अब पुरानी कहानियाँ हो रही हैं। आपमें से कई ने उन्हें पहले सुना होगा, लेकिन उन्हें वैसे आश्चर्य मानना बन्द न कर दें, जैसे कई बातें हर रोज घटने के कारण आश्चर्य नहीं रह जातीं। यह भी मत सोचें कि आपके करने के लिए अब कुछ नहीं बचा है। जितनी आश्चर्यजनक चीजें अभी तक हमारे सामने उजागर हुई हैं, उनसे ज्यादा ऐसे आश्चर्य हैं जिनकी खोज भाषा में होना बाकी है। इतना ही नहीं, ऐसा कोई शब्द नहीं है, भले ही वह शब्द कितना साधारण क्यों न हो, जो हजारों साल पहले किसी चतुर शिल्पी के द्वारा पच्चीकारी के टुकड़े जोड़कर बनाई गई किसी कलाकृति के समान आपको कोई कहानी न सुनाए और यह कहानी 'अरेबियन नाइट्स' की कहानियों से भी अधिक अद्‌भुत होगी। जरूरत सिर्फ इस बात की है कि आप उन शब्दों की प्रकृति, प्रत्यय आदि खंडों को अलग-अलग पहचानना सीख जाएँ।

लेकिन मुझे अब अपने विषय विशेष से नहीं हटना चाहिए। मैं तो भूमिका के जरिए आपके मन में सिर्फ यह बात बिठाना चाहता हूँ कि भाषा विज्ञान के परिणाम संस्कृत की सहायता कि बिना, कभी भी हासिल नहीं किए जा सकते थे और ये परिणाम एक ऐसा अनिवार्य तत्त्व निर्मित करते हैं जिसे हम उदार अर्थात ऐतिहासिक शिक्षा कहते हैं। एक ऐसी शिक्षा, जो व्यक्ति को वह करने के लिए सक्षम बनाएगी, जिसे फ्रांसीसी सोरिएन्तर, अर्थात 'उसका पूर्व प्राप्त करना', 'उसका सच्चा पूर्व', और इस प्रकार दुनिया में उसका वास्तविक स्थान तय करना। संसार में उसकी वास्तविक जगह तय करना है, उस बन्दरगाह को जानना है जहाँ से

इनसान रवाना हुआ था, जो मार्ग उसने अपनाया था और वह बन्दरगाह जहाँ उसे जाना है।

हम सभी पूर्व से आते हैं—जिस वस्तु की हम सबसे ज्यादा कीमत आँकते हैं वह पूर्व से आई है। पूर्व की ओर जाने, विशेष प्राच्य-प्रशिक्षण प्राप्त करने एवं एक उदार, अर्थात सच्ची ऐतिहासिक शिक्षा का आनन्द ले सकने और उन्हें पढ़ सकने से उस व्यक्ति को यह अनुभव होगा कि वह स्मृतियों से भरपूर अपने 'प्राचीन घर' को जा रहा है। आपका हृदय आपके भीतर डूब रहा है, ऐसा अनुभव न करके, जब आप अगले साल भारत के तटों को पहुँचें, तो मैं चाहता हूँ कि आपमें से हर कोई ऐसा महसूस करे, जैसा सर विलियम जोन्स ने एक सौ साल पहले उस समय महसूस किया था, जब उन्होंने इंग्लैंड से की गई लम्बी यात्रा के समाप्त होने पर भारत के तटों को क्षितिज में उभरते देखकर महसूस किया था। उस समय भारत के आश्चर्यजनक प्रदेश को जाने वाले युवा, स्वप्न देखने और दिव्यदर्शन करने पर शर्मिंदगी महसूस नहीं करते थे, और यह वह स्वप्न और दिव्य दर्शन था जो सर विलियम जोन्स ने देखा था :

"जब पिछले अगस्त, 1783 में मैं भारत की, जिसका मैं बहुत समय से भ्रमण करने की तीव्र इच्छा रख रहा था, यात्रा पर समुद्र में था, तब दिन भर के अवलोकनों की पड़ताल करने पर एक शाम मैंने पाया, कि भारत तो हमारे सामने है, फारस हमारे बाएँ है, जबकि अरब से आ रहा हवा का झोंका हमारे पीछे आ रहा था। यह स्थिति खुद में इतनी सुखद और मेरे लिए इतनी नई थी कि इसने मेरे मस्तिष्क में यादों की एक ऐसी शृंखला जगा दी, जो पहले भी इस पूर्व की दुनिया के घटनाप्रधान इतिहासों और स्वीकार्य गल्पों के आनन्द के साथ चिन्तन करने की अभ्यस्त रही है। एशिया जैसे विशाल इलाके से घिरे भारत के अत्यंत श्रेष्ठ रंगमंच पर, जो हमेशा विज्ञान का पालना रहा है, आनन्ददायक और उपयोगी कलाओं का आविष्कारक रहा है, जहाँ गौरवशाली काम हुए हैं, जो मानव प्रतिभा की पैदावार में उपजाऊ रहा है, और जहाँ धर्म, सरकार, कानून, शिष्टाचार, प्रथाओं और भाषाओं में और लोगों की आकृतियों और रंगों में अनन्त विभिन्नताएँ रही हैं, स्वयं को पाकर मुझे अनिर्वचनीय आनन्द हुआ। मैं यह कहने से अपने को रोक नहीं सका कि इतने महत्त्व के और विस्तृत क्षेत्र की खोज अभी तक नहीं की गई और कितने ही ठोस लाभों में सुधार नहीं किया गया।"

भारत को ऐसे और भी स्वप्नदृष्टाओं की जरूरत है जो सर विलियम जोन्स के समान हों, जो तब 37 साल की आयु में, अपने जहाज की डेक पर खड़े होकर सूर्य को समुद्र में डूबता देखते हुए—इंग्लैंड की स्मृतियों के साथ, फारस और उसके प्राचीन शासकों की उपस्थिति का अनुभव कर रहे थे और अरब की हवा और उसकी देदीप्यमान छवि के मध्य साँस ले रहे थे। ऐसे स्वप्नद्रष्टा जानते हैं कि अपने

स्वप्नों को कैसे मूर्त करें और कैसे अपनी दूरदृष्टि को वास्तविकता में बदलें।

जैसा यह एक सौ साल पहले था, वैसा ही यह आज है या आगे भी ऐसा होगा। भारत के बारे में ऐसे कई देदीप्यमान स्वप्न हैं जो देखे जा सकते हैं और यदि आप करना चाहें तो भारत में कई चमकदार काम भी किए जा सकते हैं। हालाँकि जब सर विलियम जोन्स ने कलकत्ता में पैर रखा था उसके पहले पूर्व के इतिहास और साहित्य में कई गौरवशाली उपलब्धियाँ हासिल की गई हैं, तथापि किसी भी युवा सिकन्दर को इसलिए निराश होने की जरूरत नहीं है, क्योंकि सिन्धु और गंगा के प्राचीन तटों पर उसके जीतने के लिए कोई राज्य नहीं है।

2

हिन्दुओं का सत्यवादी चरित्र

अपने पहले व्याख्यान में मैंने यह पूर्वाग्रह दूर करने का प्रयास किया था कि भारत की हर चीज विचित्र है, और उस बौद्धिक जीवन से बिलकुल भिन्न है जिसके हम इंग्लैंड में अभ्यस्त हैं। सिविल सर्वेंट को जो बीस या पच्चीस साल पूर्व में बिताने होते हैं उसमें उसे अकसर एक प्रकार का निर्वासन महसूस होता है और उसे इसे यथाशक्ति सहन करना होता है। यह अवधि उन सभी बेहतर चीजों से पूरी तरह कट जाती है जो घर में उसका जीवन आनन्दपूर्ण बनाती हैं। ऐसा होने की जरूरत नहीं है और इसे ऐसा होना भी नहीं चाहिए, क्योंकि उच्चतर रुचि की करीब-करीब ऐसी सभी बातें, जो जीवन को इंग्लैंड में जीने योग्य बनाती हैं, हमें इंग्लैंड के समान भारत में भी बहुत मात्रा में मिलेंगी।

मुझे आज ऐसे दूसरे पूर्वाग्रह से जूझना होगा जो कुछ ज्यादा शैतानीपूर्ण है, क्योंकि यह हिन्दुओं और उनके शासकों के बीच एक ठंडी बाधा पैदा करता है और दोनों के बीच सच्ची दोस्ती की भावना असम्भव बना देता है।

हममें पूर्वाग्रह यह है कि भारत में हमारा रहना एक तरह से नैतिक निष्कासन जैसा है और हिन्दू एक घटिया नस्ल के हैं, जो नैतिक चरित्र में, खासकर सत्य के प्रति सम्मान के मामले में—जो अंग्रेजों के चरित्र का मूल आधार है—हमसे एकदम भिन्न हैं।

मेरा विश्वास है कि किसी भी प्रतिभावान युवक के लिए इससे ज्यादा निराशाजनक बात और क्या होगी कि उसे ऐसे इनसानों के बीच जीवन बिताना होगा जिनका वह कभी सम्मान नहीं कर सकता या जिन्हें प्यार नहीं कर सकता,—जिन्हें, यदि हम ज्यादा आक्रामक नामों का उपयोग न करें तो, नेटिव कहा जाता है। जिनके बारे में उन्हें पढ़ाया गया है कि ये लोग आत्मसम्मान, ईमानदारी, सत्यता के मान्य सिद्धान्तों को नहीं मानते और इसलिए उनके साथ कोई सच्ची मित्रता तो क्या, उनमें कोई रुचि लेने का प्रश्न नहीं उठता।

सत्यवादी न होने का यह आरोप अकसर लगाया जाता है और इसलिए इसे इतना सामान्य रूप से स्वीकार कर लिया गया है कि इसके विरुद्ध लड़ने की कोशिश को अव्यवहारिक माना जा सकता है।

यदि मुझे यह विश्वास नहीं हो जाता कि सम्पूर्ण राष्ट्र के विरुद्ध लगाए गए सभी आरोपों के समान यह आरोप अत्यन्त कमजोर निष्कर्ष पर आधारित है और इसने भारत में अंग्रेजों के राज्य का इतना नुकसान किया है, कर रहा है और आगे भी करेगा कि जितना उसका कोई बड़ा से बड़ा शत्रु भी नहीं कर सकता तो मुझे यह निराशाजनक युद्ध करने का दु:साहस करना भी नहीं चाहिए। यदि कोई युवक एक सिविल सर्वेंट या एक सैनिक अधिकारी के रूप में भारत जाता है, और वह यदि इस बात पर पूरा विश्वास करके वहाँ जाता है कि जिन लोगों से उसे मिलना है वे सभी झूठे हैं, स्वभाव से या राष्ट्रीय अन्तर्चेतना से झूठे हैं या सत्य का कोई सम्मान नहीं करते, उनकी बातों पर कभी भरोसा नहीं करना चाहिए। तब हम यह आसानी से अनुमान लगा सकते कि हिन्दुओं को देखे बिना ही उसके मन में हिन्दुओं के बारे में सोचकर कितनी हताशा होगी और वह उनसे कितने अविश्वास से व्यवहार करेगा और सरकारी या निजी कामकाज में उनके सम्पर्क में आने पर उनके साथ कितनी घृणा का बर्ताव करेगा ? जब ऐसा बीज शत्रुओं के द्वारा एक बार बो दिया गया है तो उन्हें सम्हालना कठिन होगा। भारतीय सिविल सर्वेंट के मन में यह बात दृढ़ता से बैठी है कि सभी भारतीय झूठे होते हैं। यही नहीं, मैं जानता हूँ कि यदि मैंने इस धारणा पर अविश्वास किया तो मुझे कभी माफ नहीं किया जाएगा।

भारत को यदि छोड़ भी दें तो, अब मैं बहुत दृढ़ता से यह महसूस करता हूँ कि भारत के अलावा भी इन अन्तर्राष्ट्रीय दोषारोपणों में से प्रत्येक का विरोध किया जाना चाहिए, सिर्फ इसलिए नहीं कि ये अहंकारपूर्ण और निर्दयी दिमाग की उपज हैं जो इसे मजबूत बनाती हैं और इसकी पुष्टि करती हैं, बल्कि इन शुद्धतः तर्कपूर्ण कारणों से भी इनका विरोध होना चाहिए, कि ये अनुत्तरदायी और मलिन चरित्र के निष्कर्षों पर आधारित हैं। किसी व्यक्ति ने ग्रीस की यात्रा की और उसे उसके दुभाषिये ने धोखा दिया या उसे लुटेरों ने लूट लिया तो इसका मतलब यह तो नहीं होगा कि प्राचीन और आधुनिक सभी ग्रीसवासी, धोखेबाज और लुटेरे हैं या कि वे धोखेबाजी और लूट का समर्थन करते हैं। कलकत्ता या बम्बई या मद्रास में जो भारतीय न्यायाधीशों के सामने लाए जाते हैं, या जो कानूनी अदालतों के आसपास या बाजारों में मंडराते रहते हैं वे सत्यता के प्रेम के लिए नहीं जाने जाते तो आज के सतर्क तार्किक दिनों में क्या यह कहना घृणित निष्कर्ष नहीं होगा कि सभी हिन्दू झूठे होते हैं, खासकर तब जब आप यह दिमाग में रखें कि ताजा जनगणना के अनुसार इस विशाल देश में 25 करोड़ तीस लाख लोग रहते हैं। तो क्या ये सभी 25 करोड़ 30 लाख लोगों को झूठा कहना उचित होगा, क्योंकि जब कुछ सौ या कुछ हजार भारतीय चोरी या हत्या के सन्देह में अंग्रेजी अदालतों के सामने लाए जाते हैं, तब वे सच, पूर्ण सत्य और केवल सत्य नहीं बोलते ? यदि कोई अंग्रेज नाविक, जब एक काली चमड़ी वाले न्यायाधीश के सामने लाया जाता है, जो अजनबी उच्चारण वाली

अंग्रेजी बोलता है, तो क्या वह उसके सामने झुकता है और तुरन्त अपने द्वारा किए गए दुष्कर्म को स्वीकार कर लेता है? और जब वह मुश्किल में पड़ा तो क्या उसके सभी साथियों ने दौड़कर सामने आकर उसके खिलाफ गवाही दी?

निष्कर्ष निकालने के नियम सामान्य होते हैं, लेकिन वे उस विषय पर लागू होते हैं जिस पर वे लागू किए जाते हैं। जैसा कि एक भारतीय कहावत कहती है, हम सिर्फ एक या दो दानों को चखकर पूरे खेत का अनुमान लगा सकते हैं, लेकिन यदि हम इस नियम को इनसानों पर लागू करें तो हम वही गलती करेंगे जो एक बार अंग्रेज चेपलेन ने की थी, जब उसने एक ब्रिटिश जहाज में एक फ्रेंच बालक को धर्म की दीक्षा दी थी और सारा जीवन यही मानता रहा कि सभी फ्रेंच बच्चों की नाक बहुत लम्बी होती है।

मैं तो ऐसी कोई बात नहीं सोच सकता जिसे आप भारत के सभी निवासियों के लिए लागू कर सकें और जब कोई वाक्य 'भारत के सभी लोग' या 'सभी ब्राह्मण' या 'सभी बौद्ध' से शुरू होता है तो मैं कुछ विचलित हो जाता हूँ। इसके बाद जो लिखा जाता है वह हमेशा गलत होता है। जितना अन्तर एक अंग्रेज, एक फ्रांसीसी, एक जर्मन और एक रूसी में होता है उससे ज्यादा अन्तर एक अफगान, एक सिख, एक राजपूत, एक बंगाली और एक द्राविड़ के बीच होता है—लेकिन सभी को हिन्दू कहा जाता है और सभी को एक तराजू में रखकर उनकी निन्दा कर दी जाती है।

जिन्हें हम अन्धाधुन्ध रूप से हिन्दू कहकर सम्बोधित करते हैं और जिनकी हम अन्धाधुन्ध रूप से हिन्दू कहकर निन्दा करते हैं उनकी कई प्रजातियों में चरित्र की विविधता के बारे में सर जान मालकम ने जो कहा है वह मैं आपको बताता हूँ। बंगाल के लोगों को कमजोर शरीर और कायर मस्तिष्क का बताकर और कलकत्ता के निम्न वर्ग के लोगों को चरित्र और सूरत में हिन्दू प्रजा में सबसे निम्न बताकर वह कहता है, 'लेकिन जैसे ही आप बिहार में प्रवेश करते हैं, सामान्यत: वहाँ के हिन्दू निवासी मर्दों की प्रजाति हैं। वे चाहे विशाल शरीर और मजबूत शरीर वाले नहीं हैं लेकिन उनमें मस्तिष्क की कुछ श्रेष्ठतम विशेषताएँ हैं। वे बहादुर, उदार, मानवीय हैं और उनकी सत्यता उनके साहस के समान ही उल्लेखनीय है।'

किन्तु चूँकि मैं उस अविवेकपूर्ण दोषारोपण का विरोध करने के लिए बाध्य होना महसूस करता हूँ जो भारत के लोगों पर हिमालय से सीलोन तक थोपी गई है, ऐसा मत समझें कि मेरा मकसद सभी काले पक्षों को छोड़कर भारत का आदर्श चित्र पेश करना है और आपको सिर्फ मधुरता और प्रकाश देना है। मैं कभी भारत नहीं गया इसलिए मैं अपने लिए हर इतिहासकार के अधिकार और कर्तव्य का दावा कर सकता हूँ, अर्थात मुझे जहाँ तक सम्भव हो ज्यादा से ज्यादा जानकारी एकत्र करने का अधिकार है और ऐतिहासिक समालोचना के मान्य नियमों के अनुसार छानबीन करना चाहिए। प्राचीन काल में भारतीयों का राष्ट्रीय चरित्र कैसा था इस बारे में मेरी

जानकारी का मुख्य स्रोत यूनानी लेखकों की कृतियाँ और खुद प्राचीन भारतीयों का साहित्य होगा। बाद के जमाने के लिए हमें भारत के विभिन्न विजेताओं के कथनों का सहारा लेना होगा, जो उन लोगों के सदैव अत्यन्त नरम न्यायाधीश नहीं हैं जिन्हें वे विजय करने की तुलना में उन पर शासन करना अधिक कठिन पाते हैं। पिछली शताब्दी से लेकर आज तक मुझे कुछ तो उन लोगों पर विश्वास करना होगा जिन्होंने भारत में और भारतीयों के बीच एक सक्रिय जीवन बिताने के बाद अपनी प्रकाशित कृतियों में अपने अनुभव का लाभ दिया है और कुछ ऐसे कई प्रतिष्ठित सिविल सर्वेंट्स और भारतीय सज्जनों के साक्ष्य का आश्रय लेना होगा जिनसे मेरा परिचय इंग्लैंड, फ्रांस और जर्मनी में रहा है।

चूँकि मुझे खासतौर पर उन लोगों को सम्बोधित करना है जो भविष्य में खुद भारत के शासक और प्रशासक होंगे, मुझे उन मतों से अपनी बात शुरू करने की अनुमति दें, जो मत अतीत के भारतीय सिविल सर्वेंट्स में से सबसे विख्यात और मेरे ख्याल से सबसे विवेकपूर्ण ने बनाए थे और उस बिन्दु पर उन्होंने व्यक्त किए थे जिस पर हम आज चर्चा कर रहे हैं, अर्थात हिन्दुओं में कितनी सत्यता है या सत्यता की कितनी कमी है।

यहाँ मुझे उस टिप्पणी से शुरू करना चाहिए जो दूसरों के द्वारा भी की गई है। टिप्पणी यह है कि इस शताब्दी के प्रारम्भ में जो सिविल सर्वेंट ईस्ट इंडिया कम्पनी के तत्त्वावधान में भारत गए थे और जब मैं पहली बार इंग्लैंड आया था तो उनमें से कई से मुझे मिलने का सौभाग्य मिला था। ऐसा लगता है कि उन्होंने भारतीय जीवन, नेटिव तौर-तरीकों और नेटिव चरित्र को काफी ज्यादा देखा है, बनिस्बत उन सिविल सर्वेंट्स के जिनकी मुझे पच्चीस साल पहले पड़ताल करनी थी, और जो अब एक विशिष्ट नौकरी के बाद इंग्लैंड लौट रहे हैं। भारत अब वैसा सुदूरस्थ द्वीप नहीं रहा है, जो वह पहले कभी था, जहाँ हर क्रूसो को यथाशक्य अपने लिए एक घर बनाना था। इंग्लैंड से भारत और भारत से इंग्लैंड की यात्रा संक्षिप्त और आसान होने और बहुधा होने वाले पत्रव्यवहार और टेलीग्रामों और आंग्ल भारतीय अखबारों के कारण भारत में सरकारी जीवन एक अस्थायी निर्वासन हो गया है, जो अंग्रेज महिलाएँ भी अपनाना चाहती हैं, जबकि पचास साल पहले वे ऐसा नहीं चाहती थीं। यह एक कठिनाई है, जिसे दूर नहीं किया जा सकता, लेकिन जिसका निदान होना चाहिए और मेरा ख्याल है कि इसका सबसे अच्छा निदान यह होगा कि नए सिविल सर्वेंटों को भारत में उनके प्रवास काल के दौरान नई और बेहतर रुचि की चीजों से प्रेरणा दी जाए।

मैं स्वर्गीय प्रोफेसर विलसन को कई सालों से जानता रहा हूँ, जो ऑक्सफोर्ड में संस्कृत के बोडेन प्रोफेसर रहे हैं, और मैंने भारत के बारे में उनके संस्मरणों को गहरी रुचि से अकसर सुना है।

अपने भारतीय मित्रों, सहयोगियों और सेवकों के बारे में प्रोफेसर विलसन जो कहते हैं वह मैं आपको पढ़कर सुनाता हूँ :

'मैं जरूरत के कारण और अपनी इच्छा से भी हिन्दुओं के बीच बहुत रहा और कई प्रकार के ऐसे हालात में उनसे परिचित होने का मुझे मौका मिला, जो आमतौर पर यूरोपीय लोगों की नजर में कम आते हैं। उदाहरण के लिए कलकत्ता की टकसाल में मैं शिल्पियों, कारीगरों और मजदूरों के कई समूहों के साथ रोज व्यक्तिगत सम्पर्क में था और मैंने हमेशा पाया कि उनमें प्रफुल्लित और अनथक परिश्रम वाले लोग हैं, अपने वरिष्ठों की इच्छा के अनुसार खुशी से काम करते हैं और जो भी परिश्रम की अपेक्षा उनसे की जाती है उसके लिए वे तैयार रहते हैं : उनमें कोई शराबी नहीं था, कोई अव्यवस्थित आचरण नहीं था, अवज्ञा नहीं थी। यह कहना सचाई नहीं होगी कि उनमें कोई बेईमानी नहीं थी, लेकिन यह अपेक्षाकृत दुर्लभ ही थी और यह हमेशा तुच्छ ही रही और अन्य देशों की अन्य टकसालों में सुरक्षा की जितनी जरूरत होती है उससे बहुत कम सुरक्षा की जरूरत होती है। उनमें पर्याप्त कौशल और तत्पर विनम्रता थी। उनमें दासता की भावना दूर तक नहीं थी, उनमें अत्यन्त स्पष्टवादिता थी और मैं यह कह सकता हूँ कि भारतीय चरित्र में भय के बिना विश्वास रहता है और स्पष्टवादिता उनकी अत्यन्त सार्वभौमिक विशेषता है। यदि वरिष्ठ जनों के स्वभाव और उनकी सदिच्छा का अनुभव लोग करेंगे तो सम्मान से थोड़ा भी हटे बिना उनकी कायरता खत्म हो जाएगी...'

भारत के जिन पंडितों के बारे में बहुत भला-बुरा कहा जाता है, उनके बारे में वे कहते हैं : 'अपने विश्राम के समय मैंने जो अध्ययन किया उससे मेरा सम्पर्क विद्वानों से हुआ और उनमें मैंने वैसा ही उद्यम, बुद्धिमानी, प्रफुल्लता और स्पष्टवादिता पाई थी जो उनके पेशे की विशेषता थी। इन लोगों की और खासकर हिन्दुओं की एक बहुत साझा विशेषता थी, उनकी बच्चों जैसी सादगी और जीवन के व्यवहार और तौर-तरीकों से उनकी पूर्ण अनभिज्ञता। यह विशेषता उन लोगों में समाप्त हो गई थी, जो यूरोपीय लोगों से काफी समय से परिचित थे। पंडितों और विद्वान हिन्दुओं में यूरोपीय चरित्र के बारे में भारी भय और अज्ञानता थी। यह जरूर है कि यूरोपीयों और हिन्दू विद्वानों के किसी भी वर्ग के बीच बहुत कम समागम है और इसलिए इसमें आश्चर्य नहीं कि उनमें आपसी शंका मौजूद हो।'

अन्त में कलकत्ता और दूसरी जगहों के उच्च वर्ग के बारे में प्रोफेसर विलसन कहते हैं कि उन्होंने पाया कि उनमें 'परिष्कृत तौर तरीके, स्पष्टता और समझ की सम्पूर्णता, भावना में उदारता और सिद्धान्तों की स्वतंत्रता है जिससे उन्हें दुनिया के किसी भी देश में सज्जन व्यक्ति माना जाता।' वे आगे कहते हैं, 'इस वर्ग के कुछ लोगों से मैंने मित्रता की और मैं उसका आनन्द जीवन भर लूँगा।'

मैंने प्रोफेसर विलसन को, उसी प्रकार या कहें कि उससे ज्यादा जोरदार शब्दों में भारत के अपने मित्रों के बारे में बोलते सुना है और केशव चन्द्र सेन के पितामह रामकोमल सेन के साथ उनका जो पत्र व्यवहार हुआ था और जो हाल ही में प्रकाशित हुआ है, वह यह बताता है कि यदि पहल अंग्रेजों की तरफ से की जाती है तो अंग्रेज और हिन्दू कितने आत्मीय हो सकते हैं। उल्लेखनीय है कि रामकोमल सिंह कट्टर नहीं तो बहुत रूढ़िवादी थे।

संस्कृत के एक और प्रोफेसर हैं जिन पर आपके विश्वविद्यालय को गर्व होना चाहिए और जो इस विषय पर मुझसे कहीं ज्यादा विस्तार से बात कर सकते हैं। वे भी आपको बताएँगे और मुझे कोई सन्देह नहीं कि उन्होंने आपको अकसर बताया होगा कि यदि आप हिन्दुओं में मित्र तलाशें तो आपको मित्र मिल जाएँगे और वे ऐसे होंगे जिन पर आप विश्वास कर सकते हैं।

एक किताब है जिसकी सिफारिश करने की मेरी आदत रही है और दूसरी किताब है, जिसके बारे में ऑक्सफोर्ड में मुझसे मिलने वाले आई.सी.एस. के छात्रों को हमेशा चेतावनी देता रहा हूँ और मुझे विश्वास है कि सिफारिश और चेतावनी दोनों का बहुत अच्छा फल निकला है। जिस किताब को मैं बहुत शैतानीपूर्ण मानता हूँ और जो कुछ दुर्भाग्यपूर्ण घटनाओं के लिए जिम्मेदार रही है वह है मिल की 'हिस्ट्री ऑफ ब्रिटिश इंडिया।' इस किताब के विष की काट के रूप में प्रोफेसर विलसन द्वारा लिखी गई टिप्पणी के बावजूद यह किताब ऐसी है। जिस किताब की मैं सिफारिश करता हूँ और जिसे और सस्ते रूप में प्रकाशित किया जाना चाहिए ताकि ज्यादा लोग उसे खरीद सकें, वह है कर्नल स्लीमेन की रैम्बल्स एंड रिकलेक्शन्स ऑफ एन इंडियन आफिशियल, जो 1844 में प्रकाशित हुई थी लेकिन मूलत: 1835-36 में लिखी गई थी।

मुझे खेद है कि आपको, खासकर आई.सी.एस. के उम्मीदवारों को मिल द्वारा लिखी गई इतिहास पुस्तक पढ़ने की सिफारिश की जाती है, और उस पर उनकी परीक्षा भी होती है। मैं इस पुस्तक की जो निन्दा करता हूँ उसकी पुष्टि के लिए मुझे कुछ प्रमाण देने होंगे :

हिन्दुओं के चरित्र के बारे में अपने अनुमान में मिल एक फ्रांसीसी पादरी दुबोय और ओरमे, बुचानन, टेनेनट और वार्ड से मार्गदर्शन लेते हैं, जबकि इनमें से कोई भी योग्य नहीं है और न ही पूर्वाग्रहमुक्त न्यायाधीश है। मिल इनकी किताबों से वे सारे तथ्य छाँट लेता है, जो सबसे ज्यादा विपरीत हैं और उन उद्धरणों को छुपा लेता है, जिन्हें इन लेखकों को हिन्दुओं की निन्दा करते समय बाध्य होकर देना पड़ा। वह एक उद्धरण देता है जो मजाक में कहा जाता था, कि 'ब्राह्मण झूठ की चींटी की बाँबी है और छलिया है।' असत्यता के आरोप के बाद मिल हिन्दुओं पर मुकदमेबाजी का आरोप लगाता है। वह लिखता है : 'जब अपनी नफरत और बदले को पूरा करने

के लिए वे ज्यादा साहसी निर्णय नहीं ले पाते तो उनका द्वेष मुकदमेबाजी के रास्ते निकलता है।' अपमानजनक मकसद प्रकट किए बिना मिल इसी तथ्य को अलग तरीके से इस प्रकार कह सकते थे—'जब तक उनकी चेतना और कानून का सम्मान उन्हें अपनी नफरत और बदले को पूरा करने के लिए हत्या या जहर देने जैसे ज्यादा साहसिक कदम उठाने के लिए रोकती है, ब्रिटिश न्याय पर उनका जो विश्वास है वह उन्हें हमारी अदालतों को ले जाता है।' डॉ. राबर्टसन अपनी किताब 'हिस्टारिकल डिसिक्वजिशन्स कनसर्निंग इंडिया'—भारत के सम्बन्ध में ऐतिहासिक विश्लेषण—में, ऐसा लगता है, हिन्दुओं में मुकदमेबाजी की आदत को एक ऊँची सभ्यता के चिन्ह रूप में देखते लगते हैं न कि बर्बरता के चिन्ह के रूप में। लेकिन मिल उन्हें कड़वाहट से सुधारने की कोशिश करते हैं, और कहते हैं कि 'यह चालाकी आयरिशों के बीच के अलावा और कहीं इतनी ऊँचाई तक ले जाई जाती।' हमें इस बात पर आश्चर्य नहीं करना चाहिए कि अंग्रेजों के समान न्यायालय पहले हिन्दुओं को बहुत आकर्षक लगे होंगे क्योंकि उनमें न्याय पहले की मुस्लिम अदालतों के समान रिश्वत और भ्रष्टाचार के जरिए नहीं मिलता था। लेकिन क्या यह सचमुच सच है कि हिन्दू अन्य देशों के समान मुकदमेबाजी के ज्यादा शौकीन हैं ? यदि हम मद्रास के विख्यात गवर्नर और रैयतवारी प्रणाली के ताकतवर पैरवीकार सर थामस मुनरो की बात पर गौर करें तो वह कई शब्दों में बताता है : 'मुझे हिन्दुओं का अवलोकन करने का हर स्थिति में बहुत मौका मिला, और मैं यह दृढ़तापूर्वक कह सकता हूँ कि वे मुकदमेबाज नहीं हैं।'

लेकिन मिल इससे भी आगे जाते हैं, और एक स्थान पर वे अपने पाठकों को यह विश्वास दिलाते हैं कि 'ब्राह्मण जब चाहे किसी व्यक्ति को मार सकता है।' वास्तव में, वह हिन्दुओं को सभी दुर्गुणों के ऐसे भयानक भंडार के रूप में प्रस्तुत करता है कि, जैसा कि कर्नल वान्स केनेडी ने कहा था, 'यदि समाज में वास्तव में सिर्फ ऐसे घृणित लोग ही होते तो समाज बिखर जाता।' ऐसा लगता है कि उसने अपनी टिप्पणी का पूरा परिणाम नहीं देखा। जैसा कि वह कहता है, यदि एक ब्राह्मण ने जब चाहा तब किसी की हत्या कर दी होती, तो वह उनके पक्ष में सबसे शक्तिशाली प्रमाण होता कि आपने शायद ही कभी उसे इस विशेषाधिकार का उपयोग करते सुना होगा। इसके मुकाबले हम इस तथ्य पर गौर कर सकते हैं कि आँकड़े बताते हैं कि इंग्लैंड में हर दस हजार पर एक को मौत की सजा मिलती है, जबकि बंगाल में हर दस लाख में एक को मौत की सजा मिलती है।

कर्नल स्लीमेन की पुस्तक 'रैम्बल्स' के बारे में जितना लोगों को जानना चाहिए उससे कम लोग इसे जानते हैं। उस व्यक्ति के बारे में कुछ जानकारी देने के लिए मैं उसकी किताब के कुछ उद्धरण सुनाता हूँ।

उसके विवरण मूलत: उसकी बहिन को लिखे गए हैं और वह अपनी बहिन को इस प्रकार लिखता है :

'मेरी प्रिय बहिन,

यदि भारत में तुम्हारे किसी देशवासी से यह पूछा जाए कि वहाँ रहते हुए उनके आनन्द का सबसे बड़ा स्रोत क्या है, तो दस में से नौ लोग कहेंगे, कि उन्हें सबसे ज्यादा आनन्द अपने देश में रहने वाली अपनी बहिनों से मिले पत्रों से मिलता है...ये पत्र हमारे आनन्द में बहुत योगदान तो देते ही हैं, वे निस्सन्देह हमें दुनिया के श्रेष्ठतम नागरिक और सरकार के श्रेष्ठतम सेवक भी बनाते हैं। ये पत्र हमें नहीं मिलते तो हम सम्भवत: ऐसे नहीं हो पाते, क्योंकि भारत में हमारे ''जीवन के संघर्षों'' में हम सभी उन वर्गों की सराहना पाना चाहते हैं, जिस वर्ग की हमारी दयालु बहिनें हैं। इसलिए इन बहिनों को भारत सरकार की बिना वेतन के न्यायालय जैसे मूल्यवान वर्ग के गौरवपूर्ण प्रकाश में देखा जाना चाहिए।

अपनी जिस बहिन की सराहना की वह कद्र करता है और जिसके साथ उसने जीवन के शीतकाल को बिताने की आशा की थी उस बहिन को लिखे गए इन थोड़े से शब्दों में भी प्राचीन इंग्लिश वीरता का स्पर्श है। जैसा कि वह स्वीकारोक्ति करता है, पत्रोत्तर देने में वह आलस करता है, या यों कहें कि वह इतना व्यस्त रहता है कि लम्बे पत्र नहीं लिख पाता। तब स्वास्थ्य लाभ के लिए नर्मदा नदी से हिमालय पर्वत जाते समय जो विश्राम उसे करना पड़ा था, उसका उपयोग उसने भारत के बारे में अपने विचार और अनुभवों का पूरा विवरण अपनी बहिन को भेजने के लिए किया। हालाँकि जो कुछ भी उसने लिखा उसका पहला मन्तव्य 'अपनी बहिन और अपने घर के अपने परिवार के अन्य सदस्यों का मनोरंजन करना ही था,' लेकिन वह ज्यादा गम्भीर स्वर में यह भी कहता है : 'एक बात के बारे में मेरा निवेदन है कि तुम लोग यह पक्का मानो कि मैंने कहीं भी गप्प नहीं मारी है, चाहे वे वृत्तान्त हों, संस्मरण हों या वार्तालाप हों। दूसरों के साक्ष्य के आधार पर मैं जो कुछ भी लिखता हूँ वह मुझे सच लगता है; और जो भी मैं खुद से लिखता हूँ, उसे तुम वैसा ही होने का भरोसा कर सकती हो।'

अपनी पुस्तकों को सर्वसाधारण के समक्ष प्रस्तुत करते समय स्लीमेन आशा व्यक्त करता है कि इनसे 'वे लोग भारत के लोगों को ज्यादा अच्छी तरह से समझ सकेंगे, जिनकी तकदीर उनके साथ जुड़ी हुई है, और ये पुस्तकें उन्हें भारतीयों के प्रति ज्यादा दयाभाव रखने की प्रेरणा देंगी।'

आप यह पूछ सकते हैं कि मैं भारतीय चरित्र के बारे में कर्नल स्लीमेन को इतना विश्वसनीय अधिकारी क्यों मानता हूँ। यहाँ तक कि मैं उसे प्रोफेसर विलसन जैसे निष्पक्ष और सटीक अवलोकनकर्ता से भी बेहतर मानता हूँ। मेरा जवाब है—यह

इसलिए है कि विलसन मुख्यत: कलकत्ता में रहे, जबकि कर्नल स्लीमेन ने भारत को देखा, जहाँ सच्चा भारत देखा जा सकता है, अर्थात वहाँ का ग्रामीण समुदाय देखा। कई साल तक वह ठगी के दमन के लिए कमिश्नर के रूप में रहा। ठग पेशेवर हत्यारे थे और वे एक प्रकार के धार्मिक कर्मकांड के रूप में हत्याएँ करते थे। मूलत: वे 'सभी मुसलमान थे, लेकिन काफी समय से मुसलमान और हिन्दू दोनों उनके दलों में शामिल होते रहे, हालाँकि इनमें मुसलमानों की तादाद ज्यादा थी।'

इन दलों को खत्म करने के लिए कर्नल स्लीमेन को ग्रामीण इलाकों में लोगों के साथ लगातार रहना पड़ा ताकि वह उनका विश्वास जीत सके और उनके अच्छे-बुरे दोनों प्रकार की विशेषताओं को देख सके।

कर्नल स्लीमेन लगातार इस बात पर जोर देता है कि जो व्यक्ति भारतीयों को उनके ग्रामीण-समुदायों में नहीं जानता वह भारतीयों को नहीं जानता। इन ग्रामीण-समुदायों को हम कम्यून कह सकते हैं। यह वह ग्राम्य जीवन है जिसने भारत में भारतीय चरित्र को खास रूप में गढ़ा है और ऐसा हमारी जानकारी के किसी देश में नहीं हुआ है। जब हम भारत के इतिहास में राजाओं और सम्राटों के बारे में, राजाओं और महाराजाओं के बारे में सुनते हैं तो हम भारत को एक पूर्वी राजतंत्र समझने लगते हैं, जिस पर कोई केन्द्रीय शक्ति राज्य करती है और वहाँ वैसा स्थानीय स्वशासन नहीं है जिस पर इंग्लैंड गर्व करता है। लेकिन जिन्होंने सावधानी से भारत के राजनीतिक जीवन का अध्ययन किया है वे आपको इसके बिलकुल विपरीत बताएँगे।

भारत में राजनीतिक इकाई या सामाजिक प्रकोष्ठ हमेशा से और, अनवरत विदेशी विजयों के बावजूद अभी भी, ग्राम्य-समुदाय रहा है। इनमें से कुछ ग्राम्य इकाइयाँ साझा उद्देश्यों के लिए कभी-कभी आपस में मिल जाती हैं। इस प्रकार के संघ को ग्रामगाला कहा जाता है। लेकिन हर ग्राम इकाई खुद में पूर्ण होती है। जब हम मनु स्मृति में यह पढ़ते हैं कि दस, बीस, सौ या एक हजार गाँवों पर शासन करने के लिए अधिकारी नियुक्त किए जाते थे तो उसका अर्थ कि वे नियुक्तियाँ सिर्फ कर एकत्र करने के लिए और साधारणत: इन गाँवों के अच्छे व्यवहार के लिए होती थीं। और बाद में, जब हम 84 गाँवों के चक्रों, याने तथाकथित चौरासी—चतुरसिति—और 360 गाँवों के बारे में पढ़ते हैं, तो ऐसा लगता है कि यह भी सिर्फ वित्तीय व्यवस्था के लिए था। एक सामान्य हिन्दू के लिए, मेरा मतलब सौ में से नब्बे के लिए, उसका गाँव उसका संसार था, और जनमत जो लाभकारी प्रभाव लोगों पर था उसके क्षेत्र का विस्तार गाँव के क्षितिज से बाहर शायद ही था।

कर्नल स्लीमेन ऐसे पहले व्यक्तियों में से था जिसने भारत में इन ग्राम्य समुदायों के अस्तित्व पर और प्राचीन काल में तथा आधुनिक काल में सारे देश के सामाजिक ताने-बाने में उनके महत्त्व पर ध्यान देने का आह्वान किया। हालाँकि सर हेनरी मेन

के लेखों के जरिए उनके बारे में बहुत जानकारी मिल गई है और उनकी ज्यादा प्रतिष्ठा भी हो गई है, लेकिन कर्नल स्लीमेन के विवरण को पढ़ना रोचक भी है और शिक्षाप्रद भी। वह केवल एक अवलोकनकर्ता के रूप में लिखता है और आमतौर पर आर्य देशों के प्रारम्भिक सामाजिक और राजनीतिक जीवन के विकास के किन्हीं सिद्धान्तों से वह प्रभावित नहीं है।

मेरे कहने का यह मतलब नहीं है कि कर्नल स्लीमेन ही ऐसा पहला व्यक्ति था जिसने इस स्पष्ट तथ्य की ओर इशारा किया कि पूरा भारत ग्रामों की जागीरों में विभाजित है। लगता है कि मेगस्थनीज जैसे प्राचीन लेखक का ध्यान इसी तथ्य की ओर गया होगा, क्योंकि वह कहता है कि 'किसान अपनी पत्नियों और बच्चों के साथ गाँव में रहते हैं और शहर जाने से एकदम कतराते हैं।' निआरकस ने लिखा कि परिवार मिलकर भूमि में खेती करते थे। कर्नल स्लीमेन ने जो बात सबसे पहले इंगित की वह यह थी कि हिन्दुओं के सभी सद्गुण उनके ग्राम्य जीवन से अन्तरंग रूप से जुड़े हुए हैं।

लेकिन इस ग्राम्य जीवन के बारे में इंग्लैंड के अधिकारी बहुत कम जानते हैं। इतना ही नहीं, ऐसा अकसर कहा जाता है कि अंग्रेज अधिकारी की उपस्थिति ही उन देसी सद्गुणों को खदेड़ने के लिए काफी है जो किसी भारतीय गाँव के निजी जीवन और न्याय के सार्वजनिक प्रशासन और समता को रेखांकित करते हैं। किसी व्यक्ति को उसके ग्राम्य समुदाय से बाहर ले जाइए और आप देखेंगे कि ऐसा करके आप उसे समाज के सभी बन्धनों से हटा देते हैं और तब वह अपने मौलिक व्यवहार से बाहर हो जाता है और अपने घरू जीवन की परम्पराओं के प्रति निष्ठा न रखते हुए प्रलोभन में आकर उसके गलत रास्ते पर जाने की ज्यादा सम्भावना हो जाती है। यहाँ तक कि एक गाँव से दूसरे गाँव में सार्वजनिक नैतिकता के बन्धन हमेशा नहीं माने जाते। घर में जिसे चोरी या डकैती कहा जाता है, उसे कामयाब धावा या विजय कहा जाएगा, यदि यह दूर के गाँवों में किया गया है। और निजी जीवन में जो बात झूठी और चालबाजी मानी जाती है वह उस समय नीति और कूटनीति के रूप में सम्मानित की जाएगी, यदि वह अजनबियों के खिलाफ सफल हुई है। दूसरी ओर, अतिथि सत्कार के नियम सिर्फ दूसरे गाँवों के लोगों के साथ लागू होते हैं, और उसी गाँव का कोई व्यक्ति कभी भी अतिथि होने के अधिकार का दावा नहीं कर सकता।

अब हम देखें कि इन ग्राम्य-समुदायों के सदस्यों के नैतिक चरित्र के बारे में कर्नल स्लीमेन हमें क्या बताता है, और हमें यह नहीं भूलना चाहिए कि ठगी के दमन के कमिश्नर के लिए भारतीय चरित्र के उजले और काले दोनों पक्षों को देखने का पर्याप्त मौका मिला होगा।

उसका पक्का विश्वास है कि एक ही गाँव के लोग आपस में कभी झूठ नहीं बोलते। कुछ अत्यन्त बर्बर जनजातियों, जैसे गोंड, के बारे में वह बताता है कि कोई

भी बात उन्हें झूठ बोलने के लिए बाध्य नहीं कर सकती, हालाँकि पास के मैदानी भाग से मवेशियों का झुण्ड चुराने को वे बुरा नहीं मानते।

इन लोगों के बारे में शायद यह कहा जा सकता है कि उन्होंने अभी तक झूठ की कीमत नहीं समझी है, फिर भी इस आनन्ददायी अज्ञानता को एक देश के पक्ष में माना जाना चाहिए। लेकिन मैं यहाँ गोंडों, भीलों या संथालों या अन्य अनार्य जनजातियों की वकालत नहीं कर रहा हूँ। मैं भारत के आर्यों और न्यूनाधिक सभ्य निवासियों के बारे में कह रहा हूँ। उनमें एक ही गाँव में अधिकारों, कर्तव्यों और स्वार्थों में टकराव होता है लेकिन जनमत, उसकी सीमा की परिधि में इतना मजबूत दिखता है कि वह किसी खराब व्यक्ति को भी झूठ बोलने से रोकता है। ईश्वर के डर की ताकत अभी तक खत्म नहीं हुई है। ज्यादातर गाँवों में पीपल का पवित्र पेड़ होता है और ऐसा माना जाता है कि देवतागण इसके पत्तों में बैठे रहते हैं और पत्तों की खड़खड़ाहट का संगीत सुनते रहते हैं। होता यह है कि आरोपी अपने हाथ में पीपल के पेड़ का एक पत्ता लेता है, देवता का आह्वान करता है और यह देवता उस पर सवार हो जाता है और वह अपने हाथ में पत्ते को कुचलता है। यदि वह व्यक्ति सत्य के अलावा कुछ बोलेगा तो देवता उसे या उसके प्रियजनों को कुचल देगा। तो आरोपी वह पत्ता तोड़ता है और उसे कुचलता है और जो कुछ कहना है, कहता है।

ऐसा माना जाता है कि पीपल के पेड़ पर हिन्दुओं का एक देवता वास करता है, जबकि जनजातियाँ मानती हैं कि विशाल सेमल के पेड़ में स्थानीय देवता रहते हैं, जो बहुत भयानक होते हैं क्योंकि उसे एक छोटे टोले की चौकसी का काम सौंपा हुआ होता है। स्लीमेन हमें बताता है कि पंचायत में लोग आदतन धार्मिक रूप से सत्य का पालन करते हैं और स्लीमेन कहता है कि 'मेरे सामने ऐसे सैकड़ों मामले आए हैं जिनमें किसी व्यक्ति की सम्पत्ति, स्वतंत्रता और जीवन दाँव पर लगा है, लेकिन फिर भी उसने ऐसा करने से मना कर दिया।'

क्या अधिकांश अंग्रेज जज ऐसा कह सकते हैं?

पीपल के या सेमल के पेड़ के नीचे अपनी पंचायतों में ऐसा माना जाता था कि देवता ही इसकी अध्यक्षता कर रहे हैं और जो कुछ हो रहा है वह देवता ही कर रहे हैं। यदि आरोपी ने झूठ बोला तो ऐसा माना जाता था कि जो देवता उसके ऊपर सिंहासन पर बैठा है, उस व्यक्ति के मन की बात जानता है और उस क्षण से वह चैन नहीं ले पाता और उसे बदले का भय बना रहता है। यदि उसके या उसके किसी प्रियजन के साथ कोई दुर्घटना घटती है तो यह माना जाता है कि उसने देवता का अपमान किया है, इसलिए ऐसा हुआ है। और यदि कोई दुर्घटना नहीं होती तो उसकी विकृत कल्पना से ही कोई संकट आ जाता है। प्राचीन स्मृतियों में दोहराया गया यह एक श्रेष्ठ अन्धविश्वास है कि गवाह के पूर्वज उसके बयान पर नजर रखते हैं और उसकी सत्यता या असत्यता के आधार पर उसे स्वर्ग या नरक मिलेगा।

एक अंग्रेज अधिकारी और एक नेटिव कानून अधिकारी के बीच हुए वार्तालाप का उद्धरण पढ़ने की मुझे अनुमति दें, जैसा कि कर्नल स्लीमेन ने लिखा है। भारतीय कानून अधिकारी से पूछा गया कि कुरान और गंगाजल पर ली जाने वाली शपथ यदि खत्म कर दी जाए और उसके स्थान पर ईश्वर के नाम पर शपथ ली जाए और वे ही दंड के भागी हों, जैसे कि कुरान और गंगाजल आरोपी के हाथ में है।

भारतीय ने कहा, 'मैंने तीस साल तक अदालतों में काम किया है और उस दौरान मैंने सिर्फ तीन प्रकार के गवाह पाए—उनमें से दो जहाँ थे बिलकुल वहीं रह जाएँगे। जबकि 'तीसरा' अत्यन्त लाभकारी रोक से उनके द्वारा मुक्त हो जाएगा।' और मुझे कृपया बताएँ कि वे कौन से तीन वर्ग हैं, जिनमें आप अपनी अदालतों में गवाहों का वर्गीकरण करते हैं?'

'महोदय, पहले तो वे लोग हैं जो हमेशा सत्य बोलेंगे, चाहे उन्हें शपथ के रूप में वह बताने को कहा जाए जो वे जानते हैं।'

'क्या आपका ख्याल है कि ऐसे लोग बड़ी तादाद में होंगे?

'हाँ, मेरा यही ख्याल है; और मुझे उनमें कई ऐसे लोग मिले हैं जिन्हें दुनिया की कोई चीज सत्य से नहीं डिगा सकी। आप जो चाहें करें, आप उन्हें डराकर या रिश्वत देकर झूठ बोलने के लिए बाध्य नहीं कर सकते।'

'दूसरे वे लोग हैं जो झूठ बोलने से नहीं हिचकेंगे और शपथ लेने पर भी डरने से नहीं चूकेंगे। शपथ लेने में वे दो चीजों से डरते हैं—भगवान की नाराजगी और लोगों की नफरत।

उसने बात जारी रखते हुए कहा, 'सिर्फ तीन दिन पहले मुझे एक उच्च श्रेणी की महिला से मुख्तयारनामा लेने की जरूरत पड़ी, ताकि मैं इस शहर की अदालत में चल रहे उनके एक मामले में उनकी ओर से काम कर सकूँ। यह मुझे उसके भाई के द्वारा दिया गया और दो गवाह यह घोषित करने आए कि उस महिला ने यह दिया है। मैंने कहा, ''यह सब जानते हैं कि यह महिला पर्दे में रहती है और न्यायाधीश तुमसे पूछेगा कि क्या तुमने उसे यह कागज देते हुए देखा है : तब तुम क्या कहोगे?'' '

उन दोनों ने जवाब दिया—''यदि जज ने हमसे बिना शपथ के पूछा तो हम हाँ कहेंगे—इससे बहुत-सी परेशानी दूर हो जाएगी, और हम जानते हैं कि उसने कागज दिया है, हालाँकि हमने उसे कागज देते हुए नहीं देखा है; लेकिन यदि वह हमारे हाथ में कुरान रखेगा तो हम कहेंगे 'नहीं' क्योंकि तब हमें पूरा शहर झूठी शपथ का दोषी कहेगा और हमारे दुश्मन तुरन्त सभी को बताएँगे कि हमने झूठी शपथ ली है।''

भारतीय वकील ने आगे बताया, 'कोई भी शपथ इस प्रकार के लोगों के लिए बड़ी रोक होगी।'

'तीसरे वे लोग हैं जो तभी झूठ बोलेंगे जब उनका पर्याप्त स्वार्थ होगा, चाहे उनके हाथ में कुरान या गंगाजल हो या न हो। उन्हें ऐसा करने से कोई बात कभी

भी नहीं रोक सकेगी। और जो घोषणा आप प्रस्तावित कर रहे हैं वह उनके लिए किसी अन्य प्रकार की शपथ के समान ही होगी।'

'आपके मत में तीनों में से किस वर्ग के लोगों की संख्या सबसे ज्यादा होगी?'

'मेरा ख्याल है कि दूसरे वर्ग के लोग सबसे ज्यादा होंगे और मैं चाहता हूँ कि उनके लिए शपथ जारी रखी जाए।'

'इसका अर्थ यह है कि आपने हमारी अदालतों में जितने लोगों का परीक्षण होते देखा है, आपका ख्याल है कि ज्यादातर लोग उस वर्ग के अन्तर्गत आते हैं जो मजबूत स्वार्थ के चलते झूठ बोलते हैं, यदि उनके हाथ में कुरान या गंगाजल नहीं रखा जाए?'

'हाँ।'

'और क्या आप यह नहीं सोचते कि उन लोगों का सबसे ज्यादा हिस्सा नहीं होगा जो मजबूत स्वार्थ के प्रभाव में अदालत में झूठ बोलेंगे, जब तक कि उनके हाथ में कुरान या गंगाजल नहीं होगा, लेकिन उनसे उनके गाँवों के, जिन लोगों के बीच वे रहते हैं उनके सामने सवाल किए जाने पर वे झूठ नहीं बोलेंगे?'

'हाँ, मैं ऐसा ही सोचता हूँ। अदालतों में जो लोग झूठ नहीं बोलते, वे अपने पड़ोसियों के सामने या गाँव के बुजुर्गों के सामने झूठ बोलने में शर्म महसूस करते हैं।'

'क्या आपका ख्याल है कि ग्राम्य समुदायों के लोग अपने पड़ोसियों के सामने झूठ बोलने में शहर के लोगों की तुलना में ज्यादा शर्म महसूस करेंगे?'

'कहीं ज्यादा। कोई तुलना नहीं की जा सकती।'

'और भारत में शहर के लोगों का अनुपात ग्राम्य समुदायों के लोगों से बहुत कम है?'

'मुझे लगता है कि ऐसे बहुत कम लोग होंगे।'

'तो आपका ख्याल है कि भारत की आबादी में, हमारी अदालतों के बाहर, प्रथम श्रेणी के लोग, या जो हाथ में कुरान या गंगाजल लिए बिना सच बोलते हैं, उनकी तादाद अन्य दो से ज्यादा है?'

'निश्चय रूप से मुझे ऐसा लगता है। यदि उनसे उनके पड़ोसियों या बुजुर्गों के सामने हमेशा सवाल किए जाएँ, जिससे वे अनुभव कर सकें कि उनके पड़ोसी और बुजुर्ग यह जान सकें कि वे क्या कह रहे हैं।'

यह सिर्फ न्याय की भावना से ही था कि मैंने यह महसूस किया कि यदि भारत के निवासियों को उन पर छोड़ दिया जाए तो उनकी सत्यता कैसी होगी, इस बारे में कर्नल स्लीमेन का साक्ष्य उद्धरित करूँ। और ऐतिहासिक रूप से मैं ईसा के एक हजार साल के बाद एक रेखा खींचना चाहूँगा। जब आप इंग्लैंड के आने के पहले तक मुस्लिम विजेताओं द्वारा समय-समय पर किए गए अत्याचारों के बारे में पढ़ेंगे, तो इंग्लैंड के ईर्ष्यालु आलोचकों के द्वारा जो भी कुछ कहा जाए, इंग्लैंड ने सभी

अवसरों पर भारत में हमारी सामान्य मानवीयता के मोटे सिद्धान्तों को सम्माननीय बनाया। मुझे आश्चर्य यह है कि कोई राष्ट्र खुद दानव बने बिना इस भट्ठी से कैसे जीवित बच सकता है।

अब यह बिलकुल सच है कि महमूद गजनी के समय से दो हजार साल पहले भारत में बहुत कम विदेशी यात्री और विदेशी समालोचक आए, तथापि यह एकदम विचित्र बात है कि चाहे ग्रीक, चीनी, फारसी या अरब लेखनों में यदि हमें भारतीयों के राष्ट्रीय चरित्र की खास विशेषताओं का वर्णन करने की कोई कोशिश मिलती है तो सत्य और न्याय के प्रति उनके सम्मान का पहले उल्लेख किया जा सकता है।

अर्ताजरक्सीज मेमन का प्रसिद्ध ग्रीक चिकित्सक टेसियस (जो 404 ई.पू. में कुनाक्सा की लड़ाई में हाजिर था) ऐसा पहला ग्रीक लेखक है जो हमें भारतीयों के चरित्र के बारे में कुछ बताता है, जो उसने फारस के दरबार में सुना था, 'भारतीयों के न्याय' पर एक विशेष अध्याय रखा है।

मेगस्थनीज, जोपालीबोथरा अर्थात पाटलिपुत्र अर्थात आधुनिक पटना में सेन्टोकोटस अर्थात चन्द्रगुप्त के दरबार में सेल्यूकस निकोटोर का राजदूत था, कहता है कि चोरी अत्यन्त दुर्लभ थी और वे सत्य को एक सद्गुण के रूप में सम्मान देते थे।

एरियन, जो दूसरी शताब्दी में एपिक्टेटस का शिष्य था, भारत में लोक निरीक्षकों के बारे में लिखते हुए कहता है, 'वे यह नजर रखते हैं कि गाँव और शहर में क्या हो रहा है, हर बात की खबर राजा को देते हैं और जहाँ लोगों का स्वशासन होता है वहाँ दंडाधिकारी को खबर देते हैं। इन लोगों में झूठी रिपोर्ट देने का रिवाज नहीं है, किन्तु किसी भी भारतीय पर झूठ बोलने का इलजाम नहीं लगता।'

चीनी, जो समय के क्रम में इसके बाद हैं, भारतीयों की ईमानदारी और सत्यवादिता के पक्ष में एक मत से साक्ष्य देते हैं। मैं यहाँ चीनी बौद्ध यात्रियों में सबसे प्रसिद्ध ह्वेनसांग को, जो 7वीं सदी में भारत आया था, उद्धरित करना चाहूँगा। वह लिखता है, 'हालाँकि भारतीय नर्म स्वभाव के होते हैं, उनके चरित्र में जो खास बात है वह है उनकी स्पष्टवादिता और ईमानदारी। जहाँ तक कीमती चीजों का प्रश्न है, वे अन्यायपूर्वक कोई चीज नहीं लेते। न्याय का जहाँ तक प्रश्न है, वे अतिशय छूट भी दे देते हैं...उनके प्रशासन की एक खास विशेषता है उनकी स्पष्टवादिता।'

यदि हम भारत के मुस्लिम विजेताओं के द्वारा दिए गए विवरण को देखें तो हम पाते हैं कि इदरीसी 11वीं सदी में लिखे गए अपने भूगोल में भारतीयों के बारे में अपना मत इस प्रकार रखता है : 'भारतीयों की प्रवृत्ति स्वाभाविकतः न्याय के प्रति होती है और वे अपने कामों में इससे कभी विमुख नहीं होते। उनका भरोसा, ईमानदारी और अपनी जिम्मेदारियों के प्रति उनकी निष्ठा विख्यात है और वे अपनी इन विशेषताओं के लिए इतने प्रसिद्ध हैं कि लोग हर दिशा से उनके देश में आते हैं।'

13वीं सदी में हमारे पास मार्कोपोलो का साक्ष्य है। वह अब्रेइयामन (सम्भवतः उसका मतलब ब्राह्मणों से है) के बारे में लिखता है कि वे हालाँकि पेशे से व्यापारी नहीं हैं तथापि उन्हें व्यापारिक लेन-देन के महान कौशल के लिए राजाओं ने उन्हें नियुक्त किया होगा। यह बात खासकर उस समय की है जिसे ब्राह्मण अपने लिए कठिन समय कहते थे, यह वह समय था जब ऐसी कई बातों की अनुमति थी जो कानून द्वारा पहले वर्जित थीं। मार्कोपोलो कहता है, 'आपको यह जानना चाहिए कि ये अब्रेइयामन दुनिया के सर्वश्रेष्ठ और अत्यन्त सच्चे व्यापारी हैं क्योंकि वे दुनिया की किसी बात के लिए झूठ नहीं बोलते।'

14वीं सदी में फ्रिआर जोरडेनस कहता है कि दक्षिण और पश्चिम भारत के लोग बातों में सच्चे और न्याय में श्रेष्ठ होते हैं।

15वीं सदी में कमालुद्दीन अब्दुर्रज्जाक समरकन्दी (1413-1482) जो खाकान के राजदूत के रूप में कालीकट के राजा और विजयनगर के राजा (लगभग 1440-45) के पास गया था, कहता है कि देश में व्यापारी बहुत सुरक्षित हैं।

16वीं सदी में बादशाह अकबर का मंत्री अबुल फज्ल अपनी आइन-ए-अकबरी में कहता है : 'हिन्दू धार्मिक, विश्वसनीय, प्रफुल्ल, न्यायप्रिय, सत्य के प्रशंसक, कृतज्ञ और असीमित निष्ठा वाले होते हैं और उनके सैनिक यह नहीं जानते कि युद्ध में मैदान से भागना क्या होता है।'

यहाँ तक कि आधुनिक काल में मुसलमान यह स्वीकार करते प्रतीत होते हैं कि हिन्दुओं से सभी प्रकार का व्यवहार करते समय वे मुसलमानों की अपेक्षा ज्यादा स्पष्टवादी होते हैं।

कर्नल स्लीमेन हमें बताता है कि एक सम्माननीय वृद्ध मुसलमान मीर सलामत अली एक महत्त्वपूर्ण सरकारी नौकर था। उसे यह स्वीकार करना पड़ा कि—'एक हिन्दू किसी मुसलमान को धोखा देने के लिए खुद को अधिकृत समझ सकता है; और ऐसा करना सम्माननीय भी समझ सकता है। किन्तु वह अपने धर्म के किसी व्यक्ति को धोखा देने के लिए कभी नहीं सोच सकता। मुसलमानों के 72 पंथों से कम पंथ नहीं है और इसमें से हर पंथ न केवल दुनिया के हर धर्म के अनुयायियों को धोखा नहीं देगा, बल्कि बाकी 71 पंथों के हर सदस्य का भी सम्मान करेगा। और ऐसा पंथ उसके जितने निकट होगा उसके सदस्यों को धोखा देना उतना ही अधिक उल्लेखनीय माना जाएगा।'

मैं एक के बाद एक कई किताबों के उद्धरण दे सकता हूँ और बारम्बार यह देखता हूँ कि भारत के सम्पर्क में जो भी आए उन सभी को यहाँ के निवासियों के सत्य के प्रति इस प्रेम ने प्रभावित किया। किसी ने भी उन पर कभी भी झूठेपन का आरोप नहीं लगाया। इसके लिए निश्चय ही कोई आधार होना चाहिए क्योंकि यह विदेशों में यात्रियों द्वारा अकसर की गई टीका है कि वहाँ के निवासी हमेशा सच

बोलते हैं। फ्रांस जाने वाले अंग्रेज यात्रियों के विवरण पढ़ें तो आप फ्रांसीसियों की ईमानदारी और सत्यवादिता के बारे में बहुत कम विवरण पाएँगे, जबकि इंग्लैंड के बारे में जो फ्रांसीसी विवरण है उनमें उन्हें हमेशा धोखेबाज कहा गया है। किन्तु यदि यह सच है तो आप पूछ सकते हैं कि इंग्लैंड में भारतीयों के प्रति जनमत इतना खिलाफ क्यों है? इंग्लैंड के लोग ज्यादा से ज्यादा उन्हें बर्दाश्त कर पाते हैं और उनके संरक्षक बनते हैं लेकिन उनके साथ बराबरी का बर्ताव नहीं करते।

मैंने पहले ही इसके कुछ कारणों का संकेत दिया है। भारत के बारे में इंग्लैंड में जो जनमत है वह मुख्यत: उन लोगों के द्वारा बना है जिन्होंने अपना जीवन कलकत्ता, बम्बई या मद्रास में या भारत के किन्हीं मुख्य शहरों में बिताया है। ऐसे शहरों के निवासियों में ज्यादातर वे लोग होते हैं जो भारतीय आबादी के सबसे ज्यादा प्रतिकूल नमूने होते हैं। ज्यादा सम्माननीय वर्ग के घरू जीवन का बारीक परिचय शहरों में प्राप्त करना कठिन है और जब यह प्राप्त किया जाता है तो हमारे मानदंडों के अनुसार क्या सही, सम्माननीय और सज्जनतापूर्ण है उसके अनुसार उनके तौर-तरीकों को पहचानना कठिन होता है। तब अकसर गलतफहमियाँ होती हैं जो अत्यन्त विकृत होती हैं। हमें यह स्वीकार करना चाहिए कि मानव स्वभाव ऐसा है कि जब हम हिन्दुओं के चरित्र के बारे में अलग-अलग प्रकार के अकसर विरोधी विवरण सुनते हैं तो हममें से बहुत से लोग उनके सन्देहहीन सद्गुणों के बारे में शंका करने लगते हैं और हम उनके चरित्र को बुरा बताने वाले विवरण को स्वीकार करने के लिए तत्पर रहते हैं।

कहीं ऐसा न लगे कि इस मुद्दे के भारतीय पक्ष की बहुत ज्यादा वकालत कर रहा हूँ और हिन्दुओं के चरित्र के बारे में सही मूल्यांकन करने में आ रही कठिनाई को बढ़ा चढ़ाकर बता रहा हूँ। इसलिए मुझे इंडियन सिविल सर्विस के एक अत्यन्त प्रतिष्ठित, विद्वान और न्यायप्रिय सदस्य, हिस्ट्री ऑफ इंडिया के लेखक माउन्ट स्टुअर्ट एलफिन्स्टन से अपील करने की अनुमति दें। वे कहते हैं, 'भारत में जो अंग्रेज हैं, उन्हें भारतीयों के चरित्र के बारे में अपना मत बनाने के जितने मौके मिलने की अपेक्षा की जाती है उससे बहुत कम मौके मिलते हैं। यहाँ तक कि इंग्लैंड में बहुत कम लोग अपने वर्ग के बाहर के लोगों के बारे में ज्यादा जानते हैं। वे अखबारों और प्रकाशनों से वह विवरण पाते हैं जो भारत में होता ही नहीं। भारत में भी धर्म और तौर तरीके भारतीयों से हमारी आत्मीयता होने में बाधा डालते हैं, जिससे उनसे हमारा आपसी व्यवहार और मतों का मुक्त आदान-प्रदान सीमित हो जाता है। हम भारतीय परिवारों के बारे में जो कुछ जानते हैं वह प्रतिवेदनों से ही जानते हैं। जीवन की उन अनेक घटनाओं के बारे में कुछ नहीं जानते जिनमें चरित्र के उदार पक्ष सबसे ज्यादा दिखते हैं।' 'भिन्न धर्म, न्यायाधीश, पुलिस, दंडाधिकारी, राजस्व या कस्टम के अधिकारी और यहाँ तक कि राजनीतिज्ञ, देश के सबसे पवित्र हिस्से को या

उसके किसी अंश को नहीं देखते। ऐसा वे तभी करते हैं जब उनमें उत्कंठा जागती है या उनका कोई निजी स्वार्थ होता है। हम जो भी देखते हैं उसका मूल्यांकन हम अपने खुद के मानदंड से करते हैं। हम निष्कर्ष निकालते हैं कि जो व्यक्ति तुच्छ मौकों पर भी बच्चों के समान रोता है वह हमेशा ही गौरव के साथ काम नहीं कर पाएगा या कष्ट सहन नहीं कर पाएगा। जो व्यक्ति खुद को झूठा कहलाने देता है वह कोई भी घटियापन करने में शर्मिंदा नहीं होगा। हमारे लेखकों को भी समय और स्थान के अन्तर का सामना करना होता है। उनके एक चरित्र में मराठों और बंगाली का चरित्र होता है और मौजूदा पीढ़ी पर महाभारत के नायकों के अपराधों के लिए प्रताड़ित करते हैं। कई प्रतिकूल प्रमाणों के विपरीत यह दलील दी जा सकती है कि जो लोग भारतीयों को सबसे ज्यादा समय से जानते हैं वे उनके बारे में सबसे श्रेष्ठ अभिमत देते हैं। किन्तु यह उनकी प्रशंसा करने की अपेक्षा मानवीय स्वभाव की प्रशंसा है, क्योंकि यह हरेक के बारे में सच है। यह ज्यादा मौके की बात है कि वे सभी लोग जो भारत से सेवानिवृत्त हुए हैं वे जब उनकी तुलना दूसरों से, यहाँ तक कि उचित रूप से प्रशंसित देशों से करते हैं तो उनसे भारतीयों को बेहतर मानते हैं।'

हिन्दुओं के चरित्र के विरुद्ध जो फतवे तुरन्त स्वीकार कर लिए जाते हैं, उनसे ज्यादा असाधारण बात यह है कि जनमत ने अड़ियलपन से उन साक्ष्यों की लगातार उपेक्षा की है जो सिविल सर्विस के सदस्यों, अधिकारियों और राजनीतिज्ञों ने इन विपरीत मतों के खिलाफ बारम्बार दिया है। यहाँ भी मैं दूसरे पक्ष के कुछ साक्ष्यों को उद्धरित करना चाहूँगा—

वारेन हेस्टिंग्ज हिन्दुओं के बारे में सामान्य रूप से कहता है : 'वे सज्जन और उदार हैं और उनके प्रति दर्शायी गई दया के प्रति ज्यादा संवेदनशील हैं और उनके विरुद्ध किए गए गलत काम के लिए वे पृथ्वी के अन्य लोगों की तुलना में बदला लेने की कम प्रवृत्ति रखते हैं। वे निष्ठावान, स्नेही, कानूनी सत्ता के आगे समर्थक का भाव रखते हैं।'

बिशप हेबर ने कहा : 'हिन्दू बहादुर, शिष्ट, बुद्धिमान, उद्यमी, माता-पिता के प्रति कर्तव्यनिष्ठ, बच्चों के प्रति स्नेही, भद्र और धैर्यवान होते हैं और ज्ञान तथा सुधार के लिए बहुत उत्सुक होते हैं। वे अपनी जरूरतों और भावनाओं के प्रति दया और तवज्जो से आसानी से प्रभावित होते हैं, बनिस्बत अन्य लोगों के, जिनसे मैं कभी मिला हूँ।'

एलफिन्स्टन कहता है, 'हिन्दुओं में से लोगों का कोई भी समूह हमारे खुद के महान शहरों के निचले स्तर के लोगों जैसा भ्रष्ट नहीं है। हर जगह ग्रामीणजन स्नेही, अपने परिवार के प्रति स्नेही, अपने पड़ोसियों के प्रति और सरकार को छोड़कर सभी के प्रति दयावान, ईमानदार और निष्ठावान होते हैं। ठगों और डकैतों को शामिल कर लें तो भी भारत में इंग्लैंड की तुलना में अपराध कम होते हैं। ठग एक प्रकार से एक

अलग कौम हैं और डकैत लोग उग्र गुंडे होते हैं और इनके गिरोह होते हैं। हिन्दू नर्म और सज्जन होते हैं और अन्य किसी एशियाई देश के व्यक्ति की तुलना में बन्दियों के प्रति ज्यादा दयालु होते हैं। ऐयाशी से मुक्त होना उनकी एक विशेषता है जिसमें उन्हें बहुत लाभ होता है और व्यवहार की पवित्रता में उनकी श्रेष्ठता हमारे आत्मसम्मान के लिए चाटुकारिता नहीं है।'

तथापि एलफिन्स्टन भारत के लोगों की वास्तविक कमियों के प्रति बहुत कठोर हो सकता है। वह कहता है कि फिलहाल सत्यवादिता में कमी उनका प्रमुख दोष है लेकिन वह यह भी कहता है कि 'ऐसी धोखेबाजी उन लोगों में बहुत ज्यादा है जो सरकार से जुड़े हैं, यह ऐसा वर्ग है जो पूरे भारत में है क्योंकि भूराजस्व के स्वरूप के कारण सबसे निम्न ग्रामीण ताकत को रोकने के लिए छल करने को बाध्य होना पड़ता है।'

सर जान मेलकाम लिखता है : 'मैंने शायद ही कभी ऐसा देखा है कि किसी व्यक्ति ने भाषा समझ ली या भारत के किसी निवासी को किसी विश्वसनीय और जानकार माध्यम के जरिए शान्ति से बताया गया और परिणाम सिद्ध नहीं हुआ। जिसे पहले झूठ कहा गया वह या तो डर के कारण था या गलतफहमी के कारण था। मैं कभी भी यह नहीं कहना चाहता कि हमारी भारतीय प्रजा उन अन्य देशों की तरह इस दोष से ज्यादा मुक्त है, जो देश समाज में लगभग समान स्थान रखते हैं। लेकिन मुझे विश्वास है कि वे झूठ के ज्यादा आदी नहीं हैं।'

सर थामस मुनरो तो ज्यादा शक्तिशाली साक्ष्य देता है। वह लिखता है : ''यदि कृषि की अच्छी प्रणाली, अद्वितीय निर्माण कौशल, सुविधा या विलास के काम आ सकने वाली किसी भी चीज का उत्पादन करने की क्षमता, पढ़ने-लिखने और गणित के शिक्षण के लिए हर गाँव में स्थापित स्कूल, अतिथि सत्कार का सामान्य रिवाज और एक दूसरे को दान और सबसे ऊपर, महिलाओं के प्रति विश्वास, सम्मान और नजाकत भरा व्यवहार ऐसे चिन्ह हैं जो सभ्य लोगों का संकेत देते हैं। ऐसी स्थिति में हिन्दू लोग यूरोप राष्ट्रों से कमतर नहीं हैं, और यदि इंग्लैंड तथा भारत के बीच सभ्यता का व्यापार होने लगे तो मुझे विश्वास है कि इंग्लैंड को इस माल के आयात से लाभ ही होगा।''

भारतीयों के चरित्र के बारे में मेरा अनुभव निश्चय ही बहुत सीमित है। यूरोप में जिन हिन्दुओं से मिलने का मुझे आनन्द मिला है वे अपवाद स्वरूप कहे जा सकते हैं और वे भारत के श्रेष्ठतम नमूने हैं। इसके अलावा उनके साथ मेरा संसर्ग स्वाभाविकत: ऐसा रहा है कि उससे मानव स्वभाव का काला पक्ष शायद ही उभर सकता था। फिर भी, पिछले बीस सालों में मुझे कई नेटिव विद्वानों को ऐसी परिस्थितियों में देखने का मौका मिला है, जहाँ व्यक्ति का सच्चा चरित्र पहचानना कठिन नहीं है। मेरा मतलब है साहित्यिक काम में, खासकर साहित्यिक विवाद में। मैंने उन्हें उनके बीच

और कुछ यूरोपीय विद्वानों के बीच ऐसे विवादों में रहते देखा है और मुझे यह कहना होगा कि, एक अपवाद को छोड़कर, उन्होंने सत्य के प्रति बहुत ज्यादा सम्मान और उससे कहीं ज्यादा पौरुष और उदारता की भावना प्रकट की है, जितनी हम यूरोप और अमेरिका में देखने के आदी हैं। उन्होंने शक्ति का प्रदर्शन किया लेकिन रूखापन प्रकट नहीं किया। इतना ही नहीं, उन्हें इस बात से बहुत आश्चर्य हुआ जब कुछ संस्कृत विद्वानों ने घटिया शब्दों का सहारा लिया। मानव स्वभाव के बारे में उनका मत था कि कठोर वचन खराब खानदान का ही नहीं, ज्ञान की कमी का भी पक्का संकेत है। जब उन्होंने गलती की तो उन्होंने तुरन्त अपनी गलती मान ली और जब वे सही थे तो उन्होंने अपने यूरोपीय विरोधियों पर कभी व्यंग्य नहीं किया। कुछ बातों को छोड़कर उन्होंने कभी वाक्छल नहीं किया, विशेष पैरवी नहीं की, कोई झूठ नहीं बोला और उनमें ऐसे विद्वानों की चालबाजी नहीं थी, जो जानते-बूझते झूठ लिखता है और प्रकाशित करता है और उन लोगों पर अंगुली उठाता है जो विजय और प्रशंसा से कहीं ज्यादा किसी भी कीमत पर सत्य और आत्म सम्मान को महत्त्व देते हैं। यहाँ भी हमें आयात किए गए माल से सम्भवतः फायदा हो सकता है।

मैं यह भी कहना चाहूँगा कि मुझे अंग्रेज व्यापारियों ने बारम्बार बताया है कि व्यापारिक सम्मान भारत में अन्य किसी भी देश से श्रेष्ठ है और वापिस किए गए बिल अर्थात देयक का शायद ही कहीं उल्लेख मिलता है।

मैंने उन साक्षियों को अन्त में रखा है जिनपर सन्देह हो सकता था—मेरा मतलब है खुद हिन्दू। उनका सारा साहित्य एक सिरे से लेकर दूसरे सिरे तक सत्य के प्रति प्रेम और सम्मान की अभिव्यक्तियों से परिपूर्ण है। उनके सत्य का संसार ही अर्थ से भरपूर है, यह सत या सत्य है। सत क्रिया का कृदन्त जिसका अर्थ है होना। इसलिए उनके लिए सत्य 'वह जो है' है। अंग्रेजी का टुथ सत से जुड़ा है और ग्रीक ον, εσον के लिए, लेटिन सेन्स, पजेकेन्स में है।

हम सभी सच के बारे में वैसा ही सोचते हैं जो अन्य लोगों के द्वारा प्रसारित होता है या जिस पर बहुसंख्य लोग विश्वास करते हैं। उस किस्म के सत्य को स्वीकार करना आसान होता है। लेकिन जब भी कोई अकेला खड़ा होता है, और उसके आसपास शोर-शराबे वाले दावे होते हैं, और जब उन लोगों का शोर उसके सर पर आता है जिनसे बेहतर ज्ञान की अपेक्षा की जाती है, या जो बेहतर जानते थे—उसे आप गैलीलियो या डार्विन, कोलेन्सो या स्टेनले कहें या अन्य किसी नाम से सम्बोधित करें—तब वह जानता है कि सत्य को हृदय से अनुभव करना कितना वास्तविक आनन्द देता है, चाहे दैनिक, साप्ताहिक या त्रैमासिक अखबार या बिशप, आर्कबिशप या पोप इसके विपरीत जो चाहें कहें।

सत्य का दूसरा नाम संस्कृत में रित है, जिसका अर्थ मूलतः शायद सीधा था, जबकि अनरित का अर्थ है असत्य या झूठ।

वेदों में देवताओं की इस बात में सबसे ज्यादा प्रशंसा की गई है कि वे सच्चे व विश्वसनीय हैं; और यह सभी जानते हैं कि आधुनिक और प्राचीन काल में इनसान ईश्वर को या अपने देवताओं को उन गुणों से अलंकृत करता है जिन्हें वे खुद अत्यन्त मूल्यवान समझते हैं।

सत्यवादी जीव के रूप में देवताओं के लिए जो अन्य शब्द प्रयुक्त किए जाते हैं वे हैं अद्रोध, धोखा न देने वाला। अद्रोधवाक् अर्थात जिसके शब्द कभी खंडित नहीं होते। इस प्रकार इन्द्र के बारे में कहा गया है कि वह जो पितागण के समान है, उसकी प्रार्थना में कहा गया है कि 'वह शत्रुओं तक पहुँचता है उन्हें विजित करता है, शिखर पर खड़ा होता है, सत्यवादी है और विचारों में अत्यन्त शक्तिशाली है।' इसके विपरीत द्रोधवाक का उपयोग धोखेबाज व्यक्ति के लिए किया जाता है। इस प्रकार वशिष्ठ, जो महान वैदिक कवियों में से एक हैं, कहते हैं : 'यदि मैंने झूठे देवताओं की उपासना की होती या मैंने देवताओं पर झूठा ही विश्वास किया होता—हमसे तुम क्यों रुष्ट हो; हे गातवेदो झूठों का विनाश हो!

एक अकर्मक के समान सत्यम का उपयोग एक अमूर्त के रूप में किया जाता है और तब उसका अनुवाद सत्य ठीक ही किया जाता है। इसका अर्थ सच, वास्तविक भी होता है और ऋग्वेद में ऐसे कई अर्थ हैं, जहाँ सत्य के बदले हमें सत्यम का अनुवाद सत्य अर्थात वास्तविक τÒ οντως ον करना चाहिए। सत्येन उत्तमिता भूमिः का अनुवाद 'पृथ्वी सत्य पर टिकी है' करना निस्सन्देह बहुत ठीक प्रतीत होता है और मेरा ख्याल है कि हर अनुवादक ने सत्य को यहाँ इसी अर्थ में लिया है। लुडविग इसका अनुवाद 'वान डेर वाअरहीट इस्ट डाई एरडे गंसतुज्त' करते हैं। लेकिन यह विचार यदि जरा भी सार्थक अर्थ संवहित करता है तो यह उन प्रारम्भिक कवियों और दार्शनिकों के लिए बहुत ही अमूर्त होगा। उनके कहने का तात्पर्य था 'हम जिस प्रकार पृथ्वी को देखते हैं याने यह किसी वास्तविक चीज पर सधी है, चाहे हम उसे न देख सकें, उस पर जिसे वास्तविक कहा जाता है और कालान्तर में उसे कई और भी नाम दे दिए जाएँगे, जैसे रित, द राइट, ब्रह्म आदि।

जहाँ सत्य के प्रति इतना सम्मान हो, वहाँ झूठ से उत्पन्न होने वाला अपराधबोध तो होगा ही। और इस प्रकार हम एक कवि की प्रार्थना सुनते हैं कि पानी उसे धोकर स्वच्छ करे और उसके सभी पाप और असत्य बहाकर ले जाए:

'हे जल, मुझमें जो भी दुर्गुण हैं साथ ही जहाँ भी मैंने छल किया हो या श्राप दिया हो और साथ ही सभी असत्य (अनरितम) भी बहाकर ले जाओ।'

अथर्ववेद चार 16 में भी कहा गया है :

'सभी घातक फन्दे जो 7 गुना 7 और तिगुने फैले हुए हैं, उन लोगों को पकड़ लेता है जो झूठ बोलते हैं, वे सत्य बोलने वाले के पास से निकल जाएँ।'

ब्राह्मण ग्रन्थों से मैं कुछ ही अंश उद्धरित करता हूँ : 'जो भी सत्य भाषण करता है, अपने अग्निकुंड की आग को प्रज्ज्वलित करता है, जैसे कि उसने अग्नि में घी डाल दिया हो। उसके खुद का प्रकाश विशालतर हो जाता है और वह हर दूसरे दिन श्रेष्ठतर होता जाता है। किन्तु जो भी असत्य भाषण करता है वह अपने अग्निकुंड की ज्वाला को बुझा देता है, जैसे कि उसने अग्नि में जल डाल दिया हो। उसकी खुद की अग्नि लघु से लघु होती जाती है और हर दूसरे दिन वह ज्यादा क्रूर होता जाता है। इसलिए मुझे केवल सत्य बोलने दो।'

और 'पुनः झूठ बोलने से व्यक्ति अपवित्र हो जाता है।'

और पुनः 'जिस प्रकार एक गड्ढे के ऊपर रखी हुई तलवार की धार के ऊपर चलते हुए कोई व्यक्ति चिल्लाता है मैं गिर जाऊँगा, मैं गड्ढे में गिर जाऊँगा, अतः व्यक्ति को झूठ (या पाप) से खुद को बचाना चाहिए।'

बाद के काल में हम सत्य के प्रति सम्मान को इतनी दूर तक ले जाता हुआ पाते हैं कि यदि परिहास में भी कोई वादा कर दिया जाता तो उसे बाध्यकारी समझा जाता था। उदाहरण के लिए कठोपनिषद में बताया गया है कि एक पिता सम्पूर्ण दान देता है, जिसका तात्पर्य यह है कि सभी कुछ त्याग दिया जाए। उसके पास ही उसका बेटा खड़ा था। उसने अपने पिता को व्यंग्य किया कि आपने तो अपने वचन को पूरा नहीं किया क्योंकि आपने अपने बेटों को दान में नहीं दिया। इस पर पिता को क्रोध आया और उसने अनिच्छा से ही सही, अपना पुत्र दान में दे दिया। जब उसका बेटा पाताल पहुँचा तो यम ने उसे तीन वरदान माँगने के लिए कहा। उसने कहा कि उसे जीवित कर दिया जाए, दान के रहस्य समझाए जाएँ और तीसरे, वह जानना चाहता है कि किसी के मरने के बाद उसका क्या होता है। मृत्यु के स्वामी यम ने तीसरे सवाल का जवाब टालने का असफल प्रयास किया किन्तु वह भी अपने वादे से बँधा था और फिर प्रारम्भ होता है मुत्यु के बाद के जीवन पर, यानी अमरता पर संवाद, जो भारत के प्राचीन साहित्य के श्रेष्ठतम अध्यायों में से एक है।

महान महाकाव्य रामायण की पूरी कथा ही अयोध्या के राजा दशरथ द्वारा अपनी दूसरी पत्नी कैकेयी को दिए गए वायदे पर आधारित है, जिसमें उसने कैकेयी को दो वरदान माँगने के लिए कहा था। अपने बेटे के लिए सिंहासन पाने के लिए कैकेयी ने चाहा कि राजा की अन्य पत्नी से उत्पन्न बड़े बेटे राम को चौदह साल का वनवास दिया जाए। दशरथ अपने वचन पर बहुत पछताते हैं, किन्तु उनका बड़ा बेटा राम किसी भी तरह अपने पिता के वचन को भंग नहीं होने देना चाहता और वह राज्य छोड़कर अपनी पत्नी सीता और भाई लक्ष्मण के साथ जंगलों में भटकने के लिए चल देता है। पिता के निधन के बाद दूसरी पत्नी का बेटा सिंहासन अस्वीकार का देता है और राम के पास आकर पिता का राज्य स्वीकार करने के

लिए निवेदन करता है। लेकिन वह सफल नहीं हुआ। राम ने 14 साल का वनवास पूरा किया और अपने पिता के द्वारा दिए गए वचन को पूरा किया। यहाँ जाबालि और राम के बीच एक विचित्र संवाद है, जिसके कुछ उद्धरण मैं दे रहा हूँ :

ब्राह्मण, जो पुरोहित है और दरबारी है, कहता है, "अच्छा, रघु के वंशज, जिसकी श्रेष्ठ भावनाएँ हैं और जिसका चरित्र संयमी है, एक साधारण व्यक्ति के समान, इस निरर्थक विचार को प्रश्रय दे रहे हैं। व्यक्ति किसी का कौन सम्बन्धी है? एक का दूसरे से क्या रिश्ता है? व्यक्ति अकेला पैदा होता है और अकेला मरता है। इसलिए जो किसी से अपने पिता या अपनी माता के रूप में जुड़ा है उसे तो पागल समझना चाहिए, क्योंकि कोई भी किसी का नहीं है। तुम्हें अपने पिता का राज्य नहीं छोड़ना चाहिए और यहाँ दुखद और दयनीय आवास में रहना चाहिए, जहाँ कई परेशनियाँ हैं। तुम समृद्ध अयोध्या के राजा बनो, तुम्हारा पिता तुम्हारा कुछ नहीं है या तुम उसके कुछ नहीं हो। राजा एक है और तुम अन्य हो इसलिए जो कहा जा रहा है वह करो...फिर निश्चित तिथियों में अपने पितरों का, दिवंगत आत्माओं का श्राद्ध करो। किन्तु देखो, कितना अनाज बरबाद होता है। मृत व्यक्ति क्या खा सकता है? यदि यहाँ किसी के खाने से वह दूसरे के अर्थात दिवंगत के शरीर में जाता है, तो श्राद्ध उन्हें समर्पित करो जो यात्रा कर रहे हैं, जिससे यात्रा के लिए उन्हें भोजन प्राप्त न करना पड़े। ये पुस्तकें (वेद) जो लोगों को बलि देने, दान देने, खुद को समर्पित करने, तपस्या करने और संसार त्यागने के लिए प्रवृत्त करती हैं, चतुर लोगों द्वारा रची गई हैं ताकि अन्य लोग दान करें। आधिकारिक शब्द आकाश से नहीं गिरते। मुझे, तुम्हारे समान दूसरों को, वह अंगीकार करने दो जो विवेक पर आधारित हो। जो इन्द्रियाँ अनुभव कर सकें उसे अपनाओ और जो अदृश्य है उसे ठुकराओ।...लोक ही परलोक है, इसलिए आनन्द का उपभोग करो क्योंकि प्रत्येक सद्गुणी व्यक्ति को यह नहीं मिलता। सज्जनों को बहुत कष्ट होता है जबकि दुर्जन लोग सुखी दिखते हैं।"

ये सकारात्मक भावनाएँ अजीब प्रतीत होती हैं, खासकर एक ब्राह्मण के मुँह से। किन्तु कवि स्पष्टतः दरबार में रहने वाले ब्राह्मण को प्रस्तुत करना चाहता है, जिसके पास किसी भी ऐसी बात के लिए दलील है जो राजा को खुश कर सकती हैं किन्तु राम का उत्तर क्या है? वह कहता है, 'जो शब्द आपने मुझे सम्बोधित किए हैं, हालाँकि वे सही और लाभप्रद दिखते हैं, पर वे वास्तव में विपरीत सलाह हैं। जो पापी धर्मविरुद्ध तरीके से रहता है उसे अच्छे लोगों से सम्मान नहीं मिलता। अच्छा आचरण ही किसी को सज्जन या दुर्जन, पौरुषवान या छद्म पौरुष वाला, शुद्ध या अशुद्ध तय करता है। सत्यता और दया राजा के आचरण की शाश्वत विशेषताएँ होती हैं। इसलिए श्रेष्ठ नियम उसके मर्म सत्यता में है। सत्य पर ही सृष्टि टिकी है। ऋषियों और देवताओं ने सत्य को सम्मान दिया है।

जो व्यक्ति इस संसार में सच बोलता है वह उच्चतम अमरता को प्राप्त होता है। लोग झूठे से डर, आतंक से वैसे ही सिकुड़ जाते हैं जैसे सर्प से। इस संसार में सद्‌गुण में मुख्य तत्त्व है सत्यता; यह हर वस्तु का आधार कहा जाता है। सत्यता दुनिया का स्वामी है, सद्‌गुण सदैव सत्य पर टिका होता है, सभी चीजों का आधार सत्य होता है; उससे ऊँचा कुछ नहीं। तब फिर मुझे अपने वचन के प्रति सत्य क्यों नहीं होना चाहिए और मेरे पिता द्वारा मुझे दी हुई सत्यतापूर्ण आज्ञा का पालन क्यों नहीं करना चाहिए? मैं अहंकार के वशीभूत होकर न तो लोभ से, न भ्रांत से और न अज्ञानता से सत्य की सीमा का उल्लंघन करूँगा और अपने पिता को दिए गए वचन का पालन करूँगा। उन्हें यह वचन देने के बाद कि मैं वनवास जाऊँगा, उनके आदेश का कैसे उल्लंघन करूँ और कैसे भरत की बात मानूँ?

अन्य महाकाव्य महाभारत में भी ऐसे कई उदाहरण हैं जिनमें सत्य के प्रति सम्मान प्रकट किया गया है और एक बार दिए गए वचन के सामने दासता के समान झुका गया है। महाभारत के महत्त्वपूर्ण कथानक में से एक भीष्म की मृत्यु इस शपथ के कारण हुई कि वे कभी किसी स्त्री पर वार नहीं करेंगे। इस प्रकार वे शिखंडी के द्वारा मारे गए जिसे वे स्त्री मानते थे।

यदि मैं सभी स्मृतियों से और बाद की कृतियों से उद्धरण दूँ तो आप हर जगह उन सबमें सत्यता की वही अनुगूँज सुनेंगे।

तथापि हमें यह तथ्य नहीं दबाना चाहिए कि भारतीय स्मृतिकारों ने किन्हीं खास परिस्थितियों में झूठ की अनुमति दी है। इस प्रकार गौतम कहते हैं : 'क्रोध, अत्यधिक आनन्द, डर, पीड़ा, क्लेश के कारण और शिशुओं, वृद्धों द्वारा तथा भ्रान्ति के अन्तर्गत श्रम कर रहे लोगों द्वारा, मदिरा के नशे में, पागल व्यक्ति द्वारा असत्य बोलने पर वह क्षम्य है और घातक पाप में नहीं गिरता।'

यह एक बड़ी स्वीकारोक्ति है, तथापि इस खुली स्वीकारोक्ति में भी कुछ सीमा तक ईमानदारी है। महाभारत में कई-कई बार यह बहाना बनाया गया है। यही नहीं, महाभारत में सत्यवादी कहे जाने वाले कौशिक की कथा है जो सत्य बोलने पर भी नर्क जाता है। एक बार उसने दस्युओं से डरकर जंगल में भागने वाले लोगों को देखा। उनके जाने के तुरन्त बाद दस्यु कौशिक के पास आए और पूछा कि भगोड़े किस ओर गए हैं। कौशिक ने उन्हें सच बता दिया और वे लोग दस्युओं द्वारा पकड़ लिए गए और मार डाले गए। किन्तु सच बोलने के कारण कौशिक नर्क गया।

ऐसा लगेगा कि हिन्दू पुरोहित जकड़े हुए होते हैं और बलि तथा कर्मकांड के प्रति उनकी निष्ठा सभी जानते हैं। तथापि महाभारतकार यह कहने का साहस करता है :

'हजार घोड़ों की बलि और सत्य को तुला में तौलने पर—सत्य, हजार बलियों से भी भारी होगा।'

ये शब्द दुष्यन्त की परित्यक्ता पत्नी शकुन्तला ने राजा दुष्यन्त से उस समय कहे थे जब दुष्यन्त ने उसे और उसके बेटे को पहचानने से मना कर दिया था। और जब उसने शकुन्तला के निवेदन को सुनने से इनकार किया तो वह किस सर्वोच्च शक्ति से क्या निवेदन करती है? आत्मा की आवाज।

वह राजा से कहती है—'यदि तुम सोचते हो कि मैं अकेली हूँ, तो तुम अपने हृदय के उस बुद्धिमान व्यक्ति को नहीं जानते। वह तुम्हारे दुष्कर्मों को जानता है—तुम उसके सामने पाप करते हो। पाप करने वाला व्यक्ति समझता है कि उसके बारे में कोई नहीं जानता। इसे ईश्वर जानता है और भीतर का वृद्ध व्यक्ति जानता है।'

यह पर्याप्त है। मैं फिर से कहता हूँ कि मैं भारत के लोगों को 25 करोड़ तीस लाख देवदूत के रूप में प्रस्तुत नहीं करना चाहता, किन्तु मैं चाहता हूँ कि लोग यह समझें और इसे तथ्य के रूप में स्वीकारें कि वहाँ के लोगों पर असत्य भाषण का जो अपमानजनक आरोप लगाया जाता है, प्राचीनकाल का जहाँ तक सम्बन्ध है, एकदम आधारहीन है। यह न केवल सच नहीं है बल्कि सत्य के विपरीत है। जहाँ तक आधुनिक काल का सम्बन्ध है और इसे मैं ईसा के 1000 साल बाद मानता हूँ, मैं सिर्फ यह कह सकता हूँ कि मुसलमानों के शासन के आतंक और भयावहता को पढ़ने के बाद भी मुझे आश्चर्य है कि इस देश के इतनी अधिक सद्‌गुण और सत्यवादिता कैसे बचे रहे। जैसे चूज़ा बिल्ली के सामने सच बोले, ऐसी उम्मीद आप नहीं कर सकते, वैसे ही मुस्लिम जज के सामने हिन्दू की स्थिति थी। यदि आप किसी बच्चे को डराएँगे तो वह झूठ बोलेगा—यदि आप करोड़ों लोगों को आतंकित करेंगे तो यदि वे आपके डैनों से बचने की कोशिश करें तो आपको आश्चर्य नहीं करना चाहिए। सत्यता एक विलासिता की चीज है, शायद महानतम; और मैं आपको विश्वास दिलाता हूँ कि यह हमारे जीवन की सबसे महँगी विलासिता है—और वह व्यक्ति बहुत सुखी है जो बचपन से ही इसका आनन्द ले रहा है। हमारे जमाने में, और इंग्लैंड के समान एक स्वतंत्र देश में कभी झूठ न बोलना आसान है—किन्तु जैसे-जैसे हम बड़े होते हैं सच और सत्य के सिवा कुछ नहीं बोलना हमें उतना ही कठिन लगता है। हिन्दुओं ने भी इसका आविष्कार कर दिया था। वे जानते थे कि सदैव सच और सम्पूर्ण सच और सत्य के सिवा कुछ नहीं बोलना कितना असम्भव है। सतपथ ब्राह्मण में एक लघुकथा है जिसका मेरे ख्याल में गहरा अर्थ है और यह सत्य की सच्ची भावना से ओतप्रोत है। अरुण औपवेसी से उसके सम्बन्धियों ने कहा, 'आपकी आयु काफी है, आप यज्ञ की अग्नि को स्थापित करें।' उसने उत्तर दिया : ऐसा कहकर तुम यह कह रहे हो कि मैं अब मौन धारण कर लूँ। क्योंकि जिसने यज्ञ की अग्नि को स्थापित कर लिया है उसे असत्य नहीं बोलना चाहिए और कोई व्यक्ति तभी असत्य नहीं बोलेगा जब वह कुछ बोले ही न, अर्थात मौन रहे। उस सीमा तक सत्य में यज्ञ की अग्नि की सेवा निहित है।'

मुझे सन्देह है कि विश्व के किसी भी प्राचीन साहित्य में आप चेतना की ऐसी अति संवेदनशीलता पाएँगे जिसे देखकर हमें यह हताशा होगी कि हम कभी सच बोलते भी हैं या नहीं। यह संवेदनशीलता घोषित करती है कि मौन ही स्वर्ण है और बोलना चाँदी, हालाँकि यह हमारी इस कहावत से कहीं ऊँचा अर्थ रखता है।

जो लोग जल्दी ही भारत के करोड़ों लोगों के शासक बनने जा रहे हैं उनके मन में मैं यह बात बिठाना चाहता हूँ कि उनका यह कर्तव्य है कि वे राष्ट्रीय पूर्वाग्रह से मुक्त हो जाएँ, क्योंकि ऐसे पूर्वग्रह पतित होकर पागलपन में बदल जाते हैं। मैं ब्राउन चमड़ी वाले लोगों को जानता हूँ जिन्हें मैं अपने से बेहतर व्यक्ति के रूप में देख सकता था। भारत में आप ऐसे लोग तलाशें और ऐसे लोग आपको मिलेंगे, और यदि आपको निराशा हाथ लगे, जैसा कि निस्सन्देह होगा, उन सफेद चमड़ी के लोगों की याद कीजिए जिन पर आपने भरोसा किया लेकिन अब आप उन पर भरोसा नहीं कर सकते। अन्तर्राष्ट्रीय न्याय में हमारे फारिसीज होने की सम्भावना रहती है। कुछ रोज पहले ही मैंने एक प्रबुद्ध राजनीतिज्ञ के द्वारा लिखे गए परचे में नीचे लिखे शब्द पढ़े :

'केवल अनुभव ही सिखा सकता है कि कुछ भी इससे ज्यादा विस्मयकारी नहीं है कि जो लोग नैतिक रूप से भ्रष्ट हैं उनके लिए यह मान लिया जाए कि मानव की वह एक ऐसी प्रजाति है जिस पर पूरा विश्वास किया जा सकता है...नेटिव लोग अपनी हीनता के बारे में जितने सचेत हैं उतना किसी के बारे में नहीं। साहित्य और विज्ञान से कहीं ज्यादा उन्हें सदाचरण सिखाया जाना चाहिए।'

यदि आप ऐसी भावनाओं के साथ हिन्दुओं के पास जाएँगे तो न तो आप उन्हें सदाचरण सिखा सकते हैं, न विज्ञान और न ही साहित्य। इतना ही नहीं, वे अपने साहित्य, यहाँ तक कि अपनी स्मृतियों से हमें सत्यता अपने खुद के प्रति सत्यता, या दूसरे शब्दों में—विनम्रता का कम से कम एक पाठ तो पढ़ा ही सकते हैं।

याज्ञवल्क्य क्या कहते हैं?

वे कहते हैं, 'हमारा आश्रम—हम उसे धर्म कह सकते हैं—नहीं, हमारी त्वचा का रंग तो और भी नहीं, जो सद्‌गुण उत्पन्न करता है; सद्‌गुण का तो पालन किया जाता है। इसलिए कोई भी वह काम न करे जो वह खुद अपने लिए नहीं करता।'

और मानवों के कानून, जिनकी मिल बहुत बुराई करता है, क्या सिखाते हैं?

'पापी समझते हैं कि उन्हें कोई नहीं देख रहा है; किन्तु उन्हें देवता देखते हैं, और भीतर का बूढ़ा व्यक्ति भी देखता है।'

'स्वयं ही स्वयं का साक्षी होता है, स्वयं ही स्वयं का आश्रय होता है। अपने खुद से, जो मनुष्यों का सर्वोच्च साक्षी है, नफरत न करो।'

'यदि, दोस्त! तुम यह सोचते हो कि तुम एकदम एकाकी हो, याद रखो कि एक मौन चिन्तक अर्थात सर्वोच्च स्व हमेशा तुम्हारे हृदय में रहता है, और वह देखता है कि क्या ठीक है और क्या गलत है।'

'हे मित्र, जो भी अच्छे काम तुमने अपने जन्म से किए होंगे, वे सभी बेकार चले जाएँगे, यदि तुम झूठ बोलोगे।'

या वशिष्ठ तीस. 1 में :

'सत्यनिष्ठा का पालन करो न कि असत्यता का; सच बोलो झूठ नहीं; दूरदृष्टि रखो न कि निकट दृष्टि; सर्वोच्च की ओर देखो, न कि किसी नीची चीज को।'

इसमें सन्देह नहीं कि भारत में नैतिक भ्रष्टता है, किन्तु इस संसार में कहाँ नैतिक भ्रष्टता नहीं है? लेकिन मेरा ख्याल है कि अन्तर्राष्ट्रीय आँकड़ों का उपयोग करना खतरनाक खेल है। हमें यह भी नहीं भूलना चाहिए कि हमारी नैतिकता का मापदंड कुछ बिन्दुओं में भारत के मानकों से काफी अलग है और हमें यह आश्चर्य नहीं करना चाहिए, बेटे उन बातों को अपराध मानेंगे जिनको उनके पिता या पितामहों ने सही समझा था। हमें चाहिए कि हम अपने दिमाग से तय करें कि क्या सही है और क्या गलत। लेकिन दूसरों को मापने के पहले, चाहे वह निजी जीवन में हो या सार्वजनिक जीवन में, चाहे इतिहासकार या राजनीतिज्ञ हों, हमें यह नहीं भूलना चाहिए कि दया की भावना कभी नुकसान नहीं पहुँचाएगी। निश्चय रूप से मैं भारत में इंग्लैंड के शासन के स्थायित्व के लिए इस बात से ज्यादा शैतानीपूर्ण, ज्यादा खतरनाक, ज्यादा घातक कुछ को नहीं मानता। युवा सिविल सर्वेंट उस देश में इस विचार के साथ जाएँ कि वह नैतिक भ्रष्टाचार का गड्ढा है, झूठ का पुलिन्दा है; क्योंकि, वही व्यक्ति निजी या सार्वजनिक जीवन में निश्चित तौर से गलत साबित होगा, जो जल्दी में यह कहता है : 'सभी लोग झूठे हैं।'

3

संस्कृत साहित्य की मानवीय रुचि

मेरा पहला व्याख्यान इस पूर्वग्रह को दूर करने के लिए था कि भारत हमारे लिए हमेशा एक अनोखा देश है और उसे होना भी चाहिए और जिन्हें वहाँ रहना है, वे खुद को वहाँ भटका हुआ और विचारों तथा रुचियों की उस जीवन्त धारा से बहुत दूर पाएँगे जो हमें इंग्लैंड और यूरोप के दूसरे देशों का विचरण कराती है।

मेरा दूसरा व्याख्यान एक अन्य पूर्वग्रह की ओर इंगित था कि भारत के लोग, जिनके साथ युवा विसिल सर्वेंट्स को अपने जीवन के श्रेष्ठ वर्ष बिताने होंगे वे ऐसे लोग हैं जो नैतिक रूप से बहुत भ्रष्ट हैं और वे सत्य से इतने दूर हैं कि उनके साथ कोई वास्तविक साहचर्य या मित्रता का प्रश्न ही नहीं उठता।

आज मुझे तीसरे पूर्वग्रह से जूझना होगा। भारत के बारे में यह पूर्वग्रह इस प्रकार है कि भारत का साहित्य, खासकर प्राचीन संस्कृत साहित्य, चाहे वह विद्वानों और पुरातनविदों के लिए कितना भी रुचिकर हो, उसमें हमें वह सिखाने के लिए बहुत कम है जो हम दूसरे स्त्रोतों से बेहतर ढंग से नहीं सीख पाएँगे और वह युवा अधिकारियों के लिए शायद ही किसी काम का है। यदि वे खुद को हिन्दुस्तानी या तमिल में अभिव्यक्त कर पाते हैं तो वह पर्याप्त माना जाता है। इतना ही नहीं, चूँकि उनका काम लोगों से और जीवन के साधारण मामलों से पड़ना है और चूँकि वे लोग दुनिया के और व्यापार के होंगे, तो यह बात खतरनाक मानी जा सकती है, यदि वे जटिल अध्ययन के प्रश्नों में या प्राचीन धर्म, मिथकों और दर्शन की शोध में व्यस्त हो जाएँ।

मेरा मत इसके बिलकुल विपरीत है। जो भी नौजवान भारत में अपने जीवन का आनन्द उठाना चाहता है और वह वहाँ अपने और दूसरों के लिए लाभदायक तरीके से अपना समय बिताना चाहता है, उसे मैं यह सलाह देना चाहता हूँ कि वह संस्कृत सीखे और अच्छी तरह सीखे।

मैं जानता हूँ कि यह कहा जाएगा कि वर्तमान समय में संस्कृत का क्या उपयोग है? संस्कृत तो एक मृत भाषा है और हिन्दू खुद अपने प्राचीन साहित्य के बारे में

शर्म अनुभव करते हैं। वे तो अंग्रेजी सीखते हैं और अपने प्राचीन कवियों और दार्शनिकों के स्थान पर लॉक तथा ह्यूम और मिल पढ़ना पसन्द करते हैं।

इसमें सन्देह नहीं कि एक अर्थ में संस्कृत एक मृत भाषा है। मैं समझता हूँ कि यह दो हजार साल से ज्यादा पहले से मृत भाषा है। करीब 500 ईस्वी पूर्व में बुद्ध ने अपने शिष्यों को आदेश दिया कि वे आम लोगों के बोलचाल की भाषा में उपदेश दें। राजा अशोक ने तीसरी सदी ई.पू. में लोगों के द्वारा पढ़े जाने के लिए या कम से कम समझे जाने के लिए उत्तर में काबुल से दक्षिण में वल्लभी तक, गंगा और जमुना के स्रोतों से लेकर इलाहाबाद और पटना तक, यहाँ तक कि उड़ीसा तक चट्टानों तथा स्तम्भों पर स्थानीय बोलियों में शिलालेख उत्कीर्ण कराए। ये विभिन्न बोलियाँ संस्कृत से उतनी ही भिन्न हैं जितनी लेटिन से इटालियन। हमारे पास यह मानने का अच्छा कारण है कि पहले नहीं तो कम से कम तीसरी सदी ईस्वी पूर्व में संस्कृत जनसाधारण की बोलचाल की भाषा नहीं रह गई थी।

कुल्लवग्ग में एक रोचक कथा है, जिसमें बताया गया है कि बुद्ध के जीवनकाल में ही उनके कुछ शिष्यों ने, जो जन्म से ब्राह्मण थे, शिकायत की कि लोग अपनी बोली में पाठ करके बुद्ध के उपदेशों को प्रदूषित कर रहे हैं। उन्होंने उनके शब्दों को संस्कृत में अनूदित करने का प्रस्ताव रखा, किन्तु उन्होंने मना कर दिया और आदेश दिया कि हर व्यक्ति को अपने खुद की भाषा में अपने सिद्धान्त सीखना चाहिए।

एक और अंश है जिसे हार्डी ने अपने मैनुअल ऑफ बुद्धिज्म में उद्धरित किया है। वह लिखता है कि बुद्ध के पहले प्रवचन के समय असंख्य श्रोताओं में से हरेक समझता था कि बुद्ध उसी की ओर देख रहे हैं और उससे उसकी ही बोली में बात कर रहे हैं, हालाँकि वे मागधी में बोल रहे थे।

इसलिए संस्कृत आम लोगों द्वारा बोली जाने वाली भाषा के रूप में तीसरी सदी ईस्वी पूर्व में ही नहीं रह गई थी।

किन्तु भारत में प्राचीन और आधुनिक के बीच ऐसी बेहतरीन निरन्तरता है कि बारम्बार होने वाले सामाजिक उथल-पुथल, धार्मिक सुधारों और विदेशी आक्रमणों के बावजूद, संस्कृत को अभी भी ऐसी एकमात्र भाषा कहा जा सकता है जो इस विशाल देश के सभी हिस्सों में बोली जाती है।

हालाँकि बौद्ध शासकों ने अपने शिलालेख स्थानीय बोलियों में उत्कीर्ण कराए, तथापि सार्वजनिक शिलालेख और निजी सरकारी दस्तावेज आज भी संस्कृत में रचे जाते हैं और हालाँकि बौद्धों तथा जैनों के पवित्र ग्रन्थों की भाषा भारत की अपभ्रंश बोलियों से उधार ली गई थी, तथापि भारत का साहित्य पाणिनीय संस्कृत में लिखे जाने से रुका नहीं। इसके कुछ अपवाद जरूर हैं जैसे, कालिदास और दूसरों के नाटकों में स्त्रियों और निम्न चरित्रों द्वारा प्राकृत का उपयोग, किन्तु इनका भी ऐतिहासिक महत्त्व है।

वर्तमान में भी एक सदी के अंग्रेजी शासन और अंग्रेजी भाषा की शिक्षा के बाद, मेरा विश्वास है कि भारत में संस्कृत को जितने अधिक लोग समझते हैं, उतने लोग दांते के समय भी यूरोप में लेटिन नहीं समझते थे।

जब भी मैं भारत के किसी विद्वान व्यक्ति का पत्र पाता हूँ, वह संस्कृत में लिखा होता है। कानून और धर्म के प्रश्नों में जब भी कोई मतवाद होता है, तो भारत में प्रकाशित परचे संस्कृत में होते हैं। संस्कृत में लिखी ऐसी पत्रिकाएँ हैं जो उन पाठकों के सहयोग पर निर्भर हैं जो अपभ्रंश की बोलियों की तुलना में उस प्राचीन भाषा को प्राथमिकता देते हैं। बनारस से 'द पंडित' प्रकाशित होता है, जिसमें न सिर्फ प्राचीन ग्रंथों के संस्करण होते हैं, बल्कि आधुनिक विषयों के विवेचनात्मक निबन्ध, इंग्लैंड में प्रकाशित पुस्तकों की समीक्षाएँ और विवादास्पद लेख होते हैं और सभी संस्कृत में छपते हैं।

उसी प्रकार का एक और अखबार है प्रत्न-कमरा-नन्दिनी अर्थात 'प्राचीन वस्तुओं के प्रेमियों का आनन्द' भी बनारस से प्रकाशित होता है और उसमें बहुमूल्य सामग्री भरी होती है।

कलकत्ता से एक जर्नल 'विद्योदय' अर्थात 'ज्ञान का उदय' भी प्रकाशित होता है जिसमें कभी-कभी महत्त्वचपूर्ण लेख होते हैं। और भी ऐसे जर्नल हैं जो मैं नहीं जानता।

बम्बई में एम. मोरेश्वर कुन्ते द्वारा प्रकाशित एक मासिक श्रृंखला प्रकाशित की जाती है जिसका नाम है 'षडदर्शनचिन्तनिका' या 'भारतीय दर्शन से सम्बन्धित लेख' जिसकी टीका और भाष्य संस्कृत में लिखी होती है, हालाँकि इसमें मराठी और अंग्रेजी अनुवाद भी होता है।

संस्कृत की सबसे प्राचीन पुस्तक ऋग्वेद के दो संस्करण अब मासिक अंकों में आ रहे हैं, जिनमें से एक बम्बई से प्रकाशित हो रहा है जिसे उदारवादी दल निकाल रहा है और दूसरा प्रयाग अर्थात इलाहाबाद से दयानन्द सरस्वती द्वारा निकाला जा रहा है जो भारतीय रूढ़िवाद के प्रतिनिधि हैं। पहले में संस्कृत, मराठी और अंग्रेजी अनुवाद में अर्थ दिया जाता है और दूसरे में पूरा अर्थ संस्कृत में होता है और हिन्दी में टीका होती है। ये पुस्तकें चन्दे से प्रकाशित होती हैं और भारत में इनके लिए चन्दा देने वालों की तादाद बहुत है।

और भी जर्नल हैं जो बोलियों में लिखे जाते हैं जैसे बंगाली, मराठी या हिन्दी में, किन्तु उनमें कभी-कभी संस्कृत में भी लेख होते हैं। उदाहरण के लिए बनारस से प्रकाशित हरिश्चन्द्रचन्द्रिका, कलकत्ता से प्रकाशित होने वाली तत्त्वबोधिनी और अन्य बहुत-सी।

कुछ रोज पहले मैं केशबचन्द्र सेन के दल के 'लिबरल' में नदिया के एक वैदिक विद्वान ब्रह्मावर्त समाध्यायी और बम्बई विश्वविद्यालय के एक एम.ए. काशीनाथ

त्रिम्बक की मुलाकात का विवरण देखा। एक पूर्व का था और दूसरा पश्चिम का, किन्तु दोनों ने धाराप्रवाह संस्कृत में वार्तालाप किया था।

इससे भी ज्यादा असाधारण बात है संस्कृत ग्रंथों की संख्या, जो भारतीय प्रेसों से निकलते हैं। ऐसा प्रतीत होता है कि इनकी काफी माँग है क्योंकि यदि हम इंग्लैंड भेजने के लिए उनकी प्रतियों की माँग करते हैं तो हम देखते हैं कि एक या दो साल के बाद भारत में ही सारी प्रतियाँ बिक जाती हैं। इंग्लैंड में आंग्ल-सेक्सन पत्रिकाओं या इटली में लेटिन पत्रिकाओं के साथ ऐसा नहीं होता। किन्तु इससे भी ज्यादा महत्त्व की बात यह है कि हमें बताया गया है कि महाभारत और रामायण महाकाव्यों की कविताओं का पाठ अभी भी मन्दिरों में आगंतुकों के लाभ के लिए होता है और गाँवों में इन प्राचीन महाकाव्यों के वाचक अर्थात कथक को सुनने के लिए भारी भीड़ एकत्र होती है। जब महाकाव्य के नायक के वनवास जाने का प्रसंग आता है तो पाठ के दौरान इस कथक की अकसर आँखें भर आती हैं और वह आहें भी भरने लगता है। जब नायक अपने राज्य को लौटता है तो गाँवों के घर दीपों और पुष्पमालाओं से सजाए जाते हैं। कहा जाता है कि पूरी महाभारत का पाठ 90 दिनों या 6 माह में पूरा होता है। आम लोंग चाहते हैं कि ब्राह्मण कथाकार पूरा महाकाव्य सुनाए किन्तु ऐसे कुछ ही श्रोता होंगे जो व्यास और वाल्मीकि के प्राचीन महाकाव्यों को समझते होंगे।

अभी भी जब वैदिक अध्ययन के लिए इतना कम प्रेरक वातावरण है, तब भी कई ब्राह्मण हैं जिन्हें पूरा ऋग्वेद मुखाग्र याद है और उसे वे दोहरा सकते हैं। ऋग्वेद के बारे में जो बात लागू है वही कई अन्य ग्रंथों के बारे में भी लागू होती है।

संस्कृत सचमुच चाहे मृत भाषा न होने पर भी मृत भाषा मानी जाती है तो भी भारत की आर्य और अनार्य दोनों जीवित भाषाएँ संस्कृत से ही अपने प्राण और आत्मा प्राप्त करती हैं। इस बिन्दु पर और इस पर कि संस्कृत के सीमित ज्ञान से भी भारतीय भाषाएँ सीखी जा सकती हैं, मैंने और मुझसे ज्यादा अर्हता रखने वालों ने अकसर बोला है लेकिन इसका कोई व्यावहारिक प्रभाव नहीं पड़ा है। मुझे इस बारे में फिर से कहने की जरूरत नहीं है। जो उम्मीदवार संस्कृत व्याकरण के सिर्फ तत्त्वों को जानता है वह अपनी खास देसी भाषा बंगाली, हिन्दुस्तानी या तमिल को समझ सकता है। प्राचीन प्रज्ञा के विद्वानों को मैं यही कह सकता हूँ कि संस्कृत और हिन्दुस्तानी जानने वाले सिविल सर्वेंट और सिर्फ हिन्दुस्तानी जानने वाले सिविल सर्वेंट में भारत को बुद्धिमत्तापूर्वक समझने की शक्ति में वही फर्क होगा जो लेटिन के जानकार इटली का भ्रमण करने वाले व्यक्ति और मेसर्स कुक एंड कम्पनी के द्वारा घुमाये जाने वाले आम लोगों में है।

अब हम इस एतराज का, कि संस्कृत साहित्य मृत या कृत्रिम साहित्य है, कुछ ज्यादा सावधानी से परीक्षण करें ताकि हम देख सकें कि इसमें कोई ज्यादा

सचाई नहीं है। कुछ लोग यह मानते हैं कि हमारे पास संस्कृत के जो ग्रन्थ हैं उनमें कभी भी कोई वास्तविक जीवन नहीं था इसलिए वे हमारे काम की कोई वास्तविक बात हमें नहीं सिखा सके, जैसे हिन्दू मस्तिष्क की ऐतिहासिक वृद्धि। दूसरों का मत है कि वर्तमान में, सभी मौकों पर और एक सदी के ब्रिटिश शासन के बाद संस्कृत साहित्य भारत में प्रेरक शक्ति नहीं रह गया है और वह यह नहीं लिखता कि हिन्दू मस्तिष्क में जो कुछ घट रहा है उस पर अच्छा या बुरा प्रभाव डाल रहा है।

आइए हम तथ्यों पर दृष्टि डालें। संस्कृत साहित्य एक व्यापक और अस्पष्ट शब्दावली है। यदि हमारे पास के वेद 500 ई.पू. के करीब रचे गए थे और यदि यह सच है कि संस्कृत में काफी कुछ अभी भी लिखा जा रहा है तो हमारे पास साहित्यिक गतिविधि की एक धारा है जो 3400 साल से प्रवाहित हो रही है। चीन को छोड़कर सारे संसार में ऐसा कहीं नहीं है।

इस साहित्य के विस्तार और विविधता के बारे में कोई अनुमान लगाना कठिन है। हम उस अज्ञात कोष से क्रमशः परिचित हो रहे हैं जो अभी पांडुलिपियों के रूप में मौजूद हैं। उन्हीं शीर्षकों के ग्रन्थ पहले भी रहे होंगे, जिनमें से कई के उद्धरण पिछली तीन या चार सदियों के लेखकों द्वारा अभी भी दिए जाते हैं।

हाल ही में भारत सरकार ने भारत के ग्रन्थों के विवरण का सर्वेक्षण कराने का आदेश दिया है और संस्कृत के कुछ यूरोपीय और भारतीय विद्वानों को उन स्थानों को भेजा है जहाँ संस्कृत की पांडुलिपियाँ पाई जाती हैं, ताकि उनका वे परीक्षण कर सकें और उनके कैटलॉग बना सकें। इनमें से कुछ कैटलॉग प्रकाशित हो गए हैं और उनसे हमें पता चलता है कि संस्कृत के विभिन्न विषयों की जो पांडुलिपियाँ मौजूद हैं उनकी संख्या दस हजार है। मेरा ख्याल है कि वह सम्पूर्ण प्राचीन ग्रीक साहित्य और इटली के साहित्य के योग से भी ज्यादा है। इसमें सन्देह नहीं कि इसमें से बहुत कुछ कचरा हो सकता है, लेकिन हम जानते हैं कि हमारे जमाने में भी एक बहुत प्रसिद्ध दार्शनिक की रचनाओं को 'मात्र कचरा' कहा गया है। मैं चाहता हूँ कि आप देखें कि भारत के तीन चार हजार साल के इतिहास में साहित्य का एक महान मार्ग या उसे ठीक से कहें तो साहित्य का एक महान पर्वतीय मार्ग जाता है। यह मैदानी हलचल से चाहे दूर है, जो जीवन के दैनन्दिन संघर्ष में लगे करोड़ों लोगों को शायद नहीं दिखता। इस मार्ग पर शायद कुछ ही एकाकी यायावर चले होंगे। किन्तु मानव जाति के इतिहासकारों के लिए और मानव मस्तिष्क का विकास करने वाले छात्र के लिए, वे कुछ एकाकी यायावर युगों-युगों से भारत के सच्चे प्रतिनिधि हैं। संसार का सच्चा इतिहास हमेशा कुछ लोगों का ही इतिहास रहा है और जैसे हम माउंट एवरेस्ट की ऊँचाई से हिमालय पर्वत की ऊँचाई को नापते हैं, वैसे ही हमें भारत का सच्चा आकलन वेदों के कवियों, उपनिषदों के ऋषियों और प्राचीनतम स्मृतियों के

लेखकों से करना चाहिए न कि उन करोड़ों लोगों से जो गाँव में पैदा होते और मरते हैं और जो एक क्षण के लिए भी अपने जीवन के धुँधले सपने से नहीं जागे।

इसमें सन्देह नहीं कि भारत के लाखों लोगों के लिए संस्कृत साहित्य मात्र एक मृत साहित्य ही नहीं था बल्कि वह अस्तित्व में ही नहीं था। किन्तु यह करीब हर साहित्य के लिए कहा जा सकता है, खासकर प्राचीन विश्व के साहित्य के बारे में।

इन सबके बावजूद मैं इस वक्तव्य की सचाई को कुछ सीमा तक स्वीकार करने के लिए तैयार हूँ कि संस्कृत साहित्य का एक भाग कभी जीवित और राष्ट्रीय नहीं रहा है, उसी अर्थ में जिस अर्थ में ग्रीक और रोमन साहित्य एक समय एक पूर्ण राष्ट्र के जीवन को प्रतिबिम्बित करते थे। इसके अलावा यह भी सच है कि आम लोगों को अच्छी तरह पता है कि जो संस्कृत पुस्तकें हैं वे भारतीय साहित्य के पुनर्जागरण काल की हैं। तब जिन लोगों ने संस्कृत में लिखा उन्हें खुद ही यह भाषा सीखनी पड़ी थी, जैसे कि हम लेटिन सीखते हैं। वे इस बात के प्रति सचेत थे कि वे केवल विद्वान और प्रबुद्ध जनता के लिए लिख रहे हैं, जनसाधारण के लिए नहीं लिख रहे हैं।

इसके लिए पूरे स्पष्टीकरण की जरूरत होगी।

हम ऋग्वेद से शुरू होकर ऋग्वेद के अपने संस्करण में दयानन्द की भूमिका तक सम्पूर्ण संस्कृत साहित्य को दो महान कालों में विभाजित कर सकते हैं : महान तूरानी आक्रमण के पहले का काल और उसके बाद का।

पहले में वैदिक साहित्य और प्राचीन बौद्ध साहित्य आता है और बाद वाले में बाकी सब।

जिस आक्रमण को सामान्यत: शक या सीथियन या इंडो सीथियन या तुरुष्क आक्रमण कहा जाता है, उसे यदि मैं तूरानी आक्रमण कहता हूँ तो यह सिर्फ इसलिए कि मैं अभी तक यह वादा नहीं करना चाहता, क्योंकि पहली सदी ईस्वी पूर्व से लेकर तीसरी सदी ईस्वी तक जिन कबीलों ने भारत पर अधिकार किया, मैं सिर्फ उनकी राष्ट्रीयता के बारे में ही थोड़ा-सा जानता हूँ।

उन्हें यू-ची के नाम से ही जाना जाता है, यह वह नाम है जो चीनी वृत्तान्तों में मिलता है। इन कबीलों के बारे में हमें जो जानकारी मिलती है उसके प्रमुख स्रोत चीनी वृत्तान्त हैं, किन्तु भारत या उनके आक्रमण के पहले और बाद। दूसरी नस्लों से उनके रिश्तों के बारे में कई सिद्धान्त शुरू हो गए हैं, उन्हें गुलाबी और सफेद रंग का और घोड़े से तीर चलाने वाला कहा गया है। चूँकि उनके चीनी नाम यू-ची और गोठी या गोथ में कुछ समानता थी, उनकी पहचान रेमूसत द्वारा उन जर्मन कबीलों से और दूसरों ने गोथों के पड़ोसियों गेटे से की गई। टॉड एक कदम आगे चले गए और भारत के गातों और राजपूतों को यू-ची और गेटे के वंशज मान लिया। इस सभी अन्धकार से कालान्तर में कुछ प्रकाश निकल सकता है किन्तु फिलहाल हमें

इस तथ्य से सन्तुष्ट रहना चाहिए कि पहली शताब्दी ईस्वी पूर्व और तीसरी शताब्दी ईस्वी के मध्य तूरानियों के या, यदि एक ओर भी कम आपत्ति वाली शब्दावली का उपयोग करें तो उत्तरी कबीलों के लगातार आक्रमणों के कारण भारत में महान राजनीतिक क्रान्ति हुई। भारत में उनकी उपस्थिति का उल्लेख चीनी इतिहासकारों ने किया है, और इसकी पुष्टि सिक्कों, शिलालेखों और देश के पारम्परिक इतिहास से होती है। किन्तु मेरा मत है कि इन विदेशी आक्रान्ताओं की उपस्थिति का सबसे बढ़िया प्रमाण पहली सदी ईस्वी पूर्व से तीसरी सदी ईस्वी के बीच भारत के ब्राह्मण साहित्य का शून्य है।

यदि हम उस देश की राजनीतिक और सामाजिक स्थिति पर विचार करें तो हम आसानी से यह समझ सकते हैं कि किसी युद्धप्रिय जाति के आक्रमण और विजय की स्थिति में क्या होगा। आक्रान्ता किलों पर अधिकार कर लेंगे और या तो पुराने राजाओं को हटा देंगे या उन्हें अपने अधीनस्थ बना लेंगे। बाकी सभी बातें एकदम पहले जैसी हो जाएँगी। लगान चुकाया जाएगा, कर एकत्र होगा और ग्रामीणों का अर्थात भारत के बहुसंख्य लोगों का जीवन, सरकार के बदलने के कारण लगभग यथावत चलता रहेगा। सिर्फ वे ही लोग कष्ट पाएँगे जो पुरोहित वर्ग के होंगे, जब तक कि वे विजेताओं से समझौता नहीं कर लेंगे। पुरोहित वर्ग काफी सीमा तक साहित्यिक वर्ग भी था और उनके पुराने संरक्षकों, याने भारतीय राजाओं के न होने से कुछ समय तक साहित्यिक गतिविधि रुक सकती थी। बौद्ध धर्म के उदय और उसे औपचारिक रूप से सम्राट अशोक द्वारा अपनाये जाने से पुरानी ब्राह्मणीय पदक्रम की ताकत और प्रभाव काफी कम हो गया था। उत्तरी विजेताओं का चाहे जो भी धर्म रहा हो वे निश्चित रूप से वेदों पर विश्वास नहीं करते थे। ऐसा लगता है कि उन्होंने बौद्ध धर्म से एक प्रकार का समझौता कर लिया था और सम्भवत: उसी समझौते के कारण या बौद्ध सिद्धान्तों में शक मिथकों के मिश्रण के कारण हमें बौद्ध धर्म की महायान शाखा मिली। इसे ज्यादा ठीक से अमिताभ उपासना कहा जा सकता है, जो पहली शताब्दी के भारत के तूरानी शासकों में से पहले शासक कनिष्क के समय की संगीति में औपचारिक रूप से सुनिश्चित हुआ। महाभाष्य के रचयिता पतंजलि के समय बौद्ध श्रमणों और ब्राह्मणों में इतना द्वेष हो गया था कि उनका उल्लेख कौओं और उल्लुओं, कुत्तों और सियारों जैसे स्वाभाविक शत्रुओं के समकक्ष किया गया है।

यदि हम पूरे संस्कृत साहित्य को इन दो कालों में बाँटें, जिनमें से एक महान तूरानी आक्रमण के पहले का है और दूसरा उसके बाद का है, तो हम पहले काल के साहित्य को प्राचीन और स्वाभाविक तथा दूसरे काल के साहित्य को आधुनिक और कृत्रिम साहित्य कह सकते हैं।

पहले काल का हमारे पास प्रथम, वेद साहित्य का एक बड़ा ढेर, किन्तु जो स्पष्टत: सिर्फ एक सामान्य प्रलय से बचा अवशेष है। दूसरे, बौद्ध त्रिपिटक में एकत्र

साहित्य, जो पाली लोकभाषा, गाथा लोकभाषा और संस्कृत में है और शायद बाद में इसमें बहुत कुछ जोड़ा गया था।

संस्कृत साहित्य के दूसरे काल में अन्य सब आ जाता है। दोनों कालों के भी उपविभाग किए जा सकते हैं लेकिन अभी हमारा इससे सम्बन्ध नहीं है।

अब मैं यह स्वीकार करने के लिए एकदम तैयार हूँ कि दूसरे काल का साहित्य, आधुनिक संस्कृत साहित्य कभी भी जीवन्त या राष्ट्रीय साहित्य नहीं था। उसमें यहाँ–वहाँ प्राचीन काल के अवशेष हो सकते हैं, जो बाद के काल के साहित्यिक, धार्मिक और नैतिक आस्वादों के रूप में अपनाए गए हैं। जब कभी हम उन प्राचीन तत्त्वों का विश्लेषण कर पाते हैं तो वे अतीत पर प्रकाश डाल सकते हैं, और कुछ सीमा तक, वैदिक काल के साहित्य में एक जो खो गया है, उसके पूरक बनते हैं। उदाहरण के लिए छन्दबद्ध स्मृतियाँ, में वह पुरानी सामग्री है, जो वैदिक काल में मौजूद थी, जो कुछ तो गद्य, सूत्रों में और कुछ प्राचीन छन्द गाथा में। महाभारत और रामायण के महाकाव्यों ने प्राचीन इतिहासों और आख्यानों का स्थान ले लिया है। पुराणों में भी वह सामग्री काफी परिवर्तित रूप में हो सकती है जिसे वैदिक साहित्य में पुराण कहा गया था।

किन्तु बाद के साहित्य का विशाल भंडार कृत्रिम या पांडित्यपूर्ण है और रोचक रचनाओं से भरपूर है और किसी भी रूप में उसमें मौलिकता और सौन्दर्य की कमी नहीं है; तथापि ये सब होने पर भी वह केवल विचित्र है और इतिहासकार और दार्शनिक की मानवीय सहानुभूतियों से ज्यादा वह पौर्वात्य विद्वान की रुचियों को प्रेरणा देता था।

भारत का प्राचीन साहित्य भिन्न प्रकार का है। इस पर वैदिक और बौद्ध धर्म का साहित्य हावी है। यह साहित्य हमारे सामने मानव जाति की शिक्षा का एक अध्याय खोलता है जिसका कहीं कोई सानी नहीं है। हमारी भाषा अर्थात हमारे चिन्तन के ऐतिहासिक विकास के लिए जो भी चिन्ता करता है; जो भी धर्म और मिथकों के प्रथम विकास की चिन्ता करता है; जो भी उस पहली आधारशिला की चिन्ता करता है जिसे बाद में जिन्हें खगोलशास्त्र, मैटरोनामी, व्याकरण और एटीमोलोजी कहा गया है, जो भी प्रथम दार्शनिक संकेतों की चिन्ता करता है, धर्म, समारोह, परम्परा और समय पर आधारित पारिवारिक जीवन, ग्रामीण जीवन, राज्य जीवन को नियमित करने के पहले प्रयासों के लिए चिन्ता करता है, उसे भविष्य में वैदिक काल के साहित्य पर वही ध्यान देना चाहिए जैसा कि ग्रीस, रोम और जर्मनी के साहित्यों को दिया जाता है।

बौद्ध धर्म के प्रारम्भिक साहित्य द्वारा सिखाए इन पाठों का जहाँ तक प्रश्न है, मैं फिलहाल उस पर चर्चा करने की जरूरत नहीं समझता। यदि मैं बौद्ध धर्म और ईसाई धर्म के साथ उसके विस्मयजनक संयोग के बारे में मुझसे पूछे गए असंख्य

सवालों से अनुमान लगाऊँ तो बौद्ध धर्म पहले ही सामान्य रुचि का विषय हो गया है और वह और भी ज्यादा होगा और होना चाहिए। व्याख्यानों के इस संक्षिप्त पाठ्यक्रम में सभी प्रकार के साहित्य पर चर्चा करने की मेरी मंशा नहीं है क्योंकि यह पाठ्यक्रम तो वैदिक साहित्य का सर्वेक्षण करने के लिए भी काफी नहीं है। मेरा ख्याल है कि मुख्य पाठों के विश्लेषण के लिए हम सूक्तों, ब्राह्मण ग्रन्थों, उपनिषदों और सूत्रों से सीख सकते हैं।

यह एक दुर्भाग्य ही था कि संस्कृत साहित्य के बारे में यूरोप के विद्वज्जनों को पहली बार, पुनर्जागरण काल के नमूनों के जरिए ही जानकारी मिली। भगवद्गीता, रामायण, कालिदास के नाटक जैसे शकुन्तला या उर्वशी, महाभारत और रामायण के कुछ प्रसंग जैसे नल और यज्ञदत्तबाधा, हितोपदेश की कहानियाँ, भर्तृहरि के वचन, निस्सन्देह, अनोखे हैं और जिस समय उनके बारे में यूरोप वालों को पता चला तो उन्हें अत्यन्त प्राचीन माना गया। जिन लोगों के काम के बारे यह माना जाता था कि वे उच्चकोटि के साहित्य की रचना करने में सक्षम नहीं हैं, उन लोगों ने इंग्लैंड में सर विलियम जोन्स, जर्मनी में गेटे जैसे लोगों का ध्यान आकर्षित किया और उन्होंने प्रसन्नता से उनकी अनन्य प्रशंसा की। उन दिनों कालिदास की बात करना एक चलन था, जैसे, उदाहरण के लिए एले. वान हम्बोल्ट अपनी ताजा कृति कॉस्मास में कहता है 'वर्जिल और होरेस का महान समकालीन, जो विक्रमादित्य के महान दरबार में रहता था,'। इस विक्रमादित्य को 56 ईस्वी पूर्व में संवत का संस्थापक माना जाता है। किन्तु अब सब बदल गया है। जिस विक्रमादित्य के बारे में कहा जाता है कि उसने शकों को पराजित किया और एक और संवत 56 ईस्वी पूर्व में स्थापित किया, वह निश्चित रूप से पहली सदी ईस्वी पूर्व में नहीं था। और न ही भारतीयों को अब निरक्षर जाति के रूप में और उनके काव्य को लोकप्रिय और कलाविहीन नहीं माना जाता। इसके विपरीत, उन्हें उन्हीं मानकों से तौला जाता है, जैसे—ईरानियों, अरबों, इटालियनों और फ्रांसीसियों के काव्यों को। इस मापदंड से तौले जाने पर कालिदास के नाटक जैसी कृतियाँ उन कई नाटकों से श्रेष्ठ नहीं हैं जिन्हें हमारे पुस्तकालयों की अलमारियों में धूल खाने के लिए लम्बे समय तक छोड़ दिया गया था। उनकी प्राचीनता पर अब किसी भी गम्भीर संस्कृत विद्वान के द्वारा विश्वास नहीं किया जाता। कालिदास का एक प्रसिद्ध कवि के रूप में भारवि के साथ एक शिलालेख में उल्लेख है जो 585-86 ईस्वी का है और मैं अब कालिदास को ज्यादा प्राचीन नहीं मान सकता। जहाँ तक मनु की स्मृतियों का प्रश्न है, जिसे बहुत प्राचीन माना जाता था, और अभी भी लोग कभी-कभी ऐसा लिख देते हैं। किन्तु मुझे सन्देह है कि मनु-स्मृतियाँ अपने वर्तमान रूप में चौथी सदी ईस्वी से पुरानी हो सकती हैं। इतना ही नहीं मैं उन्हें इसके भी बाद की तारीख देने को तैयार हूँ। मैं जानता हूँ कि कई संस्कृत विद्वानों

को यह एक ईशनिन्दा लगेगी किन्तु हमें अपने प्रति ईमानदार होना चाहिए। हमारे पास मानव धर्मशास्त्र जिस रूप में है, और जो निरन्तर श्लोकों में लिखा हुआ है, उसे 300 ईस्वी के पहले की कोई तारीख देने से रोकने के लिए क्या कोई तत्पर है। और यदि नहीं है तो क्यों नहीं हमें खुलकर यह कहना चाहिए, क्यों नहीं विरोध को चुनौती देना चाहिए और यदि हमारी शंकाएँ हट जाती हैं तो हमें क्यों कृतज्ञ नहीं होना चाहिए?

यह सच है कि उस समय के पहले मनु उच्चकोटि के स्मृतिकार थे और प्राचीन स्मृति सूत्रों में मनु और मानवम् के उद्धरण बहुधा दिए जाते हैं किन्तु इससे इस विश्वास की पुष्टि मात्र होती है कि जो साहित्य तूरानी आक्रमण के बाद आया वह अन्तराल के प्रलय से बचे हुए खंडहरों से भरा है। यदि मनुस्मृति पिछली सदियों में जस्टिनियन की संहिता के समान विधि संहिता के रूप में विद्यमान रही होती तो क्या इस बात की सम्भावना है कि उसे कहीं भी उद्धरित नहीं किया जाना था या लागू किया जाना था?

वराहमिहिर, जिनका निधन 587 ईस्वी में हुआ था, मनु का उल्लेख कई बार करता है किन्तु मानव धर्मशास्त्र का नहीं करता, और जब सिर्फ एक बार वह वस्तुतः मनु के श्लोक उद्धरित करता दिखता प्रतीत होता है तो ये श्लोक हमारे पाठ में नहीं मिलते। मेरा विश्वास है कि चौथी, पाँचवीं और छठी शताब्दियाँ भारत में साहित्यिक पुनर्जागरण का युग था। शिलालेखों के साक्ष्यों से हम जानते हैं कि कालिदास और भारवि उस समय प्रसिद्ध थे। हम मानते हैं कि छठी सदी में भारतीय साहित्य की प्रसिद्धि ईरान पहुँच चुकी थी और ईरान के राजा खुसरो नौशेरवाँ (531–79 ईसवी) ने अपने चिकित्सक बरजा को भारत भेजा ताकि वह संस्कृत और पल्हवी से पंचतंत्र की कथाओं का अनुवाद करे। प्रसिद्ध 'नवरत्न' या क्लासिक्स आंशिक रूप से ही सही, उसी काल के माने जाते हैं। और मुझे सन्देह है कि वैदिक और बौद्ध साहित्य को छोड़कर हमारे पास संस्कृति का जो साहित्य उपलब्ध है उसे हम ज्यादा पहले की तारीख दे सकेंगे।

इस आधुनिक संस्कृत साहित्य के जो नमूने पहले प्रकाश में आए उन्होंने सभी में रुचि जागृत की और अभी भी वे भारतीय साहित्य के लिए कुछ दिखावटी सहानुभूति को जीवित रखे हुए हैं, लेकिन ज्यादा गम्भीर अध्येताओं ने इन रचनाओं को शीघ्र दरकिनार कर दिया था। इन्हें सुन्दर और आकर्षक कहे जाने के दावे को खुशी से स्वीकार करते हुए भी संस्कृत साहित्य को वैश्विक-साहित्यों के बीच ग्रीक, लेटिन, इटालियन, फ्रेंच, इंगलिश या जर्मन साहित्य के बाजू में स्थान देने की नहीं सोच पाए।

यह जरूर है कि एक ऐसा समय था जब लोग यह सोचने लगे कि भारतीय साहित्य में जो भी जानने योग्य है वह ज्ञात है और विश्वविद्यालय के विषयों की

मान्य शाखाओं के बीच संस्कृत जिस एक स्थान का दावा कर सकती है वह स्थान है भाषा विज्ञान के अध्ययन के लिए उसकी उपयोगिता।

अब से करीब चालीस साल पहले उस विशेष समय पर एक नई शुरुआत की गई, जिसने संस्कृत के अध्ययन को एक एकदम नया चरित्र दिया है। इस आन्दोलन के मुख्य प्रणेता थे पेरिस में कॉलेज द फ्रांस के प्रोफेसर बुरनाउफ। वे एक अद्‌भुत विद्वान थे लेकिन साथ ही वे व्यापक नजरिए और सच्चे ऐतिहासिक चेतना के व्यक्ति थे। उन्होंने सिर्फ नलों और शकुन्तलाओं में अपना जीवन बरबाद नहीं किया। वे फ्रांस के क्लासिकल स्कूल की पुरानी परम्पराओं में पले-बढ़े थे। (उनके पिता प्रसिद्ध ग्रीक व्याकरण के लेखक थे)। कुछ समय तक वे मेधावी युवा बैरिस्टर रहे और उस समय उनके प्रभावशाली मित्र थे गिजो, दियर्स, मिगनेट, विलमैन और उनके सामने एक उज्ज्वल भविष्य था और ऐसी उम्मीद नहीं थी कि वे क्षुद्र संस्कृत कविताओं में अपना जीवन बिताते। जब उन्होंने संस्कृत में अपने को झोंका तो वे इतिहास, मानव इतिहास, विश्व इतिहास चाहते थे और उन्होंने भारतीय साहित्य का मार्ग प्रशस्त करने वाले दो साहित्य के रूप में, वैदिक साहित्य और बौद्ध साहित्य को सटीक रूप से दृढ़ता से अपनाया। कम आयु में ही उनका निधन हो गया और जिस भवन का निर्माण वे करना चाहते थे उसकी कुछ मेहराबें उन्होंने छोड़ीं। किन्तु उनकी आत्मा उनके शिष्यों और उनके मित्रों में विद्यमान रही और शायद ही कोई इस बात से इन्कार करेगा कि वैदिक साहित्य और बौद्ध साहित्य के छात्रों द्वारा जो भी उपलब्धियाँ प्रत्यक्ष या परोक्ष रूप में हुईं उसकी पहली धड़कन बुरनौफ और कॉलेज द फ्रांस में दिए गए उनके व्याख्यानों द्वारा दी गई थीं।

आप पूछ सकते हैं कि हम उस प्राचीन संस्कृत साहित्य में क्या पाते हैं जो अन्यत्र कहीं नहीं पाते? मेरा उत्तर है कि जिस आर्य को हम ग्रीक, रोमन, जर्मन, सेल्ट और स्लाव के विभिन्न चरित्रों में पाते हैं उस आर्य को यहाँ हम एकदम नए चरित्र में पाते हैं। उसके उत्तरी देशान्तरों में उसकी सक्रिय और राजनैतिक ऊर्जाएँ प्रकट होती हैं और वे उच्चतम उत्कृष्टता हासिल करती हैं। साथ ही हमें मानव चरित्र का दूसरा पहलू भी मिलता है, निष्क्रिय, ध्यानस्थ, जो भारत में सम्पूर्ण रूप से विकसित हुआ। ऋग्वेद की कुछ ऋचाओं में हम अभी भी प्रारम्भिक चरण को देख सकते हैं। हम देखते हैं कि आर्य कबीले भूमि पर अधिकार कर रहे हैं और इन्द्र तथा मरुतों जैसे युद्धप्रिय देवताओं के मार्गदर्शन में कृष्णवर्णीय आदिम जातियों से और परवर्ती आर्य उपनिवेशवादियों के आक्रमणों से अपने नए आवास स्थलों की रक्षा कर रहे हैं। किन्तु युद्ध का वह काल जल्दी ही खत्म हो गया और जब लोगों की एक बड़ी आबादी अपने घरों में बस गई तो जिसे हम जाति अर्थात छोटा आभिजात्य वर्ग कहते हैं उसका सैनिक और राजनीतिक पदों पर एकाधिकार हो गया और लोगों

की अधिसंख्य आबादी अपने गाँवों के सँकरी परिधि के भीतर अपने दिन बिताकर सन्तुष्ट थी। यह अधिसंख्य आबादी बाहरी दुनिया से बहुत कम सरोकार रखती थी और बिना किसी विशेष परिश्रम से प्रकृति से जो उन्हें प्राप्त होता था उनसे यह सन्तुष्ट रहती थी। भर्तृहरि कहता है (सम्पा. के. टी. तैलंग, पृ. 76) :

'प्रत्येक वन में वृक्षों पर पेड़ लगे हैं, जिन्हें कोई भी बिना किसी असुविधा के तोड़ सकता है। यहाँ-वहाँ शुद्ध नदियों में शीतल और स्वादिष्ट जल है। सुन्दर लताओं की डालों से बनी कोमल शैया है। इतने पर भी अभागे लोग समृद्धि के द्वार पर कष्ट पाते हैं!'

पहली दृष्टि में हम इसे जीवन का निःशब्द आनन्द कह सकते हैं, जो विकास न होकर पतन है। जीवन कैसा होना चाहिए इसके बारे में हम जो सोचते हैं यह उससे कितना भिन्न है। तथापि एक उच्चतर दृष्टिकोण से यह दिख सकता है कि उन दक्षिणी आर्यों ने सही भूमिका चुनी है, या ऐसी भूमिका चुनी जो उनके लिए अच्छी थी, जबकि हम उत्तरी आर्य कई बातों के बारे में सावधान थे और परेशान थे।

इस समस्या पर विचार करना चाहिए कि जिस प्रकार प्रकृति में दक्षिण और उत्तर होते हैं, क्या वैसे ही मानव स्वभाव में दो गोलार्द्ध नहीं होते—एक ओर तो सक्रिय युद्धप्रिय, और राजनीतिक और दूसरी ओर पैसिव, ध्यानी और दार्शनिक। और इस समस्या के हल के लिए कोई भी साहित्य उतनी सामग्री प्रदान नहीं करता जितना वेद, जो ऋचाओं से शुरू होते हैं और उपनिषदों में खत्म होते हैं। हम एक नए संसार में प्रवेश करते हैं—जो सदैव ही आकर्षक नहीं होता और हमारे लिए तो बिलकुल ही नहीं; लेकिन उसमें एक सौन्दर्य है जो वास्तविक है और वह है प्राकृतिक विकास और हर वस्तु के समान प्राकृतिक विकास का एक छुपा हुआ लक्ष्य था, और उसका उद्देश्य कुछ ऐसा पाठ पढ़ाना था जो सीखने योग्य है और निश्चय ही हम उसे कहीं और नहीं सीख सकते थे। हमें उस प्राचीन वैदिक साहित्य की न तो प्रशंसा करना है और न उससे घृणा करना है। हमें तो उसका केवल अध्ययन करना है और उसे समझने की कोशिश करना है।

ऐसे मूर्ख लोग भी हुए हैं जिन्होंने भारतीय मस्तिष्क के विकास को किसी भी अन्य से श्रेष्ठ बताया है। इतना ही नहीं वे हमसे ज्यादा उच्च सच्चा धर्म, शुद्धतर नैतिकता प्राप्त करने के लिए वेदों तक या बौद्धों के पवित्र साहित्य तक जाते हैं। मैं इन लेखकों के नाम का या उनकी कृतियों के नामों का उल्लेख तक नहीं करूँगा। किन्तु मैं उस समय धीरज खो देता हूँ जब अन्य विद्वान भारत के प्राचीन साहित्य की ऐसी आलोचना करते हैं जैसे कि वह रचना 19वीं सदी की हो और जैसे वह ऐसे शत्रु का प्रतिनिधित्व करता है जिसे पराजित किया जाना चाहिए और उस पर कोई दया नहीं दिखाई जानी चाहिए। वेद बचकानी, बेतुकी और दानवीय अवधारणाओं

से भरपूर हैं, इसे कौन नकार सकता है। किन्तु ये दानवीयताएँ भी रोचक और अनुकरणीय हैं; इतना ही नहीं यदि हम विचार और भाषा के विभिन्न तरीकों के लिए कुछ गुंजाइश रख सकें तो उनमें से कई तो सत्य के कीटाणु और प्रकाश की किरणें हैं और यह ज्यादा विस्मयकारी इसलिए है कि ये सघनतम रात्रि के आवरण से होकर हमारे पास आ रहा है।

प्राचीन भारतीय साहित्य में वास्तविक मानवीय रुचि विद्यमान है, और इसके कारण इसकी ओर न सिर्फ प्राच्यविद विद्वानों का या प्राचीन भारत के इतिहास के अध्येताओं का बल्कि हर शिक्षित पुरुष और स्त्री का ध्यान गया है।

ऐसी कुछ समस्याएँ हैं जिन्हें हम कुछ समय के लिए किनारे रख सकते हैं, या यों कहें कि जब हम अपने जीवन के कठिन संघर्ष में लगे होते हैं तब उन्हें किनारे रख दें। लेकिन वे समस्याएँ फिर से आएँगी और जब वे आएँगी तब वे हमें ज्यादा गहराई से झकझोरेंगी कि हम दूसरों के सामने, यहाँ तक कि अपने सामने ही उसे स्वीकार नहीं करेंगे। यह सच है कि हमारे पास सात दिन होते हैं और हम उसमें से एक दिन विश्राम और ध्यान के लिए रखते हैं जिसे ग्रीक लोग ''महानतम 'चीजें' कहते हैं। यह हकीकत है कि सातवाँ दिन हममें से ज्यादातर लोग या तो गिरजाघर जाकर या चिन्तनहीन विश्राम में गुजार देते हैं, किन्तु चाहे सप्ताह के 6 दिन हों या रविवार हो, चाहे युवावस्था हो या वृद्धावस्था हो, ऐसे क्षण आते हैं जो दुर्लभ होने पर भी हमारे जीवन के अत्यन्त गम्भीर क्षण होते हैं। इस क्षण में मानवता के पुराने आसान सवाल हमारे पास अपनी पूरी गहराई के साथ लौटते हैं, और हम खुद से पूछते हैं कि हम क्या हैं? पृथ्वी में यह जीवन क्यों बना है? क्या हमें यहाँ कोई विश्राम नहीं करना है और सदैव परिश्रम करते रहना है और अपने पड़ोसियों के सुख के अवशेषों पर अपने खुद के सुख का निर्माण करते रहना है? और जब हमने पृथ्वी पर अपना घर बना लिया है, जो भाप, गैस और बिजली से जितना सुविधाजनक बना सकते थे, बना लिया है तब भी हम क्या उस हिन्दू से ज्यादा सुखी हैं जो अपने आदिम घर में रहता है?

जैसा कि मैंने अभी कहा है, उत्तरी जलवायु में जीवन हमेशा संघर्षमय रहता है। ऐसा उसे रहना चाहिए, और यह संघर्ष भी कठिन होना चाहिए। उत्तरी जलवायु में वृद्धावस्था की अनिश्चितताओं से या हमारे जटिल सामाजिक जीवन के अपरिहार्य दुर्घटनाओं से सुरक्षा पाने के लिए धन एकत्र करना एकदम जरूरी हो गया है, हमारे समाज में विश्राम और ध्यान के घण्टे बहुत कम और बहुत दूर हो गए हैं। यह वैसा ही था जैसा कि ट्यूटोनिक प्रजातियों में और रोमनों और ग्रीकों के समय था। लम्बे शीतकाल वाली यूरोपीय जलवायु के कारण और कई स्थानों में खेती करना कठिन होने के कारण छोटे समुदायों के बीच हितों के टकराव के कारण खुद की सुरक्षा (इसे खुद में डूबे रहना नहीं कह सकते) करने की प्रवृत्ति इस सीमा तक बढ़ गई

है कि यूरोपीय समाज के अधिकतर सद्गुण और अधिकतर दुर्गुणों को उस स्रोत में तलाशा जा सकता है। इनका प्रभाव हमारे चरित्रों पर पड़ा है—विरासत के जरिए, शिक्षा के जरिए और जरूरत के जरिए। हम सभी एक जुझारू जीवन बिताते हैं और हमारे जीवन का उच्चतम आदर्श है जुझारू जीवन। हम तब तक काम करते हैं जब तक हम उसके लायक नहीं रह जाते, और बूढ़े घोड़ों के समान काम करते हुए मरने पर गर्व महसूस करते हैं। हम आन्तरिक सन्तोष के साथ यह इंगित करते हैं कि हमारे और हमारे पूर्वजों ने कठोर मेहनत करके परिवार या धन्धे को, शहर या राज्य को स्थापित किया। हम सभ्यता के अजूबों की ओर इशारा करते हैं—हमारे भव्य शहर, हमारे राजमार्ग और पुल, हमारे जहाज, हमारी रेलवे, हमारे टेलीग्राफ, हमारी बिजली, हमारे चित्र, हमारी मूर्तियाँ, हमारा संगीत, हमारे थियेटर। हम यह कल्पना करते हैं कि हमने पृथ्वी पर जीवन को पूर्णता दे दी है; कुछ मामलों में इतनी परिपूर्णता कि हम उसे फिर से छोड़ना नहीं चाहते। किन्तु ब्राह्मण और बौद्ध यह उपदेश देते नहीं थकते कि यह जीवन सिर्फ एक गाँव से दूसरे गाँव की यात्रा है और विराम करने की जगह नहीं है। इस प्रकार हम पढ़ते हैं :

'जिस प्रकार कोई व्यक्ति दूसरे गाँव जाते समय खुली हवा में एक रात का विश्राम लेता है किन्तु अपने विश्राम-स्थल को छोड़ने के बाद, दूसरे दिन फिर से अपनी यात्रा पर रवाना हो जाता है, उसी प्रकार पिता, माता, पत्नी और धन सभी हमारे लिए एक रात का विश्राम हैं—बुद्धिमान लोग उनसे हमेशा के लिए नहीं चिपके रहते।'

जीवन के भारतीय दृष्टिकोण से सिर्फ नफरत करने के बदले क्या हम एक क्षण के लिए रुककर यह विचार नहीं कर सकते कि क्या जीवन का उनका दर्शन एकदम गलत है और हमारा दर्शन ही पूरी तरह ठीक है; क्या यह पृथ्वी सिर्फ काम करने के लिए बनी है, (क्योंकि हमारे लिए आनन्द भी हमारे लिए काम में बदल गया है), निरन्तर भाग दौड़ के लिए बनी है; या हम मजबूत उत्तरी आर्य क्या कुछ काम से और कुछ कम तथाकथित आनन्द से, और कुछ ज्यादा चिन्तन और कुछ ज्यादा विश्राम से सन्तुष्ट नहीं हो सकते थे। चूँकि, हमारा जीवन छोटा है, हम केवल मई की मक्खियाँ नहीं हैं जो सुबह में पैदा होती हैं और रात में मर जाती हैं।

हमारे पास पीछे मुड़कर देखने के लिए अपना अतीत है और आगे देखने के लिए भविष्य है और यह हो सकता है कि भविष्य की कुछ उलझनों के हल अतीत की बुद्धिमत्ता से हल हो जाएँ।

मैं इस बात से इनकार नहीं करता कि यूरोपीय राज्यों के नागरिकों की पौरुषेय शक्ति, मौन सहनशीलता, सार्वजनिक भावना और निजी सद्गुण एक पहलू का ही प्रतिनिधित्व करते हैं। यह ऐसी नियति का महत्त्वपूर्ण पहलू हो सकता है जिसे पृथ्वी पर इनसान को पूरा करना है।

किन्तु हमारे स्वभाव का निश्चित रूप से एक दूसरा पहलू है, जो शायद ऐसी दूसरी नियति है जो जीवन की यात्रा में इनसान के लिए खुली है, जिसकी पूरी तरह उपेक्षा नहीं की जानी चाहिए। यदि हम अपनी आँखें पूर्व की ओर खासकर भारत की ओर करें, जहाँ जीवन में बहुत कठिन संघर्ष नहीं है और नहीं था, जहाँ जलवायु सुखद है, भूमि उपजाऊ है, जहाँ कम तादाद का वानस्पतिक भोजन शरीर को स्वस्थ और ताकतवर रखने के लिए काफी होता है, जहाँ जंगल में एकदम सादी झोपड़ी या गुफा ही आश्रय के लिए काफी थे, और जहाँ सामाजिक जीवन ने कभी लन्दन या पेरिस जैसा विशाल, नहीं दानवाकार आकार नहीं लिया, बल्कि ग्राम्य समुदायों की सँकरी सीमाओं के भीतर खुद पूर्णता हासिल की, —मैं कहूँगा कि क्या वहाँ यह स्वाभाविक नहीं था, या क्या वहाँ यह नहीं महसूस किया गया कि मानव स्वभाव का दूसरा पक्ष वहाँ विकसित न किया जाए जो सक्रिय, जुझारू और हड़पने वाला हो, बल्कि शान्त, ध्यानमय और चिन्तनशील हो? यह आश्चर्यजनक है कि जिन आर्यों ने सिन्धु और गंगा के कुछ सुखद मैदानों और घाटियों में प्रवेश किया उन्होंने जीवन को अनन्त रविवार या छुट्टी के रूप में देखा या एक ऐसे लम्बे अवकाश के रूप में देखा जो अन्त तक आनन्दपूर्ण था किन्तु जो कभी न कभी समाप्त तो होगा ही? उन्हें धन जमा क्यों करना था? उन्होंने महल क्यों बनवाए? उन्होंने दिन रात क्यों काम किया? शरीर की छोटी जरूरतों के लिए रोज व्यवस्था करके उन्होंने समझा कि इस अजीव निर्वासन के आसपास देखना, अपने खुद को अन्दर से देखना, खुद को छोड़कर कुछ ऊपर की तरफ देखना और यह देखना कि वे उस रहस्य के सच्चे मकसद को कुछ भी नहीं समझ पाए जिसे हम पृथ्वी पर जीवन कहते हैं, इसका उन्हें अधिकार है या यह उनका कर्तव्य है। यह सच है कि जीवन की ऐसी धारणाओं को हम स्वप्निल, अवास्तविक, अव्यावहारिक कह सकते हैं किन्तु क्या वे जीवन के हमारी धारणाओं को अदूरदर्शी, बेकार और अत्यन्त अव्यावहारिक कह सकते हैं, क्योंकि यह जीवन के लिए जीवन का बलिदान करना है।

इसमें सन्देह नहीं कि ये दोनों ही अतिवादी दृष्टिकोण हैं और इन्हें शायद किसी राष्ट्र ने, चाहे वह पूर्व का हो या पश्चिम का, उस अतिवादी रूप में अपनाया होगा या क्रियान्वित किया होगा। हम हमेशा परिश्रम नहीं करते रहते। हम कभी-कभी एक घंटे का आराम और शान्ति और चिन्तन करते हैं। भारत के प्राचीन लोग जीवन की महान समस्याओं के बारे में हमेशा स्वप्न नहीं देखते थे या ध्यान करते थे, बल्कि जब ज़रूरत होती थी वे सूरमाओं के समान लड़ सकते थे और बिना मशीनों के वे धीरज के साथ श्रम करके घटिया से घटिया हस्तशिल्प को ऐसी कला का रूप दे सकते थे, जो कारीगर और खरीददार दोनों को वास्तविक आनन्द प्रदान करता था।

मैं तो आपके सामने यह बात स्पष्ट रूप से रखना चाहता हूँ कि आर्यजनों को भारत में अपना लक्ष्य पूरा करना था। उत्तरी आर्यों ने जिन व्यावहारिक और यौद्धिक

गुणों को संघर्ष से हासिल किया था और जिसके बिना शायद उनका अस्तित्व खत्म हो जाता, उन गुणों में भारत में अपना मिशन पूरा करने गए आर्य कुछ कमतर रहे होंगे, किन्तु पृथ्वी पर उसका जीवन उस कारण से पूरी तरह निरर्थक नहीं था। जीवन के प्रति उसका नजरिया यह है कि जीवन के लिए जीवन के उच्चतर आदर्शों का बलिदान न किया जाए। यह नजरिया हम इस उत्तरी जलवायु में नहीं अपना सकते और यह हमारे लिए एक शिक्षा है और चुनौती भी है।

पुरातनता का महानतम विजेता भारतीय दार्शनिकों के सामने मौन विस्मय से खड़ा था और इस पर खेद प्रकट कर रहा था कि वह उनकी अपनी भाषा में उनसे संवाद नहीं कर पा रहा है और उनका ज्ञान ऐरे–गैरे दुभाषियों के प्रदूषित मार्गों के जरिए ही उस तक पहुँच सकता है।

अब वैसा होने की जरूरत नहीं है। संस्कृत अब कठिन भाषा नहीं रही और मैं हर युवा आई. सी. एस. को विश्वास दिला सकता हूँ कि यदि वह भारतीय प्रज्ञा के स्रोत की ओर जाएगा तो उसे वहाँ बहुत–सी अनोखी और निरर्थक चीजों के बीच जीवन के लिए ऐसी शिक्षाएँ मिलेंगी जो सीखने योग्य होंगी और जिन्हें हम अपनी जल्दी में या तो भूल जाते हैं या उनसे घृणा करने लगते हैं।

मैं आपके सामने सिर्फ कुछ सुभाषित पढ़ता हूँ जो दोपहर की गर्मी के बाद गाँव के पेड़ की छाया में गाँव के छोटे और बड़े लोगों के समूह में आज भी भारत में दोहरायी जाती हैं। ये वे सुभाषित हैं जो उन्हें सच लगते हैं, जबकि हमें शायद गल्प लगें।

'जब हम सभी को धरती के नीचे साथ में सोना है, तो क्यों मूर्ख लोग एक दूसरे को नुकसान पहुँचाना चाहते हैं।'

'जितना परिश्रम एक मूर्ख व्यक्ति धन के पीछे लगाता है, उसका सौवाँ भाग श्रम करके भी व्यक्ति मोक्ष प्राप्त कर सकता है।'

'दरिद्र व्यक्ति सम्पन्न व्यक्ति से श्रेष्ठ रोटी खाता है : क्योंकि भूख से भोजन स्वादिष्ट होता है।'

'हमारा शरीर समुद्र के फेन के समान है, हमारा जीवन एक पक्षी के समान है, अपने प्रियजनों का साथ स्थायी नहीं होता, फिर हे तात तुम क्यों सो रहे हो ?'

'जिस प्रकार लकड़ी के दो टुकड़े समुद्र में मिल जाते हैं और फिर दूर हो जाते हैं, उसी प्रकार प्राणी मिलते हैं।'

'यात्रा में हमारी पत्नी, रिश्तेदार और मित्रों से भेंट होती है। इसलिए लोग यह देखें कि वह कहाँ है, कहाँ जाएगा, वह क्या है, यहाँ क्यों टहल रहा है और क्यों किसी चीज के लिए दुखी हो रहा है।'

'परिवार, पत्नी, बच्चे, हमारा खुद का शरीर और हमारा धन, वे सब चले जाएँगे। वे हमारे नहीं हैं। फिर हमारा क्या है?—हमारे अच्छे और बुरे काम।'

'जब आप यहाँ से चले जाएँगे, आपके पीछे कोई नहीं आएगा। जहाँ भी आप जाएँगे वहाँ सिर्फ आपके अच्छे और बुरे काम ही आपके पीछे आएँगे।'

'वेदों के अनुसार आत्मा शाश्वत है, किन्तु सभी प्राणियों की देह नश्वर है। जब देह नष्ट हो जाती है तो आत्मा हमारे कार्यों से जकड़ी हुई अन्यत्र चली जाती है।'

'यदि हमें पता है कि मेरी देह मेरी अपनी नहीं है, और फिर भी पूरी पृथ्वी मेरी है, और साथ ही यह भी कि यह मेरी और तुम्हारी है, तो कोई नुकसान नहीं होगा।'

'जिस प्रकार व्यक्ति पहले के वस्त्रों को फेंककर संसार में नए वस्त्र धारण करता है उसी प्रकार व्यक्ति की आत्मा नए शरीर धारण करती है जो उसके कर्मों के अनुसार होते हैं।'

'कोई भी शस्त्र मनुष्य की आत्मा को आघात नहीं पहुँचा सकता, उसे कोई भी अग्नि नहीं जला सकती है और न पानी ही उसे गीला कर सकता है और न उसे हवा सुखा सकती है।'

'उसे कोई आघात नहीं लगता, वह जल नहीं सकती, आर्द्र नहीं होती और न सूखती है। यह शाश्वत है, अपरिवर्तनशील, अचल और अनादि है।'

'वह अभौतिक, अनिर्वचनीय और अपरिवर्तनीय है। यदि तुम मनुष्य की आत्मा को जानते हो तो दुखी मत होओ।'

'आत्मज्ञान प्राप्ति से ऊँचा कुछ भी नहीं है।'

'आत्मा सभी प्राणियों में विराजमान रहती है और माया से आच्छादित रहती है, यह अमर और स्वच्छ है। जो अचल, चलायमान आवास में रहने वाली आत्मा की उपासना करते हैं वे अमर हो जाते हैं।'

'अन्य सभी चीजों से घृणा करते हुए एक बुद्धिमान व्यक्ति को आत्मज्ञान प्राप्त करने का प्रयास करना चाहिए।'

हमें इस विषय पर फिर से लौटना होगा, क्योंकि आत्मज्ञान वास्तव में वेदान्त है, अर्थात वेद का अन्त या उच्चतम लक्ष्य है। ग्रीस का सर्वोच्च ज्ञान 'खुद को जानना' था; जबकि भारत का सर्वोच्च ज्ञान है 'आत्मज्ञान'।

'यदि मुझसे पूछा जाय कि भारतीय चरित्र की खास विशेषता को एक शब्द में बताओ तो, जैसा कि मैंने इसे बताने की कोशिश की है, मैं कहूँगा यह भावातीत था। इस शब्द का उपयोग इसके कठोर तकनीकी अर्थ में नहीं कर रहा हूँ, जैसा कि काण्ट ने किया है, बल्कि इसके ज्यादा सामान्य स्वीकार्य रूप में किया है। यह ऐसे मस्तिष्क का संकेत देता है जो ऐन्द्रिय ज्ञान की सीमाओं के पार जाता है। यहाँ ऐसे मस्तिष्क हैं जो ऐन्द्रिय ज्ञान से अर्थात ऐसे ज्ञान से सन्तुष्ट हैं, जो सुनिश्चित है, उचित रूप से वर्गीकृत है और जिस पर परिचय-चिन्ह लगा है। ऐसा ज्ञान विशाल परिमाण में हो सकता है और यदि ज्ञान शक्ति है तो यह बहुत और वास्तविक शक्ति दे सकता है, जिसे व्यक्ति धारण कर सकता है और जिसका उपयोग भी कर सकता है। हमारे

स्वयं के युग को ऐसे ज्ञान पर गर्व है और मेरा ख्याल है कि उससे सन्तुष्ट होना और उसके पार देखने की कभी कोशिश न करना, मस्तिष्क की सबसे सुखी स्थिति है।

किन्तु, उसके पार भी कुछ है, और जिसने उसकी झलक एक बार पा ली है, वह ऐसे व्यक्ति के समान है जिसने सूर्य को देख लिया है और जहाँ भी वह देखता है वह सूर्य का प्रतिबिम्ब ही देखता है। उससे असीम चीजों के बारे में बात कीजिए, वह आपको बताएगा कि सीमितता असम्भव है और असीम के बिना वह निरर्थक है। उससे मृत्यु की बात कीजिए और वह उसे जन्म कहेगा; उससे समय की बात कीजिए और वह उसे शाश्वत की मात्र छाया कहेगा। हमें इन्द्रियाँ अंग प्रतीत होती हैं जो ज्ञान की शक्तिशाली एन्जिन हैं, उसके लिए वे यदि छल नहीं तो भारी बेड़ियाँ हैं, जो आत्मा की उड़ान को रोकती हैं। हमारे लिए यह पृथ्वी, यह जीवन, हम जो देखते हैं, सुनते हैं, स्पर्श करते हैं, वह सुनिश्चित है। हम महसूस करते हैं कि यहाँ हमारा घर है, यहाँ हमारे कर्तव्य हैं और यहाँ हमारे आनन्द हैं, उसके लिए यह पृथ्वी ऐसी चीज है जो पहले नहीं थी, और यह फिर से अस्तित्वहीन हो जाएगी। यह जीवन एक संक्षिप्त स्वप्न है जिससे हम जल्दी ही जाग जाएँगे। जो बात दूसरों को सुनिश्चित लगती है अर्थात जो भी हम देखते, सुनते और स्पर्श करते हैं वह उसके अनुसार घोर अज्ञान है। और जहाँ तक हमारे घर का प्रश्न है, वह जहाँ भी हो, वह जानता है कि वह निश्चित रूप से वहाँ नहीं है।

यह मत अनुमान लगाओ कि ऐसे लोग मात्र स्वप्नद्रष्टा हैं। बात इससे बहुत दूर है! यदि हम लोग अपने खुद के प्रति पूरी तरह ईमानदार हो जाएँ तो हमें यह स्वीकार करना होगा कि कभी-कभी हम में ये भावातीत आकांक्षाएँ आई हैं और हम यह वह समझ सके हैं जिसके बारे में वर्ड्सवर्थ कहता है—

> "अनुभव और बाहरी वस्तुओं के बारे में
> ढीठ सवाल करना, और हमसे दूर हो जाना
> और लुप्त हो जाना;
> विश्व में विचरते हुए एक प्राणी की
> सूनी आशंकाएँ उपलब्ध न होना।"

भावातीत अनुभव निस्सन्देह भारतीय चरित्र में अन्य जगहों की अपेक्षा ज्यादा पूर्ण प्रभुत्व प्राप्त कर चुका था। लेकिन कोई भी राष्ट्र, कोई भी व्यक्ति उस 'यर्निंग बियांड' से पूरी तरह वंचित नहीं है। हम सभी उसे ज्यादा परिचित नाम से जानते हैं और वह नाम है रिलीजन।

तथापि यह जरूरी है कि धर्म और धर्म के बीच अन्तर किया जाए जैसे कि दर्शन की अन्य शाखा में हमें भाषा और कई भाषाओं में भेद करना होता है। कोई व्यक्ति कोई धर्म स्वीकार कर सकता है, वह ईसाई धर्म में दीक्षित हो सकता है और

वह समय-समय पर अपना खास धर्म बदल सकता है, जैसे, लोग कई प्रकार की भाषाएँ बोलते हैं। किन्तु एक धर्म पाने के लिए व्यक्ति के पास धर्म तो होना ही चाहिए। उसने जीवन में एक बार तो इस संसार के क्षितिज के पार तो देखा होगा और उसके मस्तिष्क में असीम की भावना जरूर आई होगी, जो सदैव उसके साथ रहेगी। कोई भी व्यक्ति जो संवेदन की दुनिया में सन्तुष्ट है, उसकी सीमित प्रकृति से परिचित है और संवेदनों के सभी अनुभवों के सीमित या नकारात्मक चरित्र से बेचैन नहीं होता, वह किसी भी धार्मिक अवधारणाओं के बारे में कल्पना नहीं कर सकता। जब सभी मानवीय ज्ञान का सीमित चरित्र प्राप्त हो जाता है तभी मानव मस्तिष्क के लिए यह सम्भव होता है कि वह सीमित के परे सोच सके। इसे आप परे अर्थात बियांड, अनदेखा, अनन्त या पराभौतिक या दैवी कुछ भी कह सकते हैं। किसी प्रकार का धर्म तभी सम्भव होता है जब यह कदम उठाया जाता है। यह धर्म किस प्रकार का होगा यह उस जाति के चरित्र पर निर्भर होता है जो उसे, प्रकृति में उसके परिवेश को और इतिहास में उसके अनुभव को विस्तारित करती है।

अब ऐसा लगता है कि हम अलग-अलग पैगम्बरों या सुधारकों के द्वारा बाद में स्थापित किए गए धर्मों को छोड़कर कई धर्मों के बारे में जानने लगे हैं। मैं यहाँ सिर्फ प्राचीन धर्मों के बारे में बोलता हूँ जिन्हें कभी राष्ट्रीय या देशज धर्म कहा जाता है।

फिर भी, हम शायद ही कभी जानते हैं कि उन प्राचीन धर्मों में सबसे ज्यादा महत्त्वपूर्ण बिन्दु, उनका मूल और उनका क्रमिक विकास क्या है। यहूदी धर्म के बारे में हमें बताया जाता है कि यह पहले से ही एकदम पूर्ण और व्यवस्थित है और बड़ी कठिनाई से हम उसकी वास्तविक शुरुआत और उसका क्रमिक विकास जान पाते हैं। यदि ग्रीक तथा रोमन धर्मों को लें, ट्यूटानिक, स्लावोनिक या सेल्टिक कबीलों के धर्मों को हम लें तो हम पाते हैं कि हमारे जानने से पहले ही उनकी उन्नति का युग खत्म हो गया था और जिस समय से हम उन्हें जानते हैं उनके सभी बदलाव शुद्धतः रूपान्तरकारी हैं, अर्थात जो भी हाथ लगा उसके अनुसार बदलाव हुआ।

अब आइये हम प्राचीन भारत के निवासियों की ओर दृष्टिपात करें। पहली बात तो यह है कि उनके लिए धर्म उनके कई सरोकारों में से एक नहीं था। वह सभी को समेटने वाला सरोकार था। उसकी परिधि में न केवल पूजा और प्रार्थना आती थी, बल्कि हम जिसे दर्शन, नैतिकता, कानून और सरकार कहते हैं, वह सब धर्म में आता था। उनका सारा जीवन उनके लिए धर्म था—बाकी सब कुछ इस जीवन की क्षणिक आवश्यकताओं के लिए दी गई रियायत थी।

तब हम भारत के प्राचीन धार्मिक साहित्य या वेदों से क्या सीख सकते हैं?

ग्रीक देवताओं में कुछ भौतिक घटनाओं की मूल रूपरेखा खोजने के लिए ग्रीक धर्म और ग्रीक भाषा के बहुत गहन ज्ञान की जरूरत नहीं होती। हर स्कूली छात्र

जानता है कि ज्यूस में आकाश का कुछ है, पोसीडोन में समुद्र का कुछ है, रेडस में पाताल का, अपोलो में सूर्य का, आरटेमिस में चन्द्रमा का, हेफोस्टोस में अग्नि का कुछ है। किन्तु उस सबके लिए, ग्रीक दृष्टिकोण से ज्यूस और आकाश, पोसीडोन और समुद्र, अपोलो और सूर्य और आरटेमिस और चन्द्रमा में काफी कुछ अन्तर है।

तो फिर हम वेदों में क्या पाते हैं? इसमें सन्देह नहीं कि यहाँ और वहाँ जो दार्शनिक ऋचाएँ बहुधा उद्धरित की गई हैं उससे लोग यह कल्पना करने लगे हैं कि वेद सुनने में मधुर लगने वाली ऋचाओं का एक प्रकार का संकलन है। हमें भी कुछ मिथकीय ऋचाएँ मिलती हैं जिनमें देवताओं ने वैसा ही नाटकीय व्यक्तित्व प्राप्त कर लिया है जैसे होमर की ऋचाओं में है।

किन्तु वैदिक ऋचाओं के अधिकांश भाग में अग्नि, जल, आकाश, सूर्य और आँधियों का सामान्य आह्वान है और उनके वे ही नाम दिए गए हैं जो बाद में हिन्दू देवताओं के नाम हो गए किन्तु वे अविवेकपूर्ण या मिथकीय नहीं कहे जा सकते। आँधियों से रुकने का, आकाश से वर्षा करने का या सूर्य से चमकने का निवेदन करने वाले लोगों में हमें कुछ भी अविवेकपूर्ण नहीं लगता। मैं कहता हूँ कि इसमें कुछ भी अविवेकपूर्ण नहीं है, यद्यपि शायद ऐसा कहना अधिक ठीक हो सकता है कि उसमें ऐसा कुछ भी नहीं है, जो किसी भी ऐसे व्यक्ति को विस्मित करेगा, जो मानवीय विवेक या शिशुवत विवेक के विकास से परिचित है। यह महत्त्वपूर्ण नहीं है कि हम उस लक्षण को जानने के लिए जो खुद को कारण के प्रभाव से, एजेंट को क्रिया से प्रकट करता है उस शिशुवत मस्तिष्क की प्रवृत्ति को क्या कहकर सम्बोधित करें। इसे चाहे सर्वचेतनवाद, व्यक्तिकरण, रूपक या कविता कुछ भी कहें, हम सभी जानते हैं कि इन सभी नामों का सामान्य रूप से क्या अर्थ है। हम सभी जानते हैं कि उसका अस्तित्व है, और सबसे छोटा बच्चा जो उस कुर्सी को पीटता है जिससे वह गिरा है, या जो अपने कुत्ते को झिड़कता है या जो गाता है : ''रेन रेन गो टु स्पेन'', यह सब हमें सिखा सकता है कि यह सब कितना भी विवेकपूर्ण और स्वाभाविक लगे, यह मानव मस्तिष्क के पहले कालों में या बचपन में अपरिहार्य होता है।

प्राचीन धर्म के विकास में यही वह काल है जिसके बारे में पहले से अनुमान लगा लिया गया था या मान लिया गया था, किन्तु वह बाकी हर जगह अनुपस्थित था, यह हमें ऋग्वेद की ऋचाओं से पता चलता है। मानव मस्तिष्क के इतिहास में यही वह प्राचीन अध्याय है जो हमारे लिए भारतीय साहित्य में सुरक्षित रखा गया है, जो हमें ग्रीक या रोम या अन्यत्र कहीं नहीं मिलता।

खुद को 'मानव के अध्येता' या नृतत्ववादी कहने वाले लोगों के लिए यह एक प्रिय विचार रहा है कि मानव के विकास के प्राचीनतम या तथाकथित प्रागैतिहासिक चरणों को जानने के लिए हमें जंगली देशों के जीवन का अध्ययन करना चाहिए,

जैसा कि हम अभी भी एशिया, अफ्रीका, पोलीनेशिया और अमेरिका के कुछ हिस्सों में देख सकते हैं।

इसमें काफी कुछ सत्यता है और वेज, टेलर, लुबाक और बहुत से अन्य अध्येताओं के लेखन से हमें जो जानकारी मिलती है उससे अधिक उपयोगी कुछ नहीं हो सकता। किन्तु हमें ईमानदार होना चाहिए और सबसे पहले यह स्वीकार करना चाहिए कि हमें जिस सामग्री पर आश्रित रहना है वे अत्यन्त विश्वसनीय हों।

यही काफी नहीं है। हम जंगली जनजातियों के बारे में उनके इतिहास के अद्यतन अध्याय के परे क्या जानते हैं? क्या हमें उनके अतीत के बारे कभी कोई जानकारी मिलती है? क्या हम समझ सकते हैं कि वे ऐसा कैसे बने और वे क्या हैं। यह सबसे अधिक महत्त्वपूर्ण और सबसे ज्यादा याद रखने योग्य सीख समझी जाती है। यह सच है कि उनकी अपनी भाषा है, और उसमें हम उस विकास के चिन्ह देखते हैं जो प्राचीनता की ओर इंगित करती है, जैसा कि ग्रीक होमर की और संस्कृत वेदों की प्राचीनता की। निश्चय ही उनकी भाषा यह साबित करती है कि ये तथाकथित असभ्य लोग, मिथकों की अपनी जटिल प्रमाणों, कृत्रिम रिवाजों, अपने अबूझ सनक और बर्बरता के साथ आज के या कल के जीव नहीं हैं। जब तक हम इनके लिए विशेष रचना प्रक्रिया स्वीकार न करें, वे हिन्दुओं, ग्रीकों और रोमनों के समान ही पुराने होंगे अर्थात उतने ही पुराने, जितने कि हम हैं। यह जरूर है कि हम यदि चाहें तो यह अनुमान कर सकते हैं कि उनका जीवन स्थिर रहा है और वे वहाँ हैं जहाँ हिन्दू तीन हजार साल पहले थे। लेकिन वह केवल एक अनुमान ही है और उनकी भाषा के तथ्यों से वह गलत सिद्ध होता है। वे कई उतार–चढ़ावों से होकर गुजरे होंगे और जिसे हम आदिम मानते हैं, वह असल में बर्बरता की ओर पतन था या किसी चीज का विकृत रूप था, जो पहले के चरणों में ज्यादा विवेकपूर्ण और बोधगम्य थी। केवल उन नियमों के बारे में सोचिए जो सबसे निम्न बर्बर कबीलों में विवाह के लिए बने होते हैं। उनकी जटिलताएँ समझ के परे हैं और पूर्वग्रह, अन्धविश्वास, घमंड, दंभ और मूर्खता का घालमेल प्रतीत होता है। तथापि हमें यहाँ–वहाँ यह झलक मिलती है कि उस तर्कहीनता के अधिकांश भाग में कुछ तो तार्किकता है। हम देखते हैं कि किस प्रकार समझदारी मूर्खता में, रिवाज उत्सव में और उत्सव दिखावे में बदल गए। फिर क्यों बर्बर जीवन का यह सतही अंश हमें मानव जीवन का निम्नतम तल अर्थात सभ्यता का एकदम प्रारम्भ प्रतीत होता है, वह भी केवल इसलिए कि हम उस धरातल के परे उत्खनन नहीं कर सकते?

मैं नहीं चाहता कि मुझे गलत समझा जाय। मैं प्राचीन भारत के साहित्य की और ज्यादा पैरवी नहीं करना चाहता और असभ्य देशों की ऐसी लोककथाओं और परम्पराओं तथा गीतों को स्वीकार करने के लिए तैयार हूँ, जिनका हम अध्ययन कर सकते हैं। मानव विज्ञान के अध्येता के लिए दोनों ही महत्त्वपूर्ण दस्तावेज हैं। मैं तो

सिर्फ यह कहता हूँ कि प्रारम्भ तक पहुँचने के लिए वेद निकट का मार्ग है और यह प्रारम्भ बोधगम्य प्रारम्भ है, बनिस्बत होटेन्टो या बुशमैन के जंगली आह्वानों में। किन्तु जब मैं एक प्रारम्भिक बात करता हूँ तो मेरा मतलब पूर्ण प्रारम्भ से यानी सभी चीजों के प्रारम्भ से नहीं है। बारम्बार यह प्रश्न पूछा गया है कि क्या हम यह विश्वास करें कि इनसान चौपायों के समान चलने के स्थान पर जैसे ही अपने पैरों पर खड़ा हुआ तो क्या वह तभी से वैदिक ऋचाएँ गाने लगा? किन्तु ऐसा कब किसने कहा है? जिसकी भी आँखें हैं और जो देख सकता है वह प्रत्येक वैदिक ऋचा में ही नहीं, प्रत्येक वैदिक शब्द में यह देख सकता है कि उसमें वर्तुल के भीतर बहुत से वर्तुल हैं, जैसे कि जंगल में कभी गिराये गए सबसे पुराने पेड़ में होते हैं।

मैं इससे भी ज्यादा कहूँगा, और मैंने पहले भी यह कहा है कि वैदिक सूक्तों की रचना 1500 और 1000 ई.पू. के बीच मानने पर हम यह नहीं समझ सकते कि इतनी जल्दी भारतीयों ने ऐसे विचार कैसे विकसित कर लिए जो हमें निश्चित रूप से आधुनिक प्रतीत होते हैं। मैं यह निष्कर्ष निकालने से नहीं बच सकता कि वैदिक सूक्तों का संकलन, जो दस किताबों में है, कम से कम 1000 ई.पू. अर्थात बौद्ध धर्म के उदय के करीब 500 साल पहले मौजूद था। मेरे कहने का मतलब यह है कि इस संकलन को बाद की तारीख का बता सकने के लिए कुछ चीज की खोज नहीं की जा सकती। मैं तो सिर्फ यह कहता हूँ कि वर्तमान में हम जहाँ तक जानते हैं, जहाँ तक संस्कृत के सभी ईमानदार विद्वान जानते हैं, हम बुद्ध के पहले के साहित्य को 500 साल से ज्यादा की संकुचित सीमा में नहीं ला सकते।

तो फिर क्या किया जाए? हमें कुछ समय के लिए आदिम मानवता के बारे में हमारे पूर्व निर्धारित विचारों को परे रख देना चाहिए, और यदि हम यह पाते हैं कि तीन हजार साल पहले लोग ऐसे विचारों से परिचित थे जो हमें नए और 19वीं सदी के समान दिखते हैं, तो हमें आदिम बर्बर की हमारी अवधारणाओं में कुछ संशोधन कर लेना चाहिए और यह याद रखना चाहिए कि जो बातें बुद्धिमानों और समझदारों को नहीं दिखीं वे कभी-कभी बच्चों के द्वारा उजागर कर दी गईं।

मेरा मानना है कि मानव के अध्ययन के लिए, या यदि आप चाहें तो आदि मानवता के अध्ययन के लिए संसार में वेद के समान महत्त्वपूर्ण कुछ नहीं है। मेरा मत है कि जो भी व्यक्ति अपने लिए अपने पूर्वजों के लिए, अपने इतिहास के लिए या अपने बौद्धिक विकास के लिए चिन्ता करता है तो वैदिक साहित्य का अध्ययन अपरिहार्य है और एक उदार शिक्षा के तत्त्व के रूप में यह बेबीलोनियन और ईरानी राजाओं के शासनकालों से बहुत ज्यादा महत्त्वपूर्ण है, यहाँ तक कि जूडा और इजराइल के कई राजाओं की तारीखों और कामों से भी ज्यादा।

इन तथ्यों को जिस प्रकार हिचकते हुए स्वीकार किया जाता है वह विस्मयकारी है, खासतौर से उन लोगों के द्वारा, जिनके लिए यह स्वागत योग्य होना चाहिए। मेरा

मतलब नृतत्वशास्त्र के अध्येताओं से है। जो दस्तावेज हमारे पास चमत्कार की तरह आए हैं उनके अध्ययन में अपनी पूरी ऊर्जा लगाने के बदले वे शायद यह बताने के लिए बहाने तलाश रहे हैं कि उनका अध्ययन करने की जरूरत नहीं है। यह नहीं मान लेना चाहिए कि चूँकि ऋग्वेद के कई अनुवाद अंग्रेजी, फ्रेंच और जर्मन में हैं इसलिए वेद हमें जो भी सिखा सकते हैं वह हमने सीख लिया है। बात इससे बहुत भिन्न है। इसमें हर अनुवाद कामचलाऊ है। हालाँकि मैंने स्वयं पिछले तीस सालों में कई ज्यादा महत्त्वपूर्ण सूक्तों का अनुवाद किया है और केवल ऐसा नमूना प्रकाशित किया है, जो मेरे विचार से, वेद का अनुवाद होना चाहिए। सिर्फ बारह सूक्तों का वह अनुवाद एक पूरे ग्रन्थ के बराबर है। अभी भी हम वैदिक साहित्य के केवल सतह पर हैं और फिर भी हमारे आलोचक इसके लिए कई दलीलें देते हैं कि वेद ने आदिमानव को जो सिखाया है उससे ज्यादा हमें वेद कुछ नहीं सिखा सकता। यदि आदिम से उनका मतलब उनसे है जो एकदम पहले आए, तो फिर वे ऐसा कुछ माँगते हैं जो उन्हें कभी नहीं मिलेगा। तब भी नहीं जब वे आदम और हौवा के या प्रथम पुरुष और स्त्री के निजी पत्र-व्यवहार को तलाश लें। आदिम से हमारा मतलब मानव की प्राचीनतम अवस्था से है, जिसकी हम जानकारी प्राप्त करने की आशा कर सकते हैं। और यहाँ, भाषा की गुप्त दराजों में छुपे हुए अभिलेखागारों के बाद, सभी आर्य कबीलों में समान रूप से प्रचलित शब्दों के कोषों में, और जिसके प्रगतिशील तत्त्वों में हर शब्द रचा गया है, ऐसा कोई भी साहित्यिक अवशेष नृतत्वशास्त्रियों और मानव जाति के सच्चे अध्येताओं के लिए इतनी शिक्षाओं से परिपूर्ण नहीं है, जितना कि ऋग्वेद है।

4

क्या वैदिक साहित्य एकमात्र था ?

यह पूरी तरह सच हो सकता है कि विवाद अकसर फायदे से ज्यादा नुकसान करता है। वह सबसे खराब प्रतिभा को, जिसे बेईमानी तो नहीं लेकिन सत्यभाषण कहा जा सकता है, प्रोत्साहित करता है और सामान्यत: संसार को पहले से ज्यादा हैरान कर देता है। ऐसा कहा गया है कि कोई भी वकील यह साबित करने का साहस नहीं करेगा कि पृथ्वी सृष्टि का केन्द्र है और अंग्रेज न्यायाधीशों के प्रति सम्मान व्यक्त करते हुए, यह असम्भव नहीं है कि हमारे जमाने में भी उसे गैलीलियो के खिलाफ फैसला सुनाना पड़े। मैं इससे इनकार नहीं करता कि सत्य में शक्ति और जीवनीशक्ति होती है जो अन्तत: सभी विरोधों पर हावी हो जाती है और अपना अस्तित्व बनाए रखती है, जैसा कि गैलीलियो के सिद्धान्त से ही स्पष्ट होता है, जिसे वर्तमान में सैकड़ों और हजारों लोग स्वीकारते हैं और उसके समर्थन में एक भी दलील पेश करना अत्यन्त कठिन पाते हैं। मैं यह भी स्वीकार करने के लिए तैयार हूँ कि जिन्होंने श्रेष्ठ काम किया है और ज्ञान को आगे बढ़ाने तथा सत्य की प्रगति के लिए अत्यधिक योगदान दिया है, उन्होंने शायद ही कभी विवाद में अपना समय खराब किया है। वे सीधे चलते गए और प्रशंसा या आलोचना की उन्होंने फिक्र नहीं की। यह सब सच है और एकदम सच है, किन्तु फिर भी मैं महसूस करता हूँ कि वैदिक साहित्य के चरित्र और उसके ऐतिहासिक महत्त्व के सम्बन्ध में मैंने जो मत दिए हैं उनके विरुद्ध उठाई गई कुछ आपत्तियों का जवाब देने के लिए मुझे एक पूरा व्याख्यान देना पड़ेगा। हमें यह नहीं भूलना चाहिए कि यह पूरा विषय नया है और योग्य न्यायाधीशों की संख्या कम है और गलतियाँ न केवल सम्भव हैं बल्कि लगभग अवश्यंभावी हैं। इसके अलावा गलतियाँ ही गलतियाँ हैं और योग्य व्यक्तियों की गलतियाँ हमें सीख देती हैं। यही नहीं, ऐसा कहा जा सकता है कि कभी-कभी वे सत्य की खोज के लिए ये लगभग अपरिहार्य होती हैं। यदि आलोचनाएँ किसी घटिया मकसद से नहीं होतीं तो सिर्फ आलोचना के लिए होती हैं, तो उनकी आसानी से उपेक्षा की जा सकती है। किन्तु सन्देह और कठिनाइयाँ होती हैं और

ऐसी आपत्तियाँ भी होती हैं जिन्हें सुना जाना चाहिए और जिन्हें दूर करना सत्य के दुर्ग के लिए अच्छा तरीका होता है। इस सिद्धान्त को जितना भारतीय साहित्य में मान्य किया गया और अनुपालन किया गया है उतना कहीं नहीं किया गया है। जो भी विषय शुरू किया जाता है, नियम यह है कि तर्क को, विरोध के साथ, यानी तथाकथित पूर्वपक्ष अर्थात विरोध में जो भी कहा जा सकता है उसके साथ कहा जाना चाहिए। हर आपत्ति का स्वागत है, यदि वह एकदम तुच्छ और मूर्खतापूर्ण नहीं है। इसके बाद ही पक्ष की बात अर्थात उत्तरपक्ष कहा जाना चाहिए और उसमें इन आपत्तियों के खिलाफ और मूल मत के समर्थन में जो कुछ कहा जा सकता है, कहा जाना चाहिए। जब यह प्रक्रिया पूरी की जाती है तभी वह मत सिद्धान्त बनता है या स्थापित होता है।

इसलिए, वेदों के पृष्ठ खोलने और भारत के प्राचीन निवासियों की कविता, धर्म और दर्शन का वर्णन देने के पहले, मैंने यह उचित और जरूरी समझा कि सबसे पहले ऐसे कुछ बिन्दुओं को स्थापित किया जाए जिनके बिना वैदिक ऋचाओं के ऐतिहासिक मूल्य की समझ और प्रारम्भिक कवियों से दूरस्थ हम लोगों के लिए उनके उपयोग के बारे में सही समझ बनाना असम्भव होगा।

पहला बिन्दु शुद्धतः प्रारम्भिक था, अर्थात यह कि हिन्दू प्राचीन और आधुनिक काल में भी एक राष्ट्र हैं जो हमारी रुचि और सहानुभूति के और हमारे विश्वास के भी पात्र हैं और उनके विरुद्ध इतनी नासमझी से लगाया जाने वाला यह आरोप, कि वे सत्य का आदतन अपमान करते हैं, पूरी तरह गलत है।

दूसरे, भारत के प्राचीन साहित्य को सिर्फ विस्मयजनक नहीं मानना चाहिए और प्राच्य विद्वानों के आनन्द के लिए नहीं सौंपा जाना चाहिए, बल्कि इसलिए कि यह प्राचीन साहित्य अपनी भाषा संस्कृत और सबसे प्राचीन अपने साहित्यिक दस्तावेज वेदों के द्वारा वह हमें ऐसे पाठ पढ़ा सकती है जो हमें कहीं कोई नहीं सिखा सकता। पाठ ये हैं कि हमारी अपनी भाषा का स्रोत क्या है, हमारी अपनी अवधारणाएँ कब निर्मित हुईं और जिस आर्य जाति की सभ्यता में संसार के महानतम राष्ट्र यानी हिन्दू, ईरानी, ग्रीक और रोमन, स्लाव, सेल्ट और ट्यूटन आते हैं, उसके अन्तर्गत समझी जाने वाली चीजों के सच्चे प्राकृतिक कीटाणु क्या हैं। किसी व्यक्ति को अच्छा हरवाहा बनने के लिए भूगर्भशास्त्री बनने की जरूरत नहीं है और इस बात की भी जरूरत नहीं है कि वह उस चट्टानी परत को या उसके नीचे की चट्टानी परत को जाने जो उस मिट्टी को थामे है, जहाँ वह रहता है और काम करता है और जहाँ से वह अपने लिए पोषण प्राप्त करता है। इसके अतिरिक्त अच्छा और उपयोगी नागरिक बनने के लिए यह जरूरी नहीं है कि कोई व्यक्ति अच्छा इतिहासकार हो और यह जाने कि जिस संसार में वह रहता है वह कहाँ से आया और जहाँ वह रहता है तथा काम करता है और जहाँ से वह अपना श्रेष्ठ पोषण हासिल करता है, उस

बौद्धिक जमीन को तैयार करने के लिए मानव जाति को भाषा, धर्म और दर्शन के कितने चरणों से होकर गुजरना पड़ा है।

किन्तु उन लोगों का सदैव एक आभिजात्य वर्ग होना चाहिए जो इस बात को जानते हैं और उसकी खोज कर सकते हैं जो हमारे पास श्रेष्ठतम है। यह सिर्फ नार्मन काउंट या स्कैंडेनेवियन वाइकिंग या सेक्सन अर्ल के लिए ही नहीं बल्कि उन प्राचीन पुरखों और उपकारी लोगों के लिए भी है, जो हजारों साल पहले हमारे लिए श्रम करके पसीना बहा रहे थे और जिनके बिना हम वह नहीं होते जो हम आज हैं—अर्थात पूरी आर्य जाति के पूर्वज जो हमारे शब्दों के पहले निर्माता थे, हमारे चिन्तन के पहले कवि थे, हमारे पहले विधि निर्माता थे, हमारे देवताओं के पहले पैगम्बर थे और उस ईश्वर के थे जो सभी देवताओं का परमेश्वर है।

ज्ञानी और जिज्ञासु लोगों का आभिजात्य वर्ग उन सभी के लिए खुला है जो प्रवेश करने के लिए तैयार हैं, उन सभी के लिए जिनके मन में अतीत के लिए जगह है, हमारे चिन्तन के स्रोत में रुचि है और हमारे ज्ञान की प्राचीनता के प्रति सम्मान है, जो सही मायने में इतिहासकार हैं अर्थात उसकी तलाश करते हैं, जो अतीत तो है किन्तु खो नहीं गया है।

तीसरे, आपको पहले मैंने यह स्पष्ट किया कि प्राचीन भारत के साहित्य, और वास्तव में उस देश के प्राचीन साहित्य अर्थात वैदिक काल के साहित्य पर न सिर्फ प्राच्य विद्वानों को बल्कि उस प्रत्येक स्त्री पुरुष को ध्यान देना चाहिए, जो यह जानना चाहता है कि कैसे हम और इंग्लैंडवासी भी, इस उन्नीसवीं सदी में, वैसे कैसे बने जैसे हम हैं। फिर मैंने आपको यह स्पष्ट करने का प्रयास किया कि भारत और यूरोप की भिन्न जलवायु में मानव चरित्र के विकास में क्या स्वाभाविक और अवश्यंभावी अन्तर है। मैं यह मानता हूँ कि हिन्दुओं में उन मर्दानी सद्गुणों और व्यावहारिक उपलब्धियों की कमी है जिनको हम सबसे ज्यादा महत्त्व देते हैं, मैं यह इंगित करना चाहता हूँ कि बौद्धिक गतिविधि का एक और भी क्षेत्र था जिसमें हिन्दू बहुत निष्णात थे— ध्यान और भावातीत—और यहाँ हम उनसे जीवन के कुछ गुण सीख सकते हैं जिनकी हम अकसर उपेक्षा करते हैं या घृणा करते हैं।

चौथे, इस डर से कि मैंने वैदिक भारतीयों के प्राचीन ज्ञान, धर्म और दर्शन के बारे में अत्यधिक उच्च अपेक्षाएँ बढ़ा दी हैं, मैं यह बताना अपना कर्तव्य समझता हूँ कि एक अर्थ में चाहे वह आदिम हो तो भी हमें वैदिक साहित्य को शब्द के नृतत्वशास्त्रीय अर्थ में इतना आदिम नहीं समझना चाहिए कि यह ऐसे लोगों की बड़बड़ाहट है जो अभी-अभी अंडे से निकले हैं और अनोखी दुनिया को पहली बार देखकर आश्चर्यचकित हुए हैं। वेद आदिम कहे जा सकते हैं, क्योंकि उससे ज्यादा आदिम कहा जाने वाला कोई अन्य साहित्यिक दस्तावेज नहीं है, किन्तु हमें वेदों से जो भाषा, मिथक, धर्म और दर्शन मिलते हैं, वे अतीत का वातायन खोलते हैं, उसे

वर्षों में मापने का साहस कोई नहीं कर सकता। इतना ही नहीं, उनमें सादे, स्वाभाविक, भोला चिन्तन और कई विचार हैं जो हमें आधुनिक लगते हैं या दोयम और तृतीय श्रेणी के लग सकते हैं, किन्तु फिर भी जो किसी अन्य साहित्यिक दस्तावेज से ज्यादा पुराने हैं और हमें मानव चिन्तन के इतिहास के उस काल की भरोसेमन्द जानकारी देते हैं जिनके बारे में हम वेदों की खोज के पहले कुछ नहीं जानते थे।

लेकिन इतने पर भी हमारा मार्ग स्पष्ट नहीं है। वेदों के बारे में यह भी आपत्ति जतायी गई है कि वे ऐतिहासिक दस्तावेज नहीं हैं। उनमें से कुछ तो महत्त्वपूर्ण हैं, और मैंने कई बार इन्हें पढ़ा भी है। अन्य ग्रन्थ कम से कम शिक्षाप्रद तो हैं, और वे हमें उस नींव की जाँच करने का मौका देते हैं जिस पर हम खड़े हैं।

हमारे द्वारा वेदों को ऐतिहासिक दस्तावेज मानने के विरुद्ध जो आपत्ति है वह यह है कि वेद सच्चे रूप में राष्ट्रीय चरित्र के नहीं हैं और वे भारत की सम्पूर्ण आबादी के चिन्तन का प्रतिनिधित्व नहीं करते, बल्कि एक छोटे से अल्पसंख्यक वर्ग अर्थात ब्राह्मणों का प्रतिनिधित्व करते हैं और वह भी ब्राह्मणों के सम्पूर्ण वर्ग का नहीं बल्कि उनके एक छोटे से हिस्से का, यानी पेशेवर पुरोहितों का।

आपत्ति ऐसी माँगों पर आधारित नहीं होनी चाहिए जो मामले की प्रकृति के कारण ही अनुचित हैं। जो लोग यह कहते हैं कि वैदिक सूक्त, सम्पूर्ण भारत, उसकी सम्पूर्ण प्राचीन जनसंख्या का प्रतिनिधित्व नहीं करते, जैसे कि बाइबिल यहूदियों का, होमर ग्रीकों का करती है, तो यह विचार कीजिए कि वे क्या चाहते हैं? यह मानते हुए कि वैदिक ऋचाएँ सिर्फ भारत की प्राचीन आबादी के एक छोटे से या अल्पसंख्यक पुरोहितों का प्रतिनिधित्व करती हैं, तो एक सच्चा इतिहासकार ओल्ड टेस्टामेन्ट और होमर की कविताओं के बारे में ऐसी ही सावधानी बरतने के लिए कहेगा।

इसमें सन्देह नहीं कि जिन किताबों के आधार पर ओल्ड टेस्टामेन्ट की रचना की गई थी वे किताबें पवित्र केनन के रूप में एकत्र की गई थीं, उनके बारे में ज्यादातर यहूदी जानते थे। किन्तु जब हम यहूदियों के मेसोपोटामिया या कन्नन या मिस्र में रहते समय उनकी आदिम अवस्था, उनकी नैतिकता, प्रज्ञा और धार्मिक स्थिति की बात करते हैं तो हमें यह जानना चाहिए कि ओल्ड टेस्टामेन्ट की विभिन्न किताबें सभी विशेषताओं और अन्तरों को समेटे सम्पूर्ण यहूदी जाति के उतने छोटे से हिस्से के बारे में बताती है, जैसा कि होमर की कविताएँ सभी ग्रीक कबीलों को, या वैदिक ऋचाएँ भारत के सभी निवासियों को करती हैं। निश्चय ही, जब हम ग्रीकों या रोमनों के इतिहास की भी बात करते हैं तो हम जानते हैं कि हमें वहाँ एक सम्पूर्ण राष्ट्र के सामाजिक, बौद्धिक और धार्मिक जीवन का पूरा चित्र नहीं मिलेगा। यहाँ तक कि हम मध्यकाल में, यहाँ तक कि वर्तमान काल में, सम्पूर्ण राष्ट्र के सम्पूर्ण जीवन के बारे में बहुत कम जानते हैं। हम कुछ सेनानायकों, मुख्य सेनानायकों के बारे में कुछ जान सकते हैं लेकिन करोड़ों आम लोगों के बारे

में हम कुछ नहीं जानते। और हम राजाओं तथा सेनानायकों के बारे में भी जो कुछ जानते हैं वह उससे ज्यादा कुछ नहीं है कि जो एक ग्रीक कवि या यहूदी पैगम्बरों के द्वारा उनके बारे में सोचा गया था, ये वे लोग थे जो अपने समकालीन करोड़ों लोगों में से एक थे।

किन्तु यह कहा जा सकता है कि हालाँकि लेखक कम थे लेकिन पाठक ज्यादा थे। क्या ऐसा है? मेरा विश्वास है कि आपको यह सुनकर आश्चर्य होगा कि आधुनिक काल में भी पाठकों की संख्या कितनी कम है, जबकि प्राचीन काल में पढ़ना विशेषाधिकार प्राप्त लोगों के बहुत छोटे से वर्ग तक सीमित था। सार्वजनिक और निजी उत्सवों, यज्ञों में और बाद में नाट्यशालाओं में सुनने वाले ज्यादा रहे होंगे, किन्तु पाठक, इस शब्द का जो अर्थ हम लेते हैं, एक अत्यन्त आधुनिक अन्वेषण है।

कभी भी इतना नहीं पढ़ा जाता रहा है। इतनी बड़ी तादाद में पढ़ा जाना तो हमारे काल में हुआ। लेकिन यदि आप प्रकाशकों से पूछें कि उन्होंने ऐसी कितनी प्रतियाँ बेचीं जो सम्भवत: प्रत्येक व्यक्ति के द्वारा पढ़ी गई होंगी, जैसे, मैकाले का इंग्लैंड का इतिहास, प्रिन्स कन्सर्ट की जीवनी या डार्विन की ओरिजिन ऑफ स्पेसीज, आप पाएँगे कि 3 करोड़ 20 लाख की आबादी में से दस लाख के पास भी इसकी एक प्रति नहीं होगी। जो किताब हाल ही में सबसे ज्यादा बिकी वह है नयू टेस्टामेंट का पुनरीक्षित पाठ, और 80 मिलियन अंग्रेजी भाषी लोगों में कुल बिकी प्रतियों की संख्या 40 लाख से ज्यादा नहीं है। जहाँ तक साधारण किताबों का सवाल है, जो मौसमी किताबें कही जाती हैं, तीन या चार हजार प्रतियों के संस्करण को इंग्लैंड के प्रकाशक या लेखक असन्तोषजनक नहीं मानते। लेकिन यदि आप दूसरे देशों को देखें, जैसे रूस, तो ऐसी किताबों के नाम लेना बहुत कठिन होगा जो पूरे राष्ट्र की प्रतिनिधि कही जा सकती हों, या जिन्हें कुछ ज्यादा लोग जानते हों।

यदि हम अपने विचारों को ग्रीस और इटली, या ईरान और बेबीलोनिया के प्राचीन देशों की ओर मोड़ें, तो वहाँ शायद होमर के काव्य को छोड़कर, ऐसी कौन सी ऐसी किताब है, जिसके बारे में हम यह कह सकें कि इसे कुछ हजार से कुछ ज्यादा लोगों ने पढ़ा या सुना है? हम ग्रीकों और रोमनों को साहित्यिक लोगों के रूप में समझते हैं और इसमें सन्देह नहीं कि वे ऐसे थे, किन्तु यह हम जैसा समझते हैं उससे बिलकुल भिन्न अर्थ में था। हम जिन्हें ग्रीक और रोमन कहते हैं वे मुख्यत: एथेन्स और रोम के नागरिक थे और यहाँ भी जो प्लेटो के संवाद या होरेस के पत्र प्रस्तुत कर सकते थे या पढ़ सकते थे वह बौद्धिक आभिजात्यों का एक छोटा-सा वर्ग था। हम जिसे इतिहास कहते हैं—अतीत की स्मृति—वह हमेशा से ही अल्पसंख्यकों का काम रहा है। करोड़ों-करोड़ लोग बिना सुने गुजर जाते हैं और सिर्फ कुछ ही को वाणी और चिन्तन के संयोग का वरदान मिला है कि वे अतीत के साक्षी बन सकें।

ऋग्वेद जितने सुदूर समय और इतने खंडित देश का और तीन हजार वर्ष पहले के एक कम एकीकृत देश का प्रतिनिधित्व करता है, तो यह जानने के लिए थोड़ा-सा ही सोचने की जरूरत है कि वैदिक कविताओं में हम जो कुछ देखते हैं वह सिर्फ कुछ ही हिमाच्छादित चोटियाँ हैं जो बहुत दूर से एक राष्ट्र की पर्वत श्रेणियों का प्रतिनिधित्व करती हैं, जो इतिहास के क्षितिज से पूरी तरह लुप्त हो गया है। जब हम यह कहते हैं कि वैदिक सूक्त तीन हजार साल पहले के भारत के धर्म का, विचारों और रिवाजों का प्रतिनिधित्व करते हैं, तो हमारा मतलब यह नहीं हो सकता कि हम भारत का अर्थ उस भारत से ज्यादा नहीं समझते जिसके एक बड़े अज्ञात भाग के प्रवक्ता सिर्फ वेदों के कवि ही बचे थे। जब हम भारत की बात करते हैं तो हम 25 करोड़ अर्थात सम्पूर्ण मानव जाति के छठवें भाग के बारे में सोचते हैं, जो हिमालय पर्वतों और सिन्धु तथा गंगा नदियों की बाहों के बीच के विशाल प्रायद्वीप में कन्याकुमारी और सीलोन तक उस क्षेत्र में बसा है जो यूरोप के समान विशाल है। वेदों में जिस मंच पर प्राचीन राजाओं और कवियों के जीवन की भूमिका प्रस्तुत की जाती है, वह सप्त सैंधव, यानी वैदिक कवियों की सात नदियाँ हैं जिसे अब हम सिन्धु और पंजाब की घाटी कहते हैं। गंगा के द्वारा सिंचित भूमि का उसमें पता नहीं है और ऐसा लगता है कि पूरे दक्खन की अभी खोज नहीं हुई है।

इसके अलावा, जब ऐसा माना जाता है कि वैदिक सूक्त कुछ ही पुरोहितों का पांडित्यपूर्ण लेखन है और पूरे राष्ट्र की प्रज्ञा की देन नहीं है, तो इसका मतलब है क्या? इसमें सन्देह नहीं कि यदि हम चाहें तो इन प्राचीन वैदिक कवियों को पुरोहित कह सकते हैं और इससे कोई इनकार नहीं करेगा कि उनका काव्य न सिर्फ धार्मिक, मिथकीय और दार्शनिक कल्पनाओं से और यज्ञ और कर्मकांडीय कल्पनाओं से भी ओतप्रोत है। तथापि, एक पुरोहित, यदि हम उसका अतीत देखें तो, वह सिर्फ एक बुजुर्ग है और इसलिए उन वैदिक कवियों को पूरे समाज या अपने ग्रामीण समुदाय के नाम पर, बोलने का पूरा अधिकार था। वसिष्ठ को आप बिलकुल पुरोहित कह सकते हैं, सिर्फ हमें यह कल्पना नहीं करना चाहिए कि वे इस कारण से कुछ कुछ कार्डिनल मैनिंग के समान थे।

ये दलीलें ज्यादातर पूरी तरह काल्पनिक हैं और उन्हें हर सम्भव रियायत देने के बाद यह महान तथ्य बाकी रह जाता है कि ऋग्वेद में कविताएँ हैं जो सही भाषा में, विस्तृत अलंकारों में रची गई हैं और देवताओं और इनसानों के बारे में, बलि और युद्धों के बारे में, कुदरत के विभिन्न पहलुओं और समाज की बदलती हुई स्थितियों के बारे में, कर्तव्यों और आनन्द, दर्शन और नैतिकता के बारे में बताती हैं। ये ऐसी आवाजें हैं जो उस दूरी से हम तक पहुँचती हैं, जिन्हें हमने पहले मन्द से मन्द फुसफुसाहट के रूप में भी नहीं सुना था। और इस चमत्कारी खोज पर आनन्द से सिहर जाने के बदले, कुछ आलोचक अलग खड़े हो जाते हैं और कमियाँ

निकालने के अलावा कुछ नहीं कर सकते, क्योंकि ये गीत हमारे सामने उन आदिम मानव को ठीक से प्रस्तुत नहीं करते जैसा कि उन्हें होना चाहिए था। ये पापुआ के लोगों या बुशमैन के अनुसार नहीं, जिनकी आदत वृक्षों पर भी रहने की थी और जो अर्द्धपशु के समूहों में रहते थे, वे ढेरों या पत्थरों को नहीं पूजते थे ना ही जड़ पदार्थों पर विश्वास करते थे, काम्टे की आन्तरिक चेतना के अनुसार उन्हें ऐसा काम करना था जो उन्हें करना चाहिए था, लेकिन मुझे यह स्वीकार करना चाहिए, कि किसके साथ हम समझ सकते हैं, किसके साथ कुछ सीमा तक हम सहानुभूति प्रकट कर सकते हैं और मानवीय प्रज्ञा की ऐतिहासिक प्रगति में किन्हें हम एक स्थान दे सकते हैं, जो प्राचीन यहूदियों और ग्रीकों से ज्यादा पीछे नहीं है।

यदि आदिम से हमारा मतलब उन लोगों से है जो ग्लोशियल काल खत्म होने के बाद पृथ्वी के रहने लायक होने के तुरन्त बाद पृथ्वी पर बसे तो वैदिक कवि निश्चित ही आदिम नहीं थे। यदि आदिम से हमारा मतलब ऐसे लोगों से है जिन्हें आग की जानकारी नहीं थी, जो बिना पालिश किए हुए फ्लिन्ट का उपयोग करते थे और कच्चा मांस खाते थे तो वैदिक कवि आदिम नहीं थे। यदि आदिम से हमारा मतलब उन लोगों से है जो खेती नहीं करते थे, जिनका स्थायी घर नहीं था, राजा नहीं था, बलि नहीं थी, कानून नहीं थे, तो मैं फिर से कहता हूँ कि वैदिक कवि आदिम नहीं थे। लेकिन यदि आदिम से हमारा मतलब उन लोगों से है जो पृथ्वी पर अपने अस्तित्व के बारे में अपने पीछे साहित्यिक अवशेष छोड़ने वाले पहले आर्य जाति के लोग थे, तो मैं कहता हूँ कि वैदिक कवि आदिम हैं, वैदिक भाषा आदिम है, वैदिक धर्म आदिम है, और समग्र रूप में कहा जाय तो उस किसी भी चीज से ज्यादा आदिम थे जो हम अपनी नस्ल के पूरे इतिहास में कभी भी फिर से पा सकते हैं।

जब ये सभी आपत्तियाँ असफल हुईं तो एक अन्तिम चाल चली गई। यह कहा गया कि प्राचीन वैदिक काव्य यदि विदेशी मूल का नहीं तो कम से कम उस पर बहुत ज्यादा विदेशी प्रभाव खासकर सेमिटिक तो है। संस्कृत के विद्वान हमेशा यह कहते रहे हैं कि वैदिक साहित्य का मुख्य आकर्षण यह है कि इसने हमें न सिर्फ धार्मिक चिन्तन के अत्यन्त प्रारम्भिक चरण की समझ दी बल्कि वैदिक साहित्य ही एक ऐसा साहित्य है कि जिसका विकास बिना किसी बाहरी प्रभाव के हुआ है और किसी अन्य धर्म की तुलना में इसने ज्यादा सदियाँ देखी हैं। पहले बिन्दु का जहाँ तक सवाल है, हम जानते हैं कि प्राचीन रोम के धर्म में इटालियन और ग्रीक तत्त्वों की पहचान करना कितना जटिल है, एट्रुस्कन और फोनिशियन प्रभाव की तो बात ही दूर है। हम यह जानते हैं कि ग्रीकों के धर्म में कितना उनके घर में विकसित हुआ है और क्या मिस्र, फोनीशिया, सीथिया से लिया गया है या वह चिन्तन की विदेशी किरणों से कितना प्रभावित है यह खोज पाना कितना कठिन है। यहाँ तक कि

हिब्रुओं, बेबीलोनियनों, फोनिशियनों के धर्म में और बाद में ईरानी प्रभाव देखा गया है और जैसे-जैसे हम वर्तमान युग की ओर बढ़ते हैं, चिन्तनों का मिश्रण ज्यादा विस्तृत होता जाता है और तब यह जानना ज्यादा कठिन होता जाता है कि विश्व की सामान्य बुद्धिमत्ता में किस देश ने कितना योगदान दिया। सिर्फ भारत में ही, खासकर वैदिक भारत में, हम एक ऐसा पौधा देखते हैं जो पूरी तरह देशी मिट्टी पर विकसित हुआ और उसका पोषण पूरी तरह देशी हवा द्वारा किया गया। इस कारण, चूँकि वेद का धर्म इतना पूर्ण रूप से सभी अजनबी छूतों से रक्षित था और इसमें ऐसी सीखें भरी पड़ी हैं कि धर्म का छात्र अन्यत्र कहीं ये सीखें नहीं प्राप्त कर सकता।

अब इसके खिलाफ वेदों के आलोचकों को क्या कहना है? वे कहते हैं कि वैदिक काव्य में बेबीलोनियन प्रभाव के स्पष्ट संकेत मिलते हैं।

मुझे कुछ विस्तार से बताना चाहिए क्योंकि वे दिखते तो छोटे हैं लेकिन आप यह देख सकते हैं कि उनसे बहुत व्यापक परिणाम जुड़े हैं।

ऋग्वेद, आठ. 78, 2, में एक ऋचा है जिसका अनुवाद इस प्रकार किया गया है : 'हे इन्द्र, हमारे लिए एक सुनहरे मन के साथ एक उज्ज्वल जवाहरात, एक गाय, एक अश्व, एक अलंकार लाओ।'

यह सुनहरा मन क्या है? यह शब्द स्वयं पुनः नहीं आता, न वेद में या अन्यत्र कहीं, और वैदिक विद्वान इसे लेटिन मिना, ग्रीक μνᾶ और फोनिशियन मनह के रूप में पहचान करते हैं, जो प्रसिद्ध वजन है और बेबीलोन और निनेवा से ब्रिटिश म्यूजियम में लाये गए खजानों में वस्तुतः हमारे पास है।

यदि ऐसा था तो यह इस बात का अकाट्य प्रमाण है कि बेबीलोन और भारत के बीच बहुत प्राचीन काल से व्यापारिक सम्पर्क था। लेकिन इसका मतलब यह नहीं है कि भारतीय चिन्तन पर कोई वास्तविक सेमिटिक प्रभाव था। लेकिन क्या ऐसा है? यदि हम 'सकः मनः हिरण्यः' का अनुवाद 'स्वर्ण के एक मीना के साथ' करें तो हम मनः हिरण्यः को एक यांत्रिकी मामला ले सकते हैं। किन्तु सकः कभी भी एक यांत्रिकी मामले को नियंत्रित नहीं करता। इसलिए यह अनुवाद असम्भव है और यद्यपि यह अंश कठिन है, क्योंकि मनः ऋग्वेद में दोबारा नहीं आता, इसलिए मेरा ख्याल है कि हम मनः हिरण्यः को संयुक्ताक्षर मान लें और उसका अनुवाद 'हमें दो स्वर्ण कंगन भी दो' कर दें। यह मानना कि वैदिक कवियों ने इस एक शब्द को और इस एक माप को बेबीलोनियनों से उधार लिया होगा, ऐतिहासिक आलोचना के सभी नियमों के विरुद्ध होगा। मनः शब्द पूरे संस्कृत साहित्य में दोबारा नहीं आता। पूरे संस्कृत साहित्य में कोई भी अन्य बेबीलोनियन भार का उल्लेख नहीं है, और इसकी सम्भावना नहीं है कि कोई कवि, जो गाय और घोड़े की माँग करता है, उसी साँस में स्वर्ण के विदेशी भार की अर्थात करीब साठ सावरेनों अर्थात मुहरों की माँग करेगा।

ऐसा माना जाता है कि भारत ने बेबीलोन से सिर्फ यही कर्ज नहीं लिया। सत्ताईस नक्षत्र जो भारत में चन्द्रमा के राशिचक्र के रूप में चुने गए थे, उनके बारे में माना जाता है कि वे बेबीलोन से आए थे। पर बेबीलोनियन राशिचक्र सौर था और बारम्बार अनुसंधान करने पर भी वहाँ चान्द्र राशिचक्र का कोई चिन्ह नहीं पाया गया, जबकि शंकु आकार के आलेखों में कई चीजें मिली हैं। लेकिन यदि यह मान भी लिया जाए कि बेबीलोन में एक चान्द्र राशिचक्र की खोज हुई है, जो भी वैदिक साहित्य और प्राचीन वैदिक कर्मकांड से परिचित है, वह आसानी से यह नहीं मानेगा कि हिन्दुओं ने आकाश के उस आसान विभाजन को बेबीलोनियनों से उधार लिया होगा। यह सर्वज्ञात है कि ज्यादातर वैदिक यज्ञ चन्द्रमा पर आधारित होते हैं न कि सूर्य पर। जैसा कि ऋचाकार कहता है, 'उसने ऋतुओं के लिए चन्द्रमा को नियुक्त किया, सूर्य अपने अस्त होने को जानता है।' हम ऋग्वेद दस, 85, 18–19 में एक ऋचा में सूर्य और चन्द्रमा को सम्बोधित एक श्लोक पाते हैं, 'वे अपने स्वयं की शक्ति से चलायमान हैं, एक के बाद एक या पूर्व से पश्चिम की ओर, क्रीड़ारत बच्चों के समान वे यज्ञ की परिक्रमा करते हैं। एक तो सभी लोकों पर नजर रखता है, दूसरा पुनः–पुनः जन्म लेकर ऋतुएँ तय करता है।'

'वह जब जन्म लेता है तो नया और नया होता जाता है, दिन का उदय होने पर भोर के पहले वह चला जाता है। अपने आगमन से वह देवताओं के लिए उनका अंश तय करता है, चन्द्रमा दीर्घ जीवन में वृद्धि करता है।'

फिर चन्द्रमा ऋतुएँ सुनिश्चित करता है, चन्द्रमा उनका भाग तय करता है, अर्थात सभी देवताओं के लिए यज्ञ का हविष्य तय करता है। प्राचीन हिन्दुओं के चिन्तन में ऋतुएँ और यज्ञ इतनी निकटता से आपस में सम्बन्धित हैं कि पुरोहित के लिए सबसे आम सम्बोधन था ऋत्विग, जिसका शाब्दिक अर्थ है ऋतुओं की बलि देने वाला।

रोज किए जाने वाले कर्मकांड, जैसे प्रातः और संध्या पाँच महायज्ञ और अग्निहोत्र के अलावा, वैदिक युग में महत्त्वपूर्ण बलि थे पूर्ण और नवचन्द्र की बलि अर्थात दरसपूर्णमास; चतुर्मास जिसमें हर मौसम चार माह का होता है, और कर्क और मकर संक्रान्ति के समय अर्द्धवार्षिक बलि। अग्रहायण आदि जैसी और भी बलि होती हैं जो पतझड़ और ग्रीष्म में सम्पन्न होती हैं। अन्य बलि शीत ऋतु में और पतझड़ की ऋतु में होती हैं, जब चावल और जौ की फसल पकती होती हैं।

प्रारम्भिक समाजों की एक बुनियादी शर्त है मौसमों का नियमितीकरण और यह बात मौसमों के पालकों और कानून और व्यवस्था के रक्षकों के रूप में देवताओं की उपासना से इतनी निकटता से सम्बन्धित दिखती है कि कभी–कभी यह कहना कठिन हो जाता है कि प्राचीन वैदिक ऋषियों के मस्तिष्क में उनके यज्ञों में कैलेण्डर का रखरखाव ज्यादा मुख्य था, या देवताओं की उपासना का रखरखाव मुख्य था।

चन्द्रमा के सूक्त में 27 नक्षत्रों का स्पष्ट सुझाव दिया गया था। दिनों, महीनों या मौसमों की गणना के लिए उन 27 स्थानों का अवलोकन करने से ज्यादा कुछ स्वाभाविक नहीं था, जहाँ चन्द्रमा अपने मार्ग में किसी भी स्थान से उसी स्थान को लौटता था। दैनन्दिन या मासिक रूप से सूर्य की स्थिति को तय करने से यह ज्यादा आसान था, क्योंकि तारे सूर्योदय या सूर्यास्त पर शायद ही दिखते थे, और इसलिए कुछ विशेष तारों से सूर्य का रिश्ता समझना कठिन होता था। इसके विपरीत चन्द्रमा हर रात को बढ़ता-घटता रहता था और एक के बाद एक कुछ विशेष तारों के सम्पर्क में आता था और वह घड़ी की ऐसी भुजा के समान था जो वृत्त में घूमता था और आकाश की गोल घड़ी पर एक के बाद दूसरी आकृति के सम्पर्क में आता था। न ही नवचन्द्र से नवचन्द्र तक 27 नक्षत्र के अतिरिक्त लगभग एक तिहाई चन्द्रमास उस प्राचीन जमाने के गणकों के दिमागों में ज्यादा दुविधा पैदा करते थे। वे सिर्फ 27 आकाशीय स्थलों की फिक्र करते थे, जो उन सभी आकाशीय यात्रियों का रास्ता तय करने के लिए, चन्द्रमा द्वारा खोजे जाने के बाद ऐसे मील के पत्थर के समान तय थे, जो चिन्हों और ऋतुओं के लिए और दिनों तथा सालों के लिए किसी मतलब के हो सकते थे। 27 खंडों में विभाजित एक चक्र या एक घर के आसपास बराबर की दूरी पर कोई भी 27 स्तम्भ आदिम वैदिक वेधशाला के मकसद का जवाब देंगे। जो भी कुछ जानना चाहिए होता था वह यह था कि चन्द्रमा या बाद में सूर्य भी अपने उदय या अस्त होने के समय स्तम्भों की किस जोड़ी के बीच में थे। इस प्रक्रिया में अवलोकनकर्ता प्रत्येक दिन उसी केन्द्रीय स्थिति में खड़ा होता था। यदि हम दिनों, ऋतुओं और वर्षों की गणना में पहली शुरुआत को समझना चाहें तो खगोलशास्त्र के बारे में हमारी धारणा वास्तव में बहुत ही अपरिपक्व और अपूर्ण है। एक गड़रिया सूर्य और चन्द्रमा के बारे में, तारों और ऋतुओं के बारे में जितना जानता था उससे ज्यादा की आशा हम उन दिनों नहीं कर सकते थे। और न ही हम आकाश की किसी घटना के किसी अवलोकन की उम्मीद कर सकते हैं जब तक कि आदिम समाज की व्यावहारिक जरूरतों पर उनका प्रभाव न पड़ता हो।

अब यदि हम भारत में आकाश के उनतीस समान हिस्सों का प्राकृतिक और अपरिहार्य बँटवारा देख सकते हैं, जिसमें हर हिस्सा एक तारे से सम्बन्धित है, जिन्हें इस नए उद्‌देश्य के लिए प्रयुक्त होने के बहुत पहले देख लिया गया होगा और नामित किया गया होगा। दूसरी ओर, यदि हम उन्हें चान्द्र नक्षत्रों, चान्द्र महीनों और चान्द्र मौसमों के ज्ञान के द्वारा तय किए बिना नहीं समझ सकते तो भारतीय अनुष्ठानों के विकास और उन्नति को शायद ही समझ सकेंगे। यह कल्पना करना नादानी होगी कि वैदिक चरवाहे या पुरोहित उस ज्ञान को खोजने के लिए बेबीलोनिया गए होंगे जो प्रत्येक चरवाहे ने सिन्धु नदी के तट पर प्राप्त कर लिया होगा और उस देश से लौटने के बाद ही, जहाँ की भाषा हिन्दू नहीं समझ सकते थे, और वे अपनी पवित्र

ऋचाओं की रचना करने के लिए और अपने सादे अनुष्ठानों को व्यवस्थित करने के लिए बैठ गए। हमें यह कभी नहीं भूलना चाहिए कि जो भी वस्तु एक स्थान पर प्राकृतिक होती है वह दूसरे स्थान पर भी प्राकृतिक होती है और हम गम्भीर विरोधाभास के भय के बिना यह निष्कर्ष निकाल सकते हैं कि वैदिक ऋचाओं में हिन्दुओं के जो प्रारम्भिक खगोलशास्त्रीय विचार पाए गए हैं या अनुमानित किए गए हैं उनके विदेशी मूल का होने का कोई प्रमाण नहीं मिलता।

जैसा कि विख्यात है, अरबों में 28 चान्द्र मंजिलें होती हैं और कोई कारण नहीं कि मोहम्मद और उनके बेदुइन मरुस्थल में भारत के वैदिक कवियों के समान ही अवलोकन क्यों नहीं कर सकते थे। लेकिन मेरा यह भी विचार है कि कोलब्रुक ने यह सिद्ध करने के लिए तर्क दिया है कि कम से कम अपने वैज्ञानिक उपयोग में तो अरबी मंजिलों ने किसी भारतीय स्रोतों से उधार लिया था।

चीनियों के भी सीउ नामक चान्द्र स्थान हैं जो मूलत: 24 थे और बाद में वे 28 हो गए। लेकिन यहाँ भी बिओत, लासेन और अन्यों के साथ यह स्वीकार करने की जरूरत नहीं है कि हिन्दू अपनी चान्द्र कालक्रम की आसान प्रारम्भिक धारणाओं के लिए चीन गए। पहली बात तो यह है कि चीनियों ने चौबीस से शुरू किया और उन्हें अट्ठाइस तक बढ़ाया; हिन्दुओं ने सत्ताईस से शुरू किया और उन्हें अट्ठाइस तक बढ़ाया। दूसरे, इन 28 नक्षत्रों में से ऐसे सिर्फ 17 हैं जिन्हें हिन्दू तारों के साथ पहचाना जा सकता है। अब यदि कोई वैज्ञानिक प्रणाली उधार ली जाती है तो वह पूरी तरह से उधार ली जाती है। लेकिन इस मामले में, मैं वास्तव में कोई ऐसा सम्भव रास्ता नहीं देखता जिसके जरिए चीनी खगोलीय ज्ञान हमारे युग के 1000 साल पहले ही भारत भेज दिया गया हो। चीनी साहित्य में ईसा के पहले दूसरी सदी के मध्य के पहले भारत का कभी उल्लेख नहीं मिलता और यदि बाद के संस्कृत साहित्य में किनास का अर्थ चीनी था, जो कि सन्देहप्रद है, तो यह अवलोकन करना महत्त्व का है कि वह नाम वैदिक साहित्य में कभी नहीं आता।

इसलिए यदि चीन और भारत के बीच इतने पहले एक संचार असम्भव होने की बात अन्तत: मान ली गई, तो एक नया सिद्धान्त बनाया गया कि 'चीनी खगोलशास्त्र का ज्ञान भारत में सीधे चीन से आयात नहीं किया गया, बल्कि आकाश के 28 भवनों का यह वितरण चीनी प्रणाली के साथ 11 ईस्वी पूर्व के पहले पश्चिम एशिया में ले जाया गया और फिर वहाँ उसे कुछ पश्चिमी लोगों, या तो सेमिटिक या ईरानी लोगों द्वारा अपना लिया गया। ऐसा माना जाता है कि उनके हाथों में उसने नया रूप ग्रहण किया और उसे अवलोकन के रुक्ष और कम वैज्ञानिक पद्धति के अनुसार ढाल दिया। नक्षत्रों को सीमित करने वाले तारों को तारामंडल में परिवर्तित कर दिया गया और कुछ जगह तो उनकी स्थिति बदल दी गई जिससे वे सूर्य पथ के सामान्य ग्रहपथ के निकट हो गए। इस बदले रूप में, यह ग्रहों के स्थान और आवागमन को मोटे

तौर पर तय करने और उसका वर्णन करने का एक माध्यम बन गया और ऐसा माना जाता है कि सम्भवत: यह ग्रहों के ही पहले ज्ञान के साथ यह हिन्दुओं के पास चला गया और यह भारत के इतिहास के एक स्वतंत्र व्यवसाय में प्रवेश कर गया। यह अभी भी अपने पुराने स्थान में बना हुआ है और इसने बाद में अपने निशान बुन्दाहिश में छोड़े; और इतने पश्चिम में चला गया कि इसे अरबों ने जान लिया और उसे अपना लिया।' जो इस मत को मानते हैं उनके खगोलीय ज्ञान को उचित सम्मान देते हुए मैं सिर्फ यही कह सकता हूँ कि यह एक नई और एकदम नवीन बात है, जिसकी पुष्टि कोई तथ्य नहीं करते। हमें जिन थोड़े से तथ्यों की जानकारी है, उनके कारण कोई भी सावधान तार्किक, कोलब्रुक द्वारा कई साल पहले बताए गए इन निष्कर्षों के परे नहीं जा सकता कि 'हिन्दुओं ने खगोलशास्त्र में काफी पहले निस्सन्देह रूप से कुछ प्रगति कर ली थी और उसका उपयोग उन्होंने समय के नियमन के लिए किया था। उनकी लौकिक और धार्मिक कालगणना मुख्यत:, पूर्णत: नहीं, चन्द्रमा और सूर्य के द्वारा नियंत्रित होती थी: और उन्होंने इन नक्षत्रों की गति का सावधानी से अवलोकन किया। यह काम ऐसी सफलता से किया गया कि चन्द्रमा के द्वारा परिक्रमा लगाए जाने के बारे में उन्होंने जो कुछ कहा वह ग्रीकों की तुलना में ज्यादा सटीक था। उन्होंने सूर्यपथ को 27 और 28 भागों में बाँटा था, जो स्पष्टत: चन्द्रमा के काल को दिनों द्वारा सुझाया गया था और लगता है कि यह उनका खुद का था। लेकिन वह निश्चित रूप से अरबों के द्वारा उधार लिया गया था।'

वैदिक साहित्य में बेबीलोनियनों या सेमिटिक प्रभाव होने के समर्थन में एक और दलील दी जाती है जिसका हमें जल्दी ही परीक्षण करना चाहिए। इसका सम्बन्ध प्रलय की कहानी से है।

जैसा कि आप जानते हैं, यह कहानी कई प्रजातियों की परम्पराओं में मिलती है और यह एक दूसरे से उधार नहीं ली गई होगी। यह आश्चर्य की ही बात है कि किसी भी वैदिक ऋचा में स्थानीय प्रलय का कोई उल्लेख नहीं है, खासतौर से तब जबकि विभिन्न प्रकार के प्रलयों का विस्तृत विवरण बाद के महाकाव्यों में और उससे भी बाद वाले पुराणों में पाया जाता है। वास्तव में यह भारत के लोगों की धार्मिक परम्पराओं में एक बहुत ही परिचित विषय है।

विष्णु के तीन अवतारों का सम्बन्ध एक प्रलय से है, मछली का, मगर का और वाराह का। हर बार विष्णु मछली या मगर या वाराह का अवतार लेकर मानव जाति को पानी से नष्ट होने से बचाते हैं।

लेकिन, जब वैदिक साहित्य ज्यादा लोकप्रिय हुआ तो प्रलय की कहानियों का पता चला। ये कहानियाँ यदि ऋचाओं में नहीं तो, कम से कम गद्य लेखन में मिलीं, जो दूसरे काल की ब्राह्मण काल का था। मनु और मछली की ही कहानी, बल्कि

मगर और वाराह की कहानी भी, न्यूनाधिक पूरे रूप में वहाँ मिलीं, और इस खोज से विदेशी आयात के मत की सत्यता समाप्त हो गई। मैं आपको इनमें से एक प्रलय का कम से कम एक विवरण पढ़कर सुनाता हूँ जो सतपथ ब्राह्मण में है, और तब आप यह खुद तय कर सकेंगे कि यह और जेनेसिस के विवरण क्या वास्तव में ऐसे हैं कि जिससे यह अनुमान होता हो कि हिन्दुओं ने प्रलय का अपना विवरण अपने सबसे निकट के पड़ोसियों से उधार लिया होगा।

हम सतपथ ब्राह्मण, 1.8.1 में पाते हैं :

'प्रात:काल वे प्रक्षालन के लिए मनु के लिए जल लाये जैसा कि वे अभी भी अपने हाथों को धोने के लिए लाते हैं।

'1. जब वे इस प्रकार प्रक्षालन कर रहे थे, उनके हाथों में एक मछली आई।

'2. मछली ने मनु से कहा : ''मुझे अपने पास रखो, मैं तुम्हारी रक्षा करूँगी।''

'मछली ने कहा : ''एक बाढ़ इन सभी जीवों को ले जाएगी, और मैं तुम्हारी रक्षा करूँगी।''

'मनु ने कहा : ''तुम्हें किस प्रकार रखा जा सकता है?''

'3. मछली ने कहा : ''जब तक हम छोटे हैं, हमारे लिए बहुत विनाश है, क्योंकि मछली मछली को खाती है। इसलिए पहले मुझे पात्र में रखो। जब मैं बड़ी हो जाऊँ तो एक गड्ढा करके मुझे उसमें रख देना। जब मैं और भी बड़ी हो जाऊँ तो मुझे समुद्र में ले जाना और तब मैं विनाश से परे हो जाऊँगी।''

'4. वह जल्दी ही एक विशाल मछली बन गई, क्योंकि ऐसी मछली सबसे बड़ी हो जाती है। मछली ने कहा : ''अमुक साल में बाढ़ आएगी। इसलिए जब तुम एक जलयान बनाओगे तो तुम मेरा ध्यान करना। और जब बाढ़ बढ़ जाएगी, तुम जलयान में प्रवेश कर जाना और फिर मैं बाढ़ से तुम्हारी रक्षा करूँगी।''

'5. मछली को ऐसा रखकर, मनु उसे समुद्र में ले गया। फिर उस साल, जिसका संकेत मछली ने किया था, मनु ने जलयान बनाकर मछली का स्मरण किया। और जब बाढ़ बढ़ गई, मनु जलयान में प्रवेश किया। तब मछली उसके पास आई और मनु ने जलयान की रस्सी को मछली के सींग में बाँध दिया और इस प्रकार वह उत्तरी पर्वत की ओर चला।

'6. मछली ने कहा : ''मैंने तुम्हारी रक्षा की है; जलयान को एक पेड़ से बाँध दो। जब तुम पहाड़ पर हो तो जल तुम्हें काट कर दूर न कर दे। जब पानी उतरेगा, तुम उसके साथ क्रमशः नीचे उतरो।'' मनु पानी के साथ क्रमशः नीचे उतरा और इसलिए इसे उत्तरी पर्वतों पर 'मनु की ढलान' कहा जाता है। अब बाढ़ इन सभी जीवों को साथ ले गई और मनु अकेला रह गया।

'7. फिर मनु प्रशंसा करते हुए और सन्तान की इच्छा करते हुए चला। उसने वहाँ पका-बलि दी। उसने वहाँ घी, खोवा, छाछ, दही का अर्घ्य पानी में छोड़ा। एक

साल में उसमें से एक स्त्री उत्पन्न हुई। वह गीले वस्त्रों में आगे आई और उसके चरणों में घी एकत्र हो गया। मित्र और वरुण उससे मिलने आए।

'8. उन्होंने उससे कहा : "तुम कौन हो ?" उसने कहा : "मनु की बेटी।" उन्होंने पूछा : "कहो कि तुम हमारी हो," उसने कहा : "नहीं, जिसने मुझे पैदा किया है मैं उसकी हूँ।"

'तब उन्होंने उसे अपनी बहन बनाना चाहा, और वह आधी सहमत हुई और आधी नहीं, और चली गई तथा मनु के पास आई।

'9. मनु ने उससे कहा : "तुम कौन हो ?" उसने कहा : "मैं तुम्हारी बेटी हूँ।" उसने पूछा, "भद्रे, तुम मेरी बेटी कैसे हो ?"

'उसने उत्तर दिया : तुमने पानी में घी, मावा, छाछ और दही का जो अर्घ्य छोड़ा था, उनसे तुमने मुझे उत्पन्न किया। मैं एक वरदान हूँ—यज्ञ में यह आशीर्वाद सम्पन्न करो। यदि तुम यज्ञ में मुझे सम्पन्न करोगे, तो तुम्हें प्रचुर सन्तान और मवेशियाँ होंगी। और तुम मुझसे जो भी वरदान माँगोगे, वह तुम्हें प्राप्त होगा।" इसलिए उसने यज्ञ के मध्य में वह वरदान सम्पन्न किया, क्योंकि यज्ञ का मध्य वह होता है जो प्रारम्भिक और अन्तिम भेंट के बीच में आता है।

'10. फिर मनु प्रशस्ति गाते हुए और सन्तान की कामना करते हुए उसके साथ विचरण करते रहे। और उसके साथ उसे सन्तान हुई जिसे मनु की सन्तान कहा जाता है; और उससे जो भी वर उसने माँगा, वह उसे हमेशा मिला। वह सचमुच इडा है, और यह जानते हुए कि जो भी इडा के साथ यज्ञ करता है, उसे वे ही सन्तान मिलती हैं जो मनु को मिलीं और जो भी वर वह उससे माँगता है उसे मिलता है।'

यह निस्सन्देह, प्रलय का विवरण है, और मनु उसी तरह भूमिका अदा करता है जो ओल्ड टेस्टामेन्ट में नोहा करता है। किन्तु यदि कोई समानताएँ हैं, तो असमानताओं पर भी विचार करो, और यह भी कि कैसे उनका स्पष्टीकरण दिया जाए। यह एकदम स्पष्ट है कि यदि यह कथा सेमिटिक स्रोत से ली गई होती तो वह ओल्ड टेस्टामेन्ट से नहीं ली गई क्योंकि तब दोनों कथाओं में जो फर्क है उसके लिए कारण देना वास्तव में असम्भव दिखता। यह जरूर ही खारिज नहीं किया जा सकता कि वह किसी अज्ञात सेमिटिक स्रोत से उधार ली गई होगी, क्योंकि ऐसा कोई ठोस सबूत पेश नहीं किया गया है जो इसे गलत सिद्ध कर पाता। लेकिन यदि ऐसा है तो वह संस्कृत साहित्य में सिर्फ सेमिटिक ऋण होगा और हमें यहीं रुक जाना होगा।

वाराह और कछुए की कहानी का जिक्र वैदिक साहित्य में भी मिलता है। क्योंकि तैत्तरीय संहिता में लिखा है :

'पहले यह जल, द्रव था। प्रजापति, वायु बनकर उस पर बहे। उन्होंने इस पृथ्वी को देखा, और वाराह बनकर उसे उठा लिया। विश्वकर्मा बनकर उसे स्वच्छ किया।

वह विस्तारित हुई और विशाल पृथ्वी हो गई और इसी कारण पृथ्वी को पृथ्वी अर्थात विशाल कहा गया है।'

और शतपथ ब्राह्मण में हम कम से कम कछुआ के मिथक का कुछ संकेत पाते हैं :

'प्रजापति, ने कूर्म का अवतार लेकर सभी जीवों को बचाया। चूँकि उसने उन्हें बचाया इसलिए उसने उन्हें बनाया, और चूँकि उसने उन्हें बनाया उसे कूर्म कहा गया। कछुए को कच्छप कहा जाता है और इसलिए सभी जीव काश्यप अर्थात कछुए के समान कहे जाते हैं। जो यह कूर्म था वह वास्तव में आदित्य अर्थात सूर्य था।'

प्रलय के जैसा एक और संकेत, जो इसलिए महत्त्व का है क्योंकि उसमें मनु का नाम आता है, काथक (ग्यारह.2) में इस संक्षिप्त वाक्य में दिया गया है : 'जल ने इसे स्वच्छ किया और सिर्फ मनु रह गए।'

इस सबसे पता चलता है कि प्रलय के विचार, यानी जल से पृथ्वी का डूबना और दैवी सहायता से उसका बचाया जाना, भारत की प्रारम्भिक परम्पराओं में एकदम अज्ञात नहीं था, जबकि बाद के समय उन्हें विष्णु के कई अवतारों में समाहित कर दिया गया।

जब हम दुनिया के हर हिस्से में विभिन्न देशों में प्रलय के कई विवरणों का परीक्षण करते हैं तो हम यह आसानी से समझ सकते हैं कि वे एक ही ऐतिहासिक घटना का उल्लेख नहीं कर रहे हैं, बल्कि एक ऐसी प्राकृतिक घटना का वर्णन कर रहे हैं जो हर बार दोहराई जाती है, यानी वर्षा ऋतु या शीत ऋतु का प्रलय या बाढ़।

यह बेबीलोन से ज्यादा कहीं भी स्पष्ट नहीं है। सर हेनरी रॉवलिन्सन ऐसे पहले व्यक्ति थे जिन्होंने यह संकेत दिया था कि इजदुबर या निमरोद की कविताओं के बारहवें कांड में साल के बारह महीनों का और राशिचक्र के बारह प्रतिनिधि चिन्हों का उल्लेख है। डॉ. हाप्त ने बाद में बताया कि दूसरे कांड का बुद्धिमान बैल-पुरुष ईबानी, दूसरे माह इज्जर, अप्रैल-मई के समकक्ष है और वह राशिचक्र में बैल के रूप में बताया गया है और तीसरे कांड में ईबानी और निमरोड का मिलन तीसरे महीने सिवान, मई-जून के समकक्ष है और राशिचक्र में जुड़वाँ बच्चों के रूप में बताया गया है और सातवें कांड में निमरोद की बीमारी सातवें माह तिशरी, सितम्बर-अक्टूबर के समकक्ष है, जब सूर्य अस्त होने लगता है। और ग्यारहवें कांड में बाढ़ ग्यारहवें माह, शबतु के समकक्ष है जो तूफान-देवता रिम्मॉन को समर्पित है और यह राशिचक्र में जलपुरुष के रूप में दर्शाया गया है।

यदि ऐसा है तो, हमें भारत में प्रलय की कहानी के लिए उसी प्राकृतिक कहानी का दावा करने का अधिकार है, जो हम दूसरे देशों में स्वीकार करने के लिए बाध्य हैं। और यदि ऐसा सिद्ध हो भी जाता है कि जिस रूप में ये दन्तकथाएँ भारत में हमारे पास पहुँची हैं वे विदेशी प्रभाव के चिह्न बताती हैं, तो भी यह तथ्य तो बना ही रहेगा

कि यह प्रभाव तुलनात्मक रूप से सिर्फ आधुनिक ग्रन्थों में ही माना गया है, न कि ऋग्वेद की प्राचीन ऋचाओं में।

अन्य अनुमान और भी कम आधार पर किए गए हैं। ये अनुमान उससे भी कम हैं, जिनमें भारत के प्राचीन कवियों को बेबीलोन के प्रभाव में बताया गया है। हम जिस प्राचीन समय की बात कर रहे हैं उसमें चीन तो क्या, फारस, पार्थिया और बैक्ट्रिया, देशों को भारत की पहुँच के परे बताया गया है। मुझे तो यही आश्चर्य है कि लुप्त यहूदी कबीलों के चिह्न वेदों में नहीं पाए गए हैं, जबकि अफगानिस्तान को उनके एक प्रिय आश्रयस्थल के रूप में बताया गया है।

विभिन्न विद्वानों ने अनुमानित विदेशी प्रभाव के जो चिह्न प्रस्तुत किए हैं उनमें सभी का सावधानी से परीक्षण करने के बाद मैं सोचता हूँ कि मैं यह कह सकता हूँ कि भारत के प्राचीन वैदिक साहित्य की भाषा, धर्म, या अनुष्ठानों पर किसी भी विदेशी प्रभाव का सचमुच कोई चिह्न नहीं है। वह जैसा हमारे सामने है वैसा उसका विकास, उत्तर में पर्वतीय चहारदीवारी के द्वारा, पश्चिम में सिन्धु और मरुस्थल के द्वारा और पूर्व में गंगा के द्वारा सुरक्षित रहते हुए हुआ है। यह हमारे समक्ष घर में ही विकसित काव्य और एक घर में ही विकसित धर्म प्रस्तुत करता है। इतिहास ने हमारे लिए कम से कम इस अवशेष को सुरक्षित रखा है ताकि हम यह सीख सकें कि यदि मनुष्य के पास स्वर्ग को नर्क बना सकने की अनोखी कला न होती तो दृश्यों से और पृथ्वी में मनुष्य के जीवन को स्वर्ग बना सकने वाली परिस्थितियों से घिरे हुए, मानव मस्तिष्क को यदि उस पर ही छोड़ दिया जाए तो वह क्या कुछ हासिल कर सकता है।

5

वेदों का धर्म

हालाँकि ज्ञान का शायद ही कोई ऐसा हिस्सा होगा जिसे भारत के प्राचीन साहित्य से नया प्रकाश और नया जीवन नहीं मिला है। तथापि भारत से हमारे पास आने वाला इतना महत्त्वपूर्ण, इतना नवीन और धर्म और पुराणों के अध्ययन में इतना समृद्ध प्रकाश कहीं नहीं है। इसलिए इस विषय पर मैं इस पाठ्यक्रम के शेष व्याख्यान देना चाहता हूँ। मैं यह कुछ तो इसलिए कर रहा हूँ कि मैं वैदिक साहित्य के प्राचीन संसार में इतना सुख अनुभव करता हूँ, जिसमें आर्य धर्म के कीटाणुओं का अध्ययन करना होता है, और कुछ इसलिए कि मेरा विश्वास है कि आधुनिक हिन्दुओं के गहनतम विश्वासों या उनके सबसे सशक्त पूर्वाग्रहों को ठीक से समझने के लिए, वेदों के ज्ञान से ज्यादा उपयोगी कुछ नहीं है। यह बिलकुल सच है कि वास्तविक ब्राह्मण धर्म की प्राचीन वैदिक साहित्य से ज्यादा झूठी छवि और कोई नहीं दे सकता। हमें ऐसा लगेगा कि बिना किसी बदलाव के भारत में तीन हजार साल बीत गए हैं। ऐसी गलती करीब-करीब उतनी ही मूर्खतापूर्ण होगी जितना इस बात से इंकार करना कि वैदिक संस्कृत और बोली जाने वाली बंगाली में कोई फर्क है। किन्तु बंगाली के विद्वत्तापूर्ण ज्ञान या गुप्त झरनों की गहरी समझ उसे कभी हासिल नहीं होगी जो संस्कृत के व्याकरण से अपरिचित है। इसके अतिरिक्त कोई भी व्यक्ति हिन्दुओं के वर्तमान धार्मिक, दार्शनिक, कानूनी और सामाजिक मतों को कभी नहीं समझ पाएगा जो उन्हें उनके सच्चे स्रोत वेदों में खोजने में असमर्थ है।

मुझे अभी भी याद है कि कई साल पहले जब मैंने पहली बार ऋग्वेद का पाठ और टीका प्रकाशित करना शुरू किया था तो किसी दल ने, जिसकी शायद बिलकुल अरुचि न रही होगी, यह दलील दी थी कि वेद पूरी तरह बेकार हैं, और भारत का चाहे कोई व्यक्ति कितना भी विद्वान हो, इसे नहीं पढ़ सकता और यह न तो मिशनरियों के लिए काम का है और न किसी ऐसे व्यक्ति के काम का है जो भारतीय मस्तिष्क का अध्ययन करना चाहता है और उसे प्रभावित करना चाहता है। यह कहा

गया था कि हमें बाद की संस्कृत, मनुस्मृति, महाकाव्य और विशेष रूप से पुराणों का अध्ययन करना चाहिए। वेद जर्मन लोगों के लिए चाहे अच्छे होंगे, लेकिन वे अंग्रेजों के लिए अच्छे नहीं हैं।

तीस साल पहले भी ऐसे अज्ञानी दावों के लिए कोई बहाना नहीं था, क्योंकि इन किताबों में ही, मनुस्मृति, महाभारत, पुराणों में ही हर स्थान पर वेदों को धर्म के सभी मामलों में सर्वोच्च अधिकृत कृतियाँ मानी गई हैं। मनु कहते हैं, ''पवित्र ग्रन्थों को जिस ब्राह्मण ने नहीं पढ़ा है वह वैसे ही एक क्षण में गायब हो जाएगा जैसे 'आग में सूखी घास।' जिस द्विज—ब्राह्मण, क्षत्रिय या वैश्य—ने वेदों का अध्ययन नहीं किया है, जीवित रहते हुए भी वह और उसके वंशज शूद्र की स्थिति में गिर जाते हैं।''

इस अज्ञानतापूर्ण दावे को कितनी दूर तक ले जाया गया है, यह उन्हीं विद्वानों की कृतियों के द्वारा दिखा दिया गया है जिन्होंने कहा है कि भारतीय चिन्तन के ऐतिहासिक अध्ययन के लिए वेदों का कोई महत्त्व नहीं है। उन्होंने उन पुरोहितों, ब्राह्मणों पर इस बात के लिए साहस के साथ आरोप लगाया है कि उन्होंने अपने पवित्र साहित्य को अपनी ही जाति के लोगों से छुपा लिया है। सच तो यह है कि ब्राह्मणों ने छुपाया तो नहीं बल्कि वे हमेशा कोशिश करते रहे हैं और अकसर उनकी कोशिश बेकार जाती रही है कि शूद्रों को छोड़कर सभी जातियाँ अनिवार्य रूप से इस पवित्र साहित्य का अध्ययन करें। मनु के जिन अंशों को अभी उद्धरित किया गया है वे प्रकट करते हैं कि यदि क्षत्रियों और वैश्यों के बच्चों को ब्राह्मणों के पवित्र साहित्य का अध्ययन नहीं कराया गया तो उन्हें क्या दंड दिया जाएगा।

वर्तमान में स्वयं ब्राह्मण ने कहा है और उन्होंने ऋग्वेद और उसकी देशी टीका के मेरे संस्करण का जो स्वागत किया है, जिस उत्साह से उन्होंने वैदिक साहित्य के अध्ययन को लिया है और जिस गम्भीरता से विभिन्न पंथ यह चर्चा कर रहे हैं, यह प्रकट करता है कि यदि कोई संस्कृत का विद्वान वेदों से अनभिज्ञ है या उसने वेदों की उपेक्षा करने का संकल्प कर रखा है तो वह उस हिब्रू विद्वान से ज्यादा अच्छा नहीं होगा जो ओल्ड टेस्टामेन्ट से अनभिज्ञ है।

मैं अब आपको धर्म के और ऋग्वेद के काव्य के कुछ नमूने दूँगा। वे कुछ ही हो सकते हैं, और चूँकि 1017 मंडलों के उस संग्रह में, जिसे हम ऋग्वैदिक संहिता कहते हैं, कोई प्रणाली नहीं है, मैं यह वादा नहीं करता कि वे आपको उस बौद्धिक विश्व की पूरी झाँकी प्रस्तुत करेंगी जिसमें वैदिक ऋषियों ने पृथ्वी पर अपना जीवन बिताया था।

यदि आप मुझसे पूछें कि वेदों का धर्म बहुदेववादी था या एकेश्वरवादी, तो मैं शायद इस प्रश्न का उत्तर ही न दे सकूँगा। एकेश्वरवाद शब्द का जो आम अर्थ है, उसके अनुसार यह एकेश्वरवादी तो था ही नहीं, हालाँकि ऐसी ऋचाएँ हैं जो ईश्वर

की एकता का उतनी ही निडरता से दावा करती हैं जैसा ओल्ड टेस्टामेंट या न्यू टेस्टामेन्ट, या कुरान का कोई अंश करता है। इस प्रकार एक कवि (ऋग्वेद एक. 164, 46) कहता है : 'जो एक है, ऋषिगण उसे कई नामों से पुकारते हैं—अग्नि, यम, मातरिस्वन।'

एक अन्य कवि कहता है : 'समझदार कवि अपने शब्दों के द्वारा उसे प्रकट करते हैं जिसके सुन्दर पंख हैं, कई प्रकार से वर्णित करते हैं।'

इसके अलावा हम एक ऐसे जीव के बारे में सुनते हैं जिसे हिरण्यगर्भ कहा गया है, जिसके बारे में कवि कहता है : 'प्रारम्भ में हिरण्यगर्भ उत्पन्न हुआ; वह इन सबमें से पहले उत्पन्न हुआ। उसने पृथ्वी को और इस आकाश को स्थापित किया। वह देवता कौन है जिसे हम हविष्य प्रदान करें?' कवि कहता है कि वह हिरण्यगर्भ ही सब देवताओं का देवता है (यः देवेषु अधिदेवः एकः आसीत)—यह दैव की एकता की ऐसी घोषणा है कि जो इतना शक्तिशाली है कि ओल्ड टेस्टामेंट का कोई भी अंश इससे ज्यादा शक्तिशाली नहीं हो सकता।

लेकिन ऐसे अंश संख्या में कुछ ही हैं और उनके बाजू में ऐसे हजारों हैं जिनमें कई दैवी तत्त्वों की प्रशस्ति की गई है और प्रार्थना की गई है। इनकी संख्या कभी-कभी 'तैंतीस' बताई गई है और एक कवि आकाश में 11 देवता, पृथ्वी पर 11 देवता और जल में 11 देवता होने की बात कहता है। जल से मतलब यहाँ वातावरण और बादलों के जल से है। इन देवताओं की पत्नियाँ भी बताई गई हैं, हालाँकि उनमें से कुछ ने ही सम्मान हासिल किया है।

इन तैंतीस देवताओं में सभी वैदिक देवता नहीं हैं क्योंकि अग्नि सोम, मरुत आश्विन, जल, उषा, सूर्य जैसे देवताओं का उल्लेख अलग से है। और ऐसे अंशों की कमी नहीं है जिनमें कवि प्रशस्ति करने से नहीं बच सके और कहते हैं कि देवताओं की संख्या सिर्फ 33 नहीं बल्कि तैंतीस हजार तीन सौ उनतालीस है।

इसलिए यदि ऋग्वेद के धर्म के लिए कोई नाम होगा तो पहली दृष्टि में बहुदेववाद ही सबसे उपयुक्त होगा। किन्तु, बहुदेववाद ने हमारे लिए ऐसा अर्थ ग्रहण कर लिया है जो वैदिक धर्म के लिए बिलकुल लागू नहीं हो सकता।

बहुदेववाद के बारे में हमारे विचार मुख्यतः ग्रीस और रोम से लिए गए हैं। हम उसके द्वारा देवताओं की कुछ न्यूनाधिक सुव्यवस्थित प्रणाली समझते हैं, जिसमें देवताओं की शक्ति और दर्जा अलग-अलग है और सभी एक सर्वोच्च देवता, जीउस या जुपिटर के अधीन हैं। वैदिक बहुदेववाद ग्रीक और रोमन बहुदेववाद से भिन्न है और मैं यह जोड़ना चाहूँगा कि इससे यूराल-अटलांटिक, पोलीनेसियन, अमेरिकन और अफ्रीका ज्यादातर प्रजातियों का बहुदेववाद भी वैसे ही भिन्न है जैसा कि ग्रामीण समुदायों का संघ एक राजतंत्र से भिन्न होता है। ग्रामीण-समुदाय के जीवन के प्रारम्भिक चरण के चिन्ह हैं जो बाद के गणतंत्रीय और राजतंत्रीय संविधानों

में मिले थे, और उसी प्रकार इस बात से ज्यादा स्पष्ट , खासकर ग्रीस में, यह नहीं हो सकता कि जो उस का राजतंत्र ग्रीस के कई महान देवताओं के गोत्राधिपत्य (septarchy) के पहले था। यही बात ट्यूटोनिक राष्ट्रों की माइथालॉजी अर्थात पुराणकथाओं के बारे में भी कही जा सकती है। किन्तु, वेदों में हर गोत्र जिन देवताओं को सर्वोच्च के रूप में पूजता था वे आज भी आजू-बाजू हैं। कोई भी पहला नहीं है और न सदैव अन्तिम है। यहाँ तक कि निर्णायक रूप से घटिया और सीमित चरित्र वाले देवता एक भक्त कवि की आँखों में कभी-कभी सभी अन्य देवताओं से सर्वोच्च स्थान पा लेते हैं, इसलिए सटीक तर्क के लिए एक नाम होना जरूरी था, जो बहुदेववाद से भिन्न हो, जो एक देवता की उपासना को रेखांकित करे, जिनमें से हर देवता एक समय सर्वोच्च स्थिति प्राप्त करे और मैं इसके लिए जो नाम प्रस्तावित करता हूँ वह है, केथेनोथीइज्म अर्थात एक देवता के बाद दूसरे की उपासना, या हीनोथीइज्म अर्थात एक देवता की उपासना। हीनोथीइज्म नाम ज्यादा स्वीकार किया गया है जो एक देवताओं की उपासना के बीच के विरोध को अधिक पक्के तौर पर प्रकट करता है। और यदि इसे सही ढंग से परिभाषित किया जाए तो यह अपने मकसद का भलीभाँति उत्तर देगा। तथापि इस प्रकार के अनुसंधानों में हम तकनीकी शब्दों से ज्यादा नहीं बच सकते। मैं जानता हूँ कि वे अपरिहार्य हैं किन्तु वे लगभग हमेशा भ्रमित करती हैं। उदाहरण के लिए, सिन्धु और उसकी सहायक नदियों को सम्बोधित करता हुआ एक सूक्त है, जिसका अनुवाद मैं आपको सुनाता हूँ, क्योंकि यह उस भौगोलिक दृश्य को तय करती है जिस पर वेदों के कवियों ने अपना जीवन बिताया था। भारतीय विद्वान इन नदियों को देवता कहते हैं और यूरोपीय भी इन्हें देवता और देवियाँ मानकर बात करते हैं। लेकिन सिन्धु और अन्य नदियों के बारे में कवियों के द्वारा प्रयुक्त भाषा में हम यह नहीं कह सकते। यदि वह इन नदियों को देवता और देवियाँ मानते थे, तो उसका अर्थ ग्रीकों के द्वारा कहे जाने वाले नदी देवों और नदी देवियों, निम्फ, नजेड्स या म्यूजेस से ज्यादा भिन्न था।

और इन नदियों पर जो लागू होता है, वह न्यूनाधिक रूप से वैदिक उपासना की वस्तुओं पर लागू होता है। वे सभी अभी भी उस बात के बीच में घूम रहे हैं जिसे इन्द्रियों के द्वारा देखा जाता है, जो कल्पना से पैदा किया जाता है और जो समझ से स्वयंसिद्ध मान लिया जाता है। वे कवियों की भिन्न समझों के अनुसार चीजें, व्यक्ति और कारण हैं और यदि हम उन्हें देवता या देवियाँ कहें तो हमें एक प्राचीन देशी धर्मशास्त्री की इस टीका पर ध्यान रखना चाहिए, जो हमें यह याद दिलाता है कि देवता से उसका मतलब उस चीज से ज्यादा नहीं है, जिसकी ऋचा में प्रशंसा की गई है, जबकि ऋषि का मतलब सूक्त के लेखक या विषय से ज्यादा नहीं है।

वेदों में बताए गए तथाकथित देवताओं को किसी अन्य प्रणाली के अनुसार मानना कठिन है। इसका सीधा-सा कारण यह है कि इन देवताओं की अवधारणाएँ और इन्हें सम्बोधित सूक्त स्वाभाविक रूप से एकाएक और बिना किसी पूर्व निर्धारित योजनाओं के साथ उभरे। हमारे उद्देश्य के लिए सबसे अच्छा तरीका यह है कि हम उस प्राचीन ब्राह्मण लेखक का अनुगमन करें जो सम्भवत: 400 ई.पू. में था। वह हमें अपने समय के पहले के वैदिक विद्यार्थियों के बारे में बताता है, जो सिर्फ तीन देवताओं को मानते थे, अग्नि, जिसका स्थान पृथ्वी पर है, वायु या इन्द्र जो तूफान का देवता है, जिसका स्थान वायु में है और सूर्य जिसका स्थान आकाश में है। वह कहता है कि इनकी महानता या उनके कामों की विविधता के कारण इन देवताओं का कई प्रकार से नामकरण किया जाता है। वैसे ही, जैसे एक पुरोहित विभिन्न यज्ञों में जो काम करता है उसके अनुसार पुरोहित को विविध नाम दे दिए जाते हैं।

वैदिक देवताओं के बारे में यह एक नजरिया है। हालाँकि यह बहुत संकुचित नजरिया है, लेकिन इससे इंकार नहीं किया जा सकता कि इसमें कुछ सत्यता है। वैदिक देवताओं का बहुत उपयोगी विभाजन किया जा सकता है और यास्क ने उन्हें धरती, आकाश और अन्तरिक्ष के देवताओं में विभाजित किया है। यदि प्राचीन हिन्दू धर्मशास्त्री केवल यही मानता था कि प्रकृति में दैवी शक्ति, शक्ति के तीन केन्द्रों में निहित है, एक आकाश में, एक वायु में और एक पृथ्वी में, तो उसे उसकी विद्वत्ता के लिए महान श्रेय दिया जाना चाहिए। किन्तु उसने खुद स्पष्ट रूप से यह जान लिया कि यह सामान्यीकरण सभी देवताओं के लिए पूरी तरह लागू नहीं होगा और वह यह कहता है, 'या, यह हो सकता है कि ये सभी देवता अलग-अलग हैं, क्योंकि उनकी जो प्रार्थनाएँ की गई हैं वे अलग-अलग हैं, और उनका नामकरण भी।' यह एकदम सही है। इनमें से ज्यादातर दैवी नामों का यही मकसद है कि वे प्रकृति की शक्ति की अभिव्यक्ति को अलग सत्ता दें और हालाँकि विज्ञ कवि या दार्शनिक यह सोच सकता है कि ये कई नाम सिर्फ नाम ही हैं, जबकि जिसका नाम रखा गया था वह एक और सिर्फ एक ही है। यह ज्यादातर वैदिक ऋषियों का खुद का निश्चित रूप से विचार नहीं था, उन लोगों का तो बिलकुल नहीं जो मेलों और उत्सवों में उनके गीत सुनते थे। यह धार्मिक चिन्तन के उस चरण की खास विशेषता है जो हमें वेदों में पढ़ना है। उसमें दिव्यता को कई रूपों में विचार किया गया और प्रस्तुत किया गया है। विभिन्न देवता कई काम आपस में बाँटकर करते हैं, अभी तक देवों के समूचे समूह को सुव्यवस्थित करने का कोई प्रयास नहीं हुआ है, जिसमें एक को दूसरे से एकदम अलग बताया जाए और अन्त में उन सभी को एक प्रमुख परमात्मा के अधीन किया जाए।

वैदिक देवताओं को स्वर्ग, वायु और धरती के देवताओं में बाँटना, जैसा कि

कुछ प्राचीनतम भारतीय धर्मशास्त्रियों ने किया है, हमें पृथ्वी से सम्बन्धित देवताओं से शुरू करना होगा।

उनका परीक्षण करने के पहले, हमें उपासना और प्रशंसा की एक सबसे प्राचीन वस्तु के बारे में विचार करना चाहिए जिसे धरती और स्वर्ग या स्वर्ग और धरती कहा जाता है और इन्हें दैवी जोड़ा माना जाता है। सिर्फ भारत में ही नहीं, बल्कि कई राष्ट्रों में, बर्बर और अर्द्ध बर्बर या सभ्य दोनों में हमें स्वर्ग और धरती प्राचीनतम चीजों के रूप में मिलते हैं। उनके बारे में प्राचीन कवि चिन्तन करते हैं और उन्हें एक स्वरूप देते हैं। प्राचीन दार्शनिकों ने इनके बारे में न्यूनाधिक रूप से स्पष्ट चिन्तन किया था। विस्मय की बात है कि यह ऐसा है, क्योंकि एक स्वतंत्र इकाई के रूप में धरती की और स्वर्ग की अवधारणा है। दोनों को साथ लेकर सम्पूर्ण ब्रह्मांड को समेटने वाला एक दैवी जोड़ा मानने की अवधारणा के लिए, आग, वर्षा, बिजली या सूर्य जैसी अन्य दैवी शक्तियों की अवधारणा की तुलना में उसे अमूर्त बनाने के लिए ज्यादा प्रयास की जरूरत है।

यह अभी भी वैसा ही है और चूँकि आकाश और पृथ्वी के बारे में जो विचार वेद में निहित हैं, उन्हें समझने में यह हमारी सहायता कर सकता है। यह हमें आर्यों और उन वास्तविक बर्बरों (बहुत महत्त्व की विषमता, हालाँकि मेरे मत में इसे स्पष्ट करना बहुत कठिन है) के बीच शक्तिशाली विषमता भी दिखा सकता है, इसलिए मैं आपको पहले एक पुस्तक से कुछ उद्धरण सुनाता हूँ—मेरे मित्र रेवरेंड विलियम व्याट गिल, जो मंगइया में अत्यन्त सफल मिशनरी रहे हैं। यह मंगइया द्वीप उन पोलीनिशिन द्वीपों में से एक है, जो हमारी पृथ्वी का एक-चौथाई कमरबन्द बनाते हैं, और सभी द्वीप एक ही भाषा बोलते हैं, एक ही धर्म तथा एक ही पुराख्यान और एक ही रीति-रिवाज मानते हैं। इस पुस्तक का नाम है 'मिथ्स एंड सांग्स फ्राम द साउथ पेसिफिक' और यह पुराख्यान और धर्म के विद्यार्थियों के लिए बहुत रुचिकर है।

मंगइया के स्थानीय निवासियों के द्वारा बताई गई कहानी इस प्रकार है :

आकाश ठोस नीले पत्थरों से बना है। एक समय वह धरती को करीब-करीब स्पर्श करता था; और टीव (जो 6 फुट ऊँचा होता है) के मजबूत चौड़े पत्तों पर और नाजुक देसी अरारोट (जिसका नाजुक तना तीन फुट से ज्यादा नहीं होता) ठहरा हुआ था,...धरती और आकाश के बीच की इस सँकरी जगह में इस संसार के निवासी दबे हुए थे। रू, जिसका सामान्य आवास अवैकी में या छाया में था, हमारे संसार में कुछ समय के लिए आया था। निवासियों के सँकरे, घटिया आवास पर दया खाकर उसने आकाश को कुछ ऊपर उठाने का खुद प्रयास किया। इस काम के लिए विभिन्न प्रकार के पेड़ों के कई मजबूत कुंज काटे और उन्हें द्वीप के केन्द्र रंगीमोतिया में, जो संसार का केन्द्र था, जमीन पर रोप दिया। इससे काफी

सुधार हुआ और मानव बिना किसी असुविधा के खड़े हो सके और चल सके। इसलिए रू को 'आकाश को थामने वाला' नाम दिया गया : जिसके कारण टेका (1794) गाता है :

> "हे रू आकाश को ऊँचा उठाओ
> और जगह साफ होने दो!"

एक दिन जब बूढ़ा आदमी अपने काम का सर्वेक्षण कर रहा था तो उसके नालायक बेटे माउई ने नफरत से उससे पूछा कि वह वहाँ क्या कर रहा है। रू ने जवाब दिया, "बच्चों को बात करने के लिए किसने कहा है? अपने काम से काम रखो नहीं तो मैं तुम्हें गायब कर दूँगा।"

"तो ऐसा कर दो," माउई ने कहा।

"रू अपनी बात का पक्का था और उसने माउई को पकड़ा, जो कद में छोटा था, और उसे बहुत ऊँचाई पर फेंक दिया। गिरते समय माउई ने चिड़िया का रूप धारण कर लिया, और हलके से जमीन को छुआ, उसे कोई नुकसान नहीं पहुँचा। माउई, अब बदला लेने के लिए एक क्षण में अपने प्राकृतिक रूप में आ गया, लेकिन उसका अनुपात दानवाकार हो गया। वह अपने पिता की ओर यह कहते दौड़ा :

> "रू, जो कई आकाशों को थामता है,
> तीसरा, जो सबसे ज्यादा ऊँचा है, गिरे!"

अपना सिर उस बूढ़े की टाँगों के बीच में डालकर उसने अपनी सारी ताकत लगाकर बेचारे रू को आकाश में बहुत ऊँचाई पर फेंका, इतना ऊँचा कि नीला आकाश कभी लौटकर नहीं आया। दुर्भाग्य से आकाश को थामने वाले रू का सिर और कंधे तारों के बीच फँस गए। उसने अपने को निकालने की बहुत कोशिश की लेकिन सब बेकार हुई। आउई आकाश को मौजूदा ऊँचाई तक उठाकर खुश हुआ लेकिन उसने पिता के शरीर और दोनों पैरों को आकाश और धरती के बीच अपमानजनक ढंग से लटकने दिया। इस प्रकार रू खत्म हो गया। उसका शरीर सड़ गया और उसकी हड्डियाँ समय-समय पर गिरती रहीं, और धरती पर टुकड़ों-टुकड़ों में बिखर गईं। रू की बिखरी हड्डियाँ मंगईया की घाटी और हर पहाड़ी पर समुद्र के तट तक बिखरी हुई हैं।"

स्थानीय निवासी जिसे 'रू की हड्डियाँ' कहते हैं वे प्यूमिस (pumice) पत्थर के टुकड़े हैं।

अब आइए, हम सबसे पहले यह विचार करें कि क्या यह कहानी, जो कुछ अन्तर के साथ पूरे पोलीनेसियन द्वीपों में कही जाती है, एकदम बकवास है, या कि

इसमें मूलतः कोई अर्थ था। मेरा विश्वास है कि बकवास हर जगह अर्थ की उपज होता है और दुर्भाग्य से सकई बच्चे उस बालक माउई के समान अपने को अपने पिताओं से ज्यादा समझदार समझते हैं और कभी-कभी उन्हें फेंकने में कामयाब होते हैं।

कई प्राचीन मिथकों की एक खासियत यह होती है कि वे घटनाओं का प्रतिनिधित्व करते हैं, जो हर रोज या हर साल होती हैं, जैसे कि वे कभी घटी थीं। दिन और रात के बीच में रोज की लड़ाई, ठंड और वसन्त के बीच की सालाना लड़ाई ऐतिहासिक घटनाओं की तरह बताई जाती हैं और कुदरत की इन अनवरत लड़ाइयों की कुछ घटनाएँ निश्चित रूप से उन लड़ाइयों में स्थानान्तरित की गईं या मिला दी गईं जो कभी हुई थीं, जैसे, ट्राय का युद्ध। जब युद्ध के संस्मरण याद न रहे, तो रात और दिन, ठंड और वसन्त के बीच के प्राचीन युद्धों की दंतकथाएँ तो थीं ही और जैसा कि आधुनिक जमाने में हम 'अच्छी कहानियाँ' सुनते हैं, जो हम बचपन से सुनते आ रहे हैं, जो किसी व्यक्ति के बारे में हमें उसी प्रकार बताई गई हैं जैसे कि प्राचीन काल में शक्ति, साहस या शैतानी का कोई भी काम मूलतः 'अँधेरी रात के पूर्वी विजेता' सूर्य के बारे में बताया जाता है, उस कहानी को ऐसे किसी स्थानीय नायक पर आरोपित कर दिया जाता है जो 'दूसरा जुपिटर, मार्स या हरक्यूलिस' प्रतीत हो सकता है।

इसलिए मुझे इसमें कम सन्देह है कि हर जगह मिलने वाले विवरण, मूलतः उस वार्षिक भारी वर्षा या बर्फ की स्मृतियाँ हैं, जिसने प्राचीन ग्रामीण चारण के इलाके के भीतर की छोटी-सी दुनिया को आप्लावित कर लिया था। आकाश और पृथ्वी को टुकड़े किया जाना भी मूलतः उस विवरण से ज्यादा नहीं है जो हर सुबह देखा जाता था। अँधेरी रात में ऐसा दिखता था कि आकाश ने धरती को ढक लिया है, दोनों एक दिखते थे और एक दूसरे से अलग नहीं दिखते थे। फिर भोर हुई, जिसने अपनी प्रखर किरणों से अँधेरी रात का आवरण किसी सीमा तक उठाया। फिर मनु प्रकट हुए जो कद में छोटे थे और बच्चा थे, अर्थात, प्रातः का सूर्य एकाएक उदित हुआ हो, जब क्षितिज के नीचे से उसकी पहली किरणें आकाश भर में फैलीं और फिर चिड़िया के समान धरती पर गिरीं और प्रातःकाल के आकाश में एक विशाल आकार में फैलीं। अब उषा दूर चली गई और सूर्य धरती के ऊपर चढ़ गया और माउई, यानी सूर्य, आकाश को उसकी मौजूदा ऊँचाई तक उठाकर खुश होकर चला गया।

मंगइया भाषा को हम जितना अभी जानते हैं उससे बहुत ज्यादा जाने बिना हम यह नहीं कह सकते कि प्यूमिस पत्थर को रू की हड्डियाँ कहा जाना चाहिए। बहुत सम्भव है कि यह स्वतंत्र कहावत हो और इसे बाद में रू और माउई की कहानी के साथ जोड़ दिया गया हो।

अब मुझे जज मैनिंग के द्वारा लिखी गई माओरी दन्तकथा के कम से कम कुछ अंशों को उद्धृत करना चाहिए :

'यह न्यूजीलैंड के निवासियों की उत्पत्ति के बारे में है :

'जो आकाश हमारे ऊपर है और जो धरती हमारे नीचे है वे मानव को जन्म देने वाली हैं और सभी चीजों का मूल हैं।

'पहले आकाश धरती पर लेटा हुआ था और सब तरफ अँधेरा था...

'और आकाश तथा धरती की सन्तानें प्रकाश और अन्धकार की बीच के और दिन तथा रात के बीच के फर्क को तलाशना चाहती थीं...

'इसलिए रंगी (आकाश) और पापा (धरती) के बेटों ने आपस में परामर्श किया और कहा : "आओ हम ऐसा तरीका तलाशें जिससे कि आकाश और धरती नष्ट हो जाएँ या फिर उन्हें एक दूसरे से अलग कर दें।"

'तब तुमातउएन्जा (युद्ध के देवता) ने कहा, "चलो दोनों को नष्ट कर दें।"

'तब ताने-महुता (वनदेवता) ने कहा, "ऐसा नहीं, उन्हें अलग कर दिया जाए। उनमें से एक को ऊपर की ओर जाने दें और हमारे लिए वह अजनबी हो जाए; और एक को नीचे ही रहने दो और वह हमारा पालक बन जाए।"

'तब चारों देवताओं ने आकाश और धरती को अलग करने की कोशिश की लेकिन वे कामयाब नहीं हुए, जबकि पाँचवाँ देवता, ताने, कामयाब हो गया।

'जब आकाश और धरती अलग-अलग हो गए, भारी बवण्डर आया, या जैसा कि कवि कहता है, उनका एक बेटा ताव्हिरी-मतिया, वायु देवता ने अपने भाइयों के द्वारा अपने माता पिता पर किए गए अत्याचार का बदला लेने का प्रयास किया। उसके बाद धूलभरे दिन आए, ठंड बरसाते आकाश आए और सूखे कड़कती आग आई। सभी देवता लड़ते हैं और अन्त में सिर्फ युद्ध का देवता तू बच रहता है जिसने बवण्डर को छोड़कर अपने सभी भाइयों को निगल लिया। और भी लड़ाई हुई, जिसमें धरती का ज्यादा हिस्सा पानी में डूब गया लेकिन एक छोटा हिस्सा सूख रहा। उसके बाद, प्रकाश बढ़ता ही रहा और जैसे-जैसे प्रकाश बढ़ा, वैसे-वैसे जो लोग आकाश और धरती के बीच छिपे थे, उनकी तादाद बढ़ी...और संसार में मृत्यु को लाने वाले माउई-पाटिकी के समय तक पीढ़ी दर पीढ़ी बढ़ती गई।

'अब बेचारा आकाश अपनी पत्नी पृथ्वी से दूर हो गया, किन्तु पत्नी आज भी अपने बिछड़े हुए पति आकाश के वियोग में हमेशा आहें भरती रहती है। ये धुन्ध हैं जो पर्वत शिखरों से ऊपर की ओर उड़ते हैं और आकाश के आँसू उसकी प्रेयसी के लिए बहते रहते हैं और उसके ये आँसू ही ओस कणों के रूप में धरती पर दीखते हैं।

यह है माओरी लोगों की आनुवंशिकी की गाथा।

आइए, अब हम फिर से वेदों की ओर लौट चलें और इन अनगढ़ गाथाओं की तुलना प्राचीन ऋषियों की भाषा के साथ करने की कोशिश करें। ऋग्वेद के

सूक्तों में भी पृथ्वी और आकाश को अलग-अलग करने का कई बार उल्लेख हुआ है। यहाँ भी यह बताया गया है कि यह काम कई बड़े-बड़े देवताओं का है। एक. 67, 3 इसे अग्नि कहा गया है जो इस पृथ्वी को धारण किए हुए है और अग्नि आकाश को भी ऊपर उठाए हुए है। दस. 89, 15 में कहा गया है यह इन्द्र है जो उन्हें दूर रखे हुए है, और नौ. 101, 15 यह काम सोम का बताया गया है और तीन. 31, 12 में कहा गया है कि अन्य देवताओं ने यह किया है।

ऐतरेय ब्राह्मण में लिखा है कि—'पृथ्वी और आकाश पहले मिले हुए थे। बाद में कुछ समय तक ये दोनों एक-दूसरे से बहुत दूर हो गए। उन दिनों न तो धरती पर वर्षा हुई और न सूर्य चमका। पृथ्वी के पाँचों कबीले एक-दूसरे से सहमत नहीं हुए। वे मिलकर कोई काम भी कभी नहीं करते थे। तब देवगण इन दोनों (पृथ्वी और आकाश) को पास-पास ले आए। जब ये दोनों साथ आ गए तो उन्होंने इन देवताओं का विवाह सम्पन्न किया।'

ऐतरेय ब्राह्मण की एक गाथा में भी हमें वही बात मिलती है कि शुरू में पृथ्वी और आकाश एक-दूसरे से जुड़े हुए थे, किन्तु बाद में जब उन्हें एक-दूसरे से अलग किया गया तो प्रकृति में भयंकर संघर्ष होने लगा। न तो वर्षा ही होती थी, न धूप चमकती थी, अन्त में धरती और आकाश में समझौता हो गया और उन दोनों का महान विवाह सम्पन्न हुआ।

इस प्रसंग में यूनानी और रोमन साहित्य से परिचित लोगों को यह याद दिलाने की कोई जरूरत नहीं है कि यूनान और इटली के आख्यानों में भी धरती और आकाश के ऐसे ही विवाह के अनेक प्रसंग मिलते हैं। वहाँ के ऐसे प्रसंगों में एक विशेष बात यह दिखाई देती है कि वहाँ हर साल शीत ऋतु में उनमें मतभेद होता है और वसन्त ऋतु में उनके बीच समझौता होता है। लेकिन दोनों का आकाशीय अलगाव हमेशा प्रकाश की कमी और रात में पहचान करना असम्भव होने की ओर इंगित करता है और जैसे-जैसे सूर्योदय होता है वैसे-वैसे क्रमशः नीला आसमान दिखने लगता है।

होमर के काव्य में भी पृथ्वी को देवताओं की माता तथा आकाश की दिव्य पत्नी बताया गया है। और आकाश या ईथर को वहाँ प्रायः पिता के नाम से सम्बोधित किया गया है। पृथ्वी और आकाश के विवाह के वर्णन भी कई जगह मिलते हैं।

यूरेपीडेस लिखता है—

ईथर (आकाश) की पत्नी यह धरती सब प्रकार से समर्थ है।

वह (ईश्वर या आकाश) ही सब मानवों और देवगणों का उत्पादक है।

यह धरती वर्षा की बूँदों और ओसकणों से तर होकर सब प्राणियों को अपने गर्भ में धारण करती है।

यह धरती ही सब प्रकार के अन्न आदि खाद्य पदार्थ तथा समग्र मानव जाति

एवं जीव-जन्तुओं आदि को भी उत्पन्न करती है। इसीलिए इस पृथ्वी को सबकी माता या धरती माता ठीक ही कहा जाता है।

यहाँ अभी भी एक विशेष ध्यान देने योग्य बात यह है कि 'यूरेपीडेस' को यह सिद्धान्त अपने गुरु एनाक्सेगोरस नामक दार्शनिक से ज्ञात हुआ था। क्योंकि हालीकारनेसपस का डायनीसियस हमें बताता है कि यूरेपीडेस अकसर एनाक्सोगोरस के व्याख्यान सुनने जाता था। अब यह उसी दार्शनिक का विचार था कि सबमें सभी कुछ समाया हुआ था लेकिन सब बाद में अलग-अलग हो गए। आगे चलकर यूरेपीडेस सुकरात के विचारों से जुड़ गया और उसे अपने इस अद्वैत सिद्धान्त में शंका होने लगी। तदनुसार वह दूसरे के यानि मेलानीपे के मुँह से प्राचीन सिद्धान्त का प्रतिपादन करता है। मेलानीपे कहता है—

'यह रहस्य या तत्त्व कोई मेरा अपना नहीं है, बल्कि यह मुझे अपनी माता से प्राप्त हुआ है कि आरम्भ में पृथ्वी और आकाश एक थे। बाद में जब वे एक-दूसरे से अलग हो गए, तभी सृष्टि का चक्र चला और सम्पूर्ण जीव और पदार्थ प्रकट होने लगे, पेड़, पक्षी, जानवर और मछलियाँ, जिन्हें समुद्र पालता है, और अन्य सभी प्रकार के प्राणी।

अब हम यह देखें कि वेदों के कवियों ने किस प्रकार पृथ्वी और आकाश को सम्बोधित किया है।

सामान्यत: वेदों में पृथ्वी और आकाश की चर्चा संयुक्त रूप से होती है, जैसे वस्तुएँ तो दो हैं लेकिन अवधारणा एक है। किन्तु हमें ऐसे भी मंत्र मिलते हैं जिनमें धरती माता खुद को सम्बोधित करती हुई कहती है कि वह बिना किसी कंटकों के दयालु है और सभी को आश्रय देती है। इसके विपरीत ऐसी ऋचाएँ भी मिलती हैं जिनमें द्यौ: (आकाश) को ही सर्वोच्च देवता बताया गया है। जिन मंत्रों में दोनों का एक साथ उल्लेख हुआ है वहाँ उन्हें 'द्यवापृथिव्यौ' यानी आकाश और पृथ्वी कहा गया है।

यदि हम उनके नामों पर विचार करें तो हमें मालूम होगा कि इन नामों से आकाश और पृथ्वी की भौतिक विशेषताएँ स्पष्टत: प्रकट होती हैं। इस प्रकार इन्हें उरु, व्यापक, 'उरुव्याकाश' (खूब विस्तृत), दूरे-अन्ते (जिसका ओर-छोर बहुत दूर है), गभीरा (गहरा), घृतावत (घी देने वाली), मधुदुग्ध (शहद देने वाली), पयस्वत (दूध से परिपूर्ण) और भूरिरेतस् (सब प्रकार के बीजों से परिपूर्ण) कहा गया है। द्यौ: या आकाश के लिए भी इन्हीं विशेषणों का उपयोग किया गया है।

ऐसे भी विशेषण मिलते हैं, जिनमें इन दोनों को कुछ खास मानव-गुणों से और मानवेतर गुणों से विभूषित किया गया है, जैसे कि—असशक्त (कभी न थकनेवाले), अजर (कभी जीर्ण या नष्ट न होने वाले), अद्रुह (किसी से द्रोह न करने वाले), प्रचेता (सर्वज्ञ) कहा गया है और कहीं उन्हें पिता-माता भी कहा गया है। उन्हें

देवपुत्र तथा ऋतवृद्ध और ऋतवत् (ऋत अर्थात प्रकृति की रक्षा करने वाले) भी कहा गया है।

यहाँ आप वेदों में एक बहुत ही रोचक बात यह देखेंगे कि किस प्रकार ये क्रमशः भौतिकता से आध्यात्मिकता की ओर, विषयात्मकता से अतिविषयात्मकता की ओर, मानवता से अतिमानवता की ओर और दिव्यता की ओर अग्रसर हो रहे हैं। यह भी कई जगह उल्लेख हुआ है। पृथ्वी और अन्तरिक्ष को देखा गया और हमारी कल्पना के अनुसार उन्हें सिर्फ द्रष्टव्य तथा परिमित पदार्थ माना गया। किन्तु भारत के प्राचीन ऋषि अपने प्रति अधिक ईमानदार थे। वे पृथ्वी और आकाश को देख तो सकते थे, किन्तु उन्हें उनका सम्पूर्ण रूप कभी मालूम नहीं हो सका।

उन्होंने अनुभव किया कि ये पृथ्वी और आकाश जितने प्रत्यक्ष दिखाई देते हैं, वस्तुतः ये दोनों उससे कहीं अधिक परे हैं। इसीलिए उन्होंने उन्हें उस रूप में नहीं देखा जिस रूप में उन्होंने किसी पत्थर, पहाड़, वृक्ष, गाय-बैल या कुत्ते आदि को देखा, बल्कि उन्होंने इन्हें अनंत के रूप में देखा जो पूरी तरह से दृश्य या जानने योग्य होने पर भी उनके लिए अत्यन्त महत्त्वपूर्ण तथा उपयोगी है, शक्तिशाली है और आशीर्वाद देने के लिए शक्तिशाली है लेकिन हानि पहुँचाने की भी शक्ति रखता है। पृथ्वी और आकाश के मध्य जो भी कुछ था, वह सब उन्हीं की सम्पत्ति, उनकी दुनिया और उनका राज्य प्रतीत होता था। सभी पर उनका अधिकार था और सभी को उन्होंने समेट रखा था और ऐसा लगता था कि उन्होंने ही सभी को पैदा किया था। देवगण या प्रकाशमान् तत्त्व, सूर्य, उषा, अग्नि, वायु तथा वर्षा आदि सब-कुछ उन्हीं के थे और इसलिए आकाश और पृथ्वी सार्वभौम पिता और माता मान लिए गए।

तब हम एकदम से पूछते हैं : "क्या ये आकाश और पृथ्वी देवता कभी थे भी?" किस अर्थ में देवता थे? क्या ये हमारे अर्थ में देवता थे? अंग्रेजी का गॉड तो एक ऐसा शब्द है जिसका बहुवचन बनता ही नहीं। तो क्या हमें ग्रीक भाषा के देववाचक शब्द पर भी विचार करना होगा? नहीं, कदापि नहीं, क्योंकि ग्रीक जिसे गॉड कहते थे वह वेदों या भारत से एकदम स्वतंत्र बौद्धिक विकास का परिणाम था। हमें यह कभी नहीं भूलना चाहिए कि प्राचीन वैदिक साहित्य में जिन्हें हम देवता कहते हैं वे मूर्त, जीवित या व्यक्तिविशेष नहीं हैं, जिनके साथ 'यह' या 'वह' विशेषण लगाया जा सके। अंग्रेजी के जिस गॉड शब्द को हम देव के रूप में अनूदित करते हैं वह ऐसा विशेषण नहीं है जो आकाश और पृथ्वी, सूर्य और तारों और उषा और समुद्र के लिए प्रयुक्त हो सकता है, जो सभी द्युतिमान हैं। इसे ऐसा भी कहा जा सकता है कि गॉड का विचार एकाएक उत्पन्न नहीं हुआ। इसे शुद्ध भावात्मक रूप में पृथ्वी, आकाश तथा ऐसे ही दूसरे पदार्थों के लिए प्रयुक्त नहीं किया जा सकता बल्कि धरती, आकाश आदि से अलग लेकिन उन सबसे व्याप्त होते हुए भी,

उनके समान किसी विशेष तत्त्व के लिए, भ्रमात्मक रूप में ही सही पर सफलता से प्रयुक्त किया जाने लगा।

लेकिन ऐसा भी नहीं मानना चाहिए कि आकाश और पृथ्वी को एक बार दैवी माता-पिता तथा नियमादि के संरक्षक का और अविनाशी या अमर होने का दर्जा प्रदान करने के बाद आकाश और पृथ्वी लोगों की धार्मिक चेतना में स्थायी रूप से बस गए। बात इसके विपरीत है। जब अन्य देवताओं के प्रति विचार और ज्यादा सक्रिय हुए तो ज्यादा विशिष्ट व्यक्तिगत देवताओं की कल्पना का विस्तार हुआ। वैदिक ऋषियों ने बिना किसी हिचकिचाहट के पूछा: तब फिर किसने आकाश और पृथ्वी की रचना की है? अब आकाश और पृथ्वी को पहले की कल्पना के अनुसार नहीं बल्कि अब उन्हें हर दिन प्रकृति या ब्रह्मांड के अंश के रूप में देखा जाने लगा।

इस प्रकार एक ऋषि कहता है : "इसमें सन्देह नहीं कि वह देवताओं में अत्यन्त कुशल शिल्पी था जिसने आकाश और पृथ्वी जैसी दो द्युतिमान चीजों की रचना की। यही सभी वस्तुओं को आभा प्रदान कर रहा है। उसने अपनी बुद्धि से आकाश और पृथ्वी के ओर-छोर को पा लिया है और उन्हें स्थायी आधारों पर स्थापित कर दिया है।"

आगे कहा गया है : "वह एक अच्छा शिल्पी था जिसने आकाश और पृथ्वी की रचना की। वह ऐसा बुद्धिमान है जिसने अपनी शक्ति से इन दोनों को अर्थात आकाश और पृथ्वी को निकट लाकर विशाल, गहन और सुनिर्मित रूप से बिना आधार वाले अन्तरिक्ष में स्थापित कर दिया है।"

बहुत जल्दी ही आकाश और पृथ्वी की रचना के महान कार्य का श्रेय सबसे शक्तिशाली देवता इन्द्र को दे दिया गया, जैसा कि अन्य विराट कार्यों में किया गया है। हम पहले यह पढ़ते हैं कि इन्द्र ने, जो मूलतः वर्षा के देवता जुपिटर प्लुवियस के समान था, चमड़े के समान खींचकर आकाश और पृथ्वी की रचना कर डाली। उसने उन्हें अपने हाथों पर थाम रखा है। उसने आकाश और पृथ्वी को सम्हाले है और वह अपने आराधकों को आकाश और पृथ्वी प्रदान करता है और जब, ऋषि को स्मरण आता है कि आकाश और पृथ्वी की प्रशंसा देवताओं के माता-पिता के रूप में की गई है, खासकर इन्द्र के माता-पिता की रूप में की गई है तो वह एक क्षण के लिए भी नहीं हिचकता और कहता है : "क्या हमसे पहले का कोई भी कवि आपकी महानता की सीमा तक पहुँचा है? क्योंकि आपने स्वयं अपनी देह से ही अपने पिता और माता को उत्पन्न किया है!"

यह एक बड़ा कदम है, और जो देव ऐसा कर सका है, वह निस्सन्देह बाद में कुछ करने में सक्षम था। यह विचार कि इन्द्र आकाश और पृथ्वी से भी महान है, कम तीव्रता से एक अन्य ऋषि के द्वारा अभिव्यक्त किया गया है। वह कहता है कि

इन्द्र आकाश और पृथ्वी से भी महान है और आकाश और पृथ्वी मिलकर भी इन्द्र का सिर्फ अर्द्धांश हैं।

आगे कहा गया है :

"दिव्य द्यौ: इन्द्र के समक्ष नतमस्तक है, इन्द्र के समक्ष पृथ्वी अपनी विशालता के साथ नतमस्तक है। आपके प्रकाश के प्रादुर्भाव से द्यौ: काँप उठा है और आपके रोष के भय से पृथ्वी काँप रही है।"

इस प्रकार, एक दृष्टिकोण से, आकाश और पृथ्वी सबसे महान देवता थे, वे हर वस्तु के सर्जक थे और इसलिए इन्द्र और अन्य देवताओं के भी सर्जक थे।

किन्तु दूसरे दृष्टिकोण से प्रत्येक देवता जो कभी न कभी सर्वोच्च माना जाता था, उसने अनिवार्यत: आकाश और पृथ्वी का निर्माण किया होगा, वह सभी बातों में आकाश और पृथ्वी से महान होगा और इस प्रकार बेटा पिता से ज्यादा महान हो गया, बड़ा ही क्यों, अपने पिता का पिता बन गया। इन्द्र ही एक ऐसा देवता नहीं था जिसने आकाश और पृथ्वी का सृजन किया। एक सूक्त में इस सृजन का श्रेय सोम और पूषन को दिया गया है जो किसी भी माने में बहुत प्रमुख देव नहीं हैं। एक अन्य सूक्त में हिरण्यगर्भ को सृष्टा बताया गया है और एक और अन्य सूक्त में ऐसे देवता को श्रेय दिया गया है जिसे धात्री अर्थात सृष्टा या विश्वकर्मा अर्थात सभी वस्तुओं का निर्माण करने वाला कहा गया है। अन्य देवता, जैसे मित्र और सावित्री, जो सूर्य के ही नाम हैं, की प्रशंसा आकाश और पृथ्वी के धारक के रूप में की गई है और कभी-कभी यही कार्य पुराने देवता वरुण के द्वारा भी सम्पन्न किया गया है।

इस सब चर्चा में मैं आपको यह बताना चाहता हूँ कि किस प्रकार उन्मुक्त स्वतंत्रता से इन तथाकथित देवों के बारे में बताया गया है और कितनी स्वाभाविकता और सहजता के साथ अब इस गड़बड़झाले में से कभी किसी को तो कभी दूसरे को सर्वोच्च पद पर प्रतिष्ठित कर दिया गया है। प्राचीन वैदिक धर्म की यह विशेषता ग्रीकों और यहूदी धर्मों के बहुदेववाद और एकेश्वरवाद से पूरी तरह भिन्न है। यदि वेदों ने हमें सिर्फ इस एक देवता की उपासना वाले चरण की शिक्षा दी होती, जो ग्रीस, रोम और सर्वत्र व्याप्त बहुदेववाद के ज्यादा संगठित चरण के पहले हर जगह आया होगा, तो वेदों का अध्ययन बेकार नहीं जाता।

यह सत्य हो सकता है कि वेद की कविताएँ हमारे दृष्टिकोण से न तो सुन्दर हैं और न बहुत गूढ़ हैं, लेकिन वे उपदेशात्मक तो हैं। जब हम देखते हैं कि आकाश और पृथ्वी के दो विराट तत्त्व वैदिक धर्म की पृष्ठभूमि में देखते हैं और कुछ समय के लिए अपना प्रभाव डालते हैं, और युवा और ज्यादा सक्रिय देवों के सामने लुप्त हो जाते हैं तो हम यह सीखते हैं जो सीखे जाने योग्य है और जो हम अन्यत्र कहीं नहीं सीख सकते कि देव किस प्रकार बनाए और खत्म किए गए—और किस प्रकार अनन्त के कई नाम दिए गए ताकि वे लोगों के मस्तिष्क के निकट आ सकें, ताकि

उन्हें उस समय समझा जा सके। जब एक के बाद एक नाम किसी काम के न रहे तो महसूस किया गया कि एक नामविहीन देव मानव हृदय की बेचैन आतुरता का श्रेष्ठ तरीके से समाधान करे।

अब मैं आपके लिए उस सूक्त का अनुवाद करूँगा जिसके बारे में मैं बता चुका हूँ कि वह नदियों को सम्बोधित है। यदि नदियों को भी देवता माना जाता है तो वे पृथ्वी सम्बन्धी देवताओं में गिनी जाएँगी। लेकिन मैंने इस सूक्त को ही क्यों चुना, उसका कारण यह है कि यह देवत्ववाद के विकास की प्रतिक्रिया पर प्रकाश तो डालता है पर उससे ज्यादा इसलिए कि इससे हम यूरोपीय लोगों के मन में प्राचीन वैदिक ऋषियों और उनके चारों ओर विद्यमान प्राकृतिक वातावरण आदि के बारे में जो अस्पष्ट अवधारणाएँ हैं उनका कुछ निराकरण हो सके। जैसा कि हम देखेंगे कि इस सूक्त में जिन नदियों की स्तुति की गई है वे पंजाब की वास्तविक नदियाँ हैं और सूक्त में जितना विशाल भौगोलिक क्षितिज दर्शाया गया है वह किसी ग्रामीण कवि के वर्णन से कहीं ज्यादा है—

1. हे नदियाँ, कवि को विवस्वत प्रदेश में तुम्हारी अपार महिमा का गान करने दो कि इस प्रदेश में तीन नदी प्रणालियाँ हैं और उनमें से हरेक में सात-सात नदियाँ हैं, किन्तु सिन्धु नदी अपनी शक्ति के द्वारा सभी प्रवहमान नदियों में सबसे बढ़-चढ़कर है।
2. जब तुम अपने प्रवाह के लिए चल पड़ती हो तो वरुण तुम्हारे लिए मार्ग बनाता चलता है। जब तुम सभी प्रवहमान नदियों के समूह की अगुआई करती हो तो तुम धरती के दुर्गम पर्वतों से राह बनाती चलती हो।
3. उसके प्रवाह की ध्वनि पृथ्वी से ऊपर आकाश तक पहुँचती है। वह अपनी असीम शक्ति को वैभवपूर्ण ढंग से प्रदर्शित करती है। जब सिन्धु का प्रवाह एक साँड़ के समान गर्जना करता है तो वह ऐसी ध्वनि पैदा करती हैं जैसे बादल गर्जना के साथ फुहारें छोड़ रहा हो।
4. हे सिन्धु, अन्य नदियाँ तुम्हारे पास ऐसे आती हैं जैसे गायें अपने बछड़ों को दूध पिलाने के लिए दौड़ी आती हैं। जब तुम नीचे की ओर बहने वाली नदियों के पास पहुँचती हो तो तुम अपने दोनों बाजुओं का नेतृत्व करती हुई ऐसे प्रवाहित होती हो जैसे कोई राजा अपनी सेनाओं को लेकर चलता है।
5. हे गंगा, यमुना, सरस्वती, शुतुद्रि, परुष्णी मेरी स्तुति स्वीकार करो। हे मरुद्वरीधा अस्किनी के साथ और हे अर्गिकीया सुशोमा के साथ, मेरी स्तुति सुनो।
6. तुम त्रिस्तमा, ससर्तु, कुभा, गोमती, मेहत्नू तथा क्रमु आदि अपने दाएँ बहने वाली नदियों को साथ कर अपनी यात्रा पर निकल रही हो।

7. यह सिन्धु अपनी जगमग शानदार जलप्रवाहों को इस विशाल भू भाग में इतनी तीव्रता से प्रवाहित होती चलती है, जैसे कोई सुन्दर घोड़ी जा रही हो।
8. अश्वों, रथों, वस्त्रों, स्वर्णाभरणों, ऊन, पुआल से सम्पन्न सिन्धु नदी बहुत सुन्दर और युवा है और सुगन्धित पुष्पों से आवृत्त है।
9. सिन्धु नदी ने अपने रथ में अश्वों को जोत लिया है। वह अपनी इस दौड़ में हमारे लिए पुरस्कार जीतकर लाये। उसके रथ की महानता के बारे में सच ही कहा गया है कि वह अबाध है और उसकी खुद की महिमा है और वह अत्यन्त शक्तिशाली है।

यह सूक्त हमारे मान से शायद बहुत कवित्वमय न लगे लेकिन यदि आप इसकी रचना करने वाले कवि के विचारों को महसूस करने की कोशिश करें तो आप समझ पाएँगे कि इसमें साहसपूर्ण और शक्तिशाली अवधारणाएँ हैं। आप टेम्स नदी के तट पर बसे अपने गाँवों में रहने वाले आधुनिक किसान को ले लें और उनमें से यदि कोई यह सोचे कि यह टेम्स नदी ऐसे बह रही है जो इंग्लैंड की बहुत-सी नदियों का नेतृत्व करने वाला कोई सेनानायक हो और उन्हें अपने साथ किसी दौड़ के मैदान या युद्ध की ओर लिए चल रहा हो, तो क्या आप उसकी प्रशंसा किए बिना रह सकेंगे और यह नहीं सोचेंगे कि यह व्यक्ति वास्तव में उल्लेखनीय है। आज से तीन हजार साल पहले के भारत के उस विशाल क्षेत्र में यात्रा करना कितना कठिन रहा होगा जिसके बारे में हमारे ऋषि की कविता कहती है। वह एक बार में तीन महान नदी-प्रणालियों के बारे में बात करता है और उन्हें नदियों की ऐसी तीन सेनाएँ कहता है जो उत्तर पश्चिम से सिन्धु को बहती हैं। फिर वह उन नदियों की बात करता है जो उत्तर-पूर्व से सिन्धु में आकर मिलती हैं और फिर दूर स्थित गंगा और यमुना की उनकी सहायक नदियों के साथ बात करता है। यदि आप नक्शा देखें तो आप पाएँगे कि किस प्रकार ये तीन सेनाओं के बारे में बताया गया है। हमारे ऋषि के पास कोई नक्शा नहीं था और उसके पास ऊँचे पर्वतों और तीव्र नेत्रों के अलावा इस त्रिकोणमितीय सर्वेक्षण के लिए कुछ नहीं था। अब मुझे उसे सच्चा कवि कहने का पूरा अधिकार है जिसने पहली बार नदियों की इन तीन सेनाओं को अग्रसर होते देखा।

इस सूक्त -यदि हम इसे एक सूक्त ही मान लें—की एक अन्य विशेषता यह है कि इन सभी छोटी और बड़ी नदियों के अपने व्यक्तिवाचक नाम हैं। इससे पता चलता है कि तब भारतीय सभ्य जीवन पर्याप्त उन्नत था और यह सिद्ध होता है कि उत्तर भारत में बसे निवासियों में कितनी एकरूपता स्थापित हो चुकी थी, जिसे फ्रांसीसी भाषा में एकात्मता कहा जाता है। देखा गया है कि नदियों के तटों पर बसने वाले ज्यादातर कबीले उन नदियों को सिर्फ 'नदी' के नाम से सम्बोधित करते हैं।

यह जरूर है कि नदी के कई नाम होते हैं जो विशेषण के रूप में या गुणवाचक होते हैं, जैसे स्रवन्ती, उर्वरा, घोषवती। इसके अलावा नदियों के नाम कुछ काव्यात्मक उपमा के साथ भी होते हैं, जैसे—बाण, अश्व, गाय, पिता, माता, प्रहरी, पर्वतजन्या। नदियों के प्रवाह के विभिन्न हिस्सों के कई नाम भी होते हैं। लम्बे यात्रा पथ वाली किसी विशेष नदी को आरम्भ से अन्त तक किसी एक ही नाम से सम्बोधित कर पाना तभी सम्भव है जब विभिन्न बस्तियों की बीच आवागमन ज्यादा विकसित हो जाए, लोग यह अनुभव करने लगें कि अब उस प्रदेश की नदियों का नामकरण किया जाना चाहिए। निश्चित ही ऋग्वेद के सूक्तों की रचना से पहले ही भारत में इन नदियों के नामकरण की प्रक्रिया पूरी हो चुकी थी।

अब हमें एक अन्य तथ्य पर विचार करना है जो मेरे विचार से बहुत उल्लेखनीय है। लगभग एक हजार ईस्वी पूर्व एक ही कवि हमें भारत की नदियों के कई नाम बताता है। इसके बाद हमें सिकन्दर के आक्रमण तक के काल में भरत के बारे में कहीं कुछ सुनने या जानने को नहीं मिलता। फिर हम सिकन्दर के साथियों के द्वारा, जो भारत के लिए अजनबी थे, एक अजनबी भाषा और अजनबी लिपि में भारतीय नदियों के जो नाम बताए गए हैं, हम बिना किसी विशेष कठिनाई के लगभग सभी प्राचीन वैदिक नामों के रूप में उनकी पहचान कर लेते हैं।

इस दृष्टि से भारत के नगरों के नामों की अपेक्षा नदियों के नामों का कहीं अधिक महत्त्व है। आज जिसे हम दिल्ली या देहली कहते हैं उसे प्राचीनकाल में इन्द्रप्रथ कहा जाता था और बाद में शाहजहानाबाद कहा गया। अवध अयोध्या है, किन्तु साकेत का पुराना नाम भुला दिया गया है। पाटलिपुत्र नगर को, जिसे ग्रीक पलीमबोथ्र के नाम से जानते थे, अब पटना कहा जाता है।

अब मैं आपसे कहना चाहता हूँ कि वैदिक नदियों के नामों के इस स्थायित्व को देखकर मैं इतना आश्चर्यचकित हूँ कि अकसर अपने मन में सोचा कि यह हो नहीं सकता और इसमें कुछ गलती होनी चाहिए। सिन्धु और गंगा के नाम वही होने पर मुझे इतना आश्चर्य नहीं है। सिन्धु के बारे में प्राचीनकाल के व्यापारियों को पता था, चाहे वे समुद्र से व्यापार करते रहे हों या भूमि से। स्काइलेक्स ने पैक्टियस (अर्थात पश्तुश, जैसा कि अफगान अभी भी खुद को कहते हैं) से सिन्धु के मुहाने तक यात्रा की थी। यह डेरियस हिस्टेप्सस (521-486 ई.पू.) के समय की बात है। उसके पहले भी इंडिया और इंडियन्स को लोग जानते थे। इंडिया नाम सिन्धु से आया जो उनकी सरहद की नदी थी। भारत के पड़ोस के कबीले जो ईरानी भाषा बोलते थे, फारसी के समान स को ह बोलते थे। इस प्रकार सिन्धु हिन्दु बन गया और जब प्राचीनकाल में ह लुप्त हो गया तो हिन्धु इन्दु बन गया। जब ग्रीक लोगों ने फारसी लोगों से पहली बार इंडिया के बारे में सुना तो वे नदी को इन्डोस और लोगों को इन्डोई कहने लगे।

सम्भवत: सिन्धु का अर्थ मूल रूप में विभाजक, प्रहरी और रक्षक रहा होगा। यह शब्द पहले पुल्लिंग रहा होगा और बाद में यह स्त्रीलिंग होने लगा। जो नदी अपने प्रदेश के शान्तिप्रिय निवासियों को शत्रु कबीलों और वन्य पशुओं के आक्रमण से सुरक्षित रखती हो उस विशाल नदी के लिए इससे अधिक उपयुक्त नाम और क्या हो सकता था। भारत में आर्यों की प्राचीन बसाहटों का सामान्य नाम था 'सात नदियाँ' 'सप्त सैंधव'। लेकिन सिन्धु शब्द का उपयोग सामान्यत: नदी के लिए किया जाता था, लेकिन भारत के समग्र इतिहास में उसकी शक्तिशाली रक्षक नदी का नाम सिन्धु ही मिलता है।

ऋग्वेद के कुछ अंशों में यह इंगित किया गया है कि सिन्धु का बेहतर अनुवाद 'समुद्र' हो सकता है। यदि सिन्धु शब्द का अर्थ समुद्र ही हो तो इसका समाधान देश की भौगोलिक स्थिति से पूरी तरह स्पष्ट हो जाता है। कहीं तो सिन्धु का पाट इतना सँकरा है कि उसे तैरकर भी पार किया जा सकता है और कुछ ऐसे भी स्थान हैं जहाँ उसका पाट ऐसा हो जाता है कि आँख यह नहीं बता सकती कि जल के इस असीम विस्तार को नदी कहा जाए या समुद्र। जैसा कि हर नाविक जानता है, नदी और समुद्र एकाकार हो जाते हैं और स्वाभाविकत: सिन्धु नदी सिन्धु या समुद्र बन जाती है।

लेकिन सिन्धु और गंगा दोनों महान नदियों के अलावा, कुछ छोटी नदियाँ भी हैं और उनके नामों से कई नाम सिकन्दर के साथियों के द्वारा सुरक्षित नामों से मेल खाते हैं। यमुना को टोलमी Διάμουνα के रूप में, प्लिनी जोमानेस के रूप में और एरियन जोबारस के रूप में जानते थे।

शुतुद्री, जिसे इसे बाद में शतद्रु कहा गया, का अर्थ है 'सैकड़ों धाराओं में बहने वाली'। इसे टोलमी Ζαδάρδης या Ζάραδος के रूप में जानता था। प्लिनी इसे साइड्रस कहता है, और मेगास्थनीय भी इससे Ζαδάρδης के रूप में परिचित था। वेदों में यह विपाशा के साथ पंजाब की सरहद बनाती थी और हमें जानकारी मिलती है कि उस समय भयंकर युद्ध हुए थे, जो उसी स्थान पर हुए थे जहाँ 1846 में सर ह्यू गफ और सर हेनरी हार्डिंज के द्वारा सतलज का युद्ध लड़ा गया था। सम्भवत: सतलज की उत्तर-पश्चिमी सहायक नदी विपाशा पर ही सिकन्दर की सेनाएँ लौट गई थीं। तब इस नदी को हाईफासिस कहा जाता था। प्लिनी इसे हाउपसिस कहता है, जो वैदिक विपाश के काफी समकक्ष है, जिसका मतलब होता है 'बन्धनहीन'। इसका आधुनिक नाम बियास या बेजाह है।

पश्चिम में दूसरी नदी है वैदिक की परुष्णी, जो इरावती के नाम से ज्यादा जानी जाती थी, जिसे स्ट्राबो हयारोटेस कहता है, जबकि एरियन इसे हाइड्राओटेस कहकर ज्यादा ग्रीक रूप देता है। यह आधुनिक रावी है। यह वही नदी है जहाँ दस राजाओं ने सुदास के अन्तर्गत ट्रिट्सस पर आक्रमण करते समय इसके पानी को काटकर इसे पश्चिम से पार करने का प्रयास किया था।

अब हम अस्किनी पर आते हैं, जिसका अर्थ होता है 'काला'। उस नदी का एक अन्य नाम भी था चन्द्रभागा, जिसका अर्थ है 'चन्द्रमा की कला'। लेकिन ग्रीक इसका उच्चारण Σανδαροφάγος करते हैं और इसका अशुभ अर्थ होता था 'सिकन्दर को निगलने वाली'। हेसीचियस हमें बताता है कि अशुभ को टालने के लिए सिकन्दर ने उस नदी का नाम Σανδαροφάγος रख दिया, जिसका अर्थ था 'स्वस्थ करने वाली', लेकिन वह हमें वह बात नहीं बताता जो वेद हमें बताते हैं, कि यह नाम उसी असिकनी Ακεσίνης नदी के अन्य नाम का ग्रीक रूपान्तरण है। यह आधुनिक चिनाब है। अकेसिनीस के बाद हम वैदिक वितस्ता पर आते हैं जो पंजाब की अन्तिम नदी है, जिसे ग्रीक में हाइडापस कहा गया है। सिन्धु नदी के निचले हिस्से को अपनी नौसेना भेजने और अपनी सेना को बेबीलोन वापिस भेजने के पहले सिकन्दर इसी नदी पर रुका था। यह आधुनिक बेहट या जेहलम है।

इन वैदिक नदियों में से मैंने और भी कई नदियों की पहचान की है, जैसे कुभा, जिसे ग्रीक में कोफेन कहा गया है, वह आधुनिक काबुल नदी है। लेकिन जो नाम मैंने वेदों से सिकन्दर तक के खोजे हैं, और कई मानो में फिर से सिकन्दर से लेकर अपने खुद के काल तक के खोजे हैं, वे यह बताने के लिए मुझे पर्याप्त प्रतीत होते हैं कि जिससे वेदों का वास्तविक और ऐतिहासिक चरित्र सिद्ध होता है। मान लीजिए वेद जाली होते—या मानलो वे सिकन्दर के काल के बाद संकलित किए गए होते तो हम इन नामों को कैसे स्पष्ट कर पाते ? वे ऐसे नाम हैं जिनमें से ज्यादातर के अर्थ संस्कृत में हैं, वे ऐसे नाम हैं जो अपने ग्रीक अपभ्रंश के बहुत निकट हैं, जैसे कि वे उन लोगों के द्वारा उच्चारित किए और लिखे जाते थे जो संस्कृत नहीं जानते थे। फिर यहाँ किस प्रकार का जाली होना सम्भव है।

मैंने इस सूक्त को दो कारणों से चुना है। एक तो इसलिए कि यह वैदिक कवियों का वह विशालतम भौगोलिक क्षितिज दर्शाती है जो उत्तर में बर्फीले पर्वतों से, पश्चिम में सिन्धु और सुलेमान पर्वतों से, दक्षिण में सिन्धु और समुद्रों से और पूर्व में जमुना और गंगा नदियों की घाटियों से घिरा है। इनके परे का संसार हालाँकि खुला था, लेकिन वह वैदिक कवियों के लिए अज्ञात था। दूसरे, इसलिए कि यही ऋचा हमें वैदिक युग की ऐतिहासिक पृष्ठभूमि भी प्रदान करती है। इन नदियों को, जैसा हम उन्हें आज देखते हैं, जैसा उन्हें सिकन्दर और उसके मेसीडोनियन साथियों ने देखा था, वैसा ही उन्हें वैदिक कवियों ने देखा था। यहाँ हमारे पास ऐतिहासिक निरन्तरता है, जो ऐसा जीवन्त साक्ष्य है और यह बताता है कि जिन लोगों के गीत इतने आश्चर्यजनक रूप से हमारे लिए सुरक्षित बचे हैं, वे लोग वास्तविक लोग थे—जागीरदार और उनके कबीले थे, पुरोहित या उनके अपने देवताओं के सेवक थे, समूहों के चरवाहे थे, जो पहाड़ियों और घाटियों में फैले थे और बाड़े से यहाँ-वहाँ घिरे थे। साथ में कुछ किले भी थे जो जरूरत पड़ने पर काम आते थे। ये लोग पृथ्वी

पर अपना संक्षिप्त जीवन जी रहे थे, जहाँ ज्यादा धक्कामुक्की और भीड़ नहीं थी और एक दूसरे को कुचल नहीं रहे थे, जहाँ वसन्त, ग्रीष्म और शीत ऋतुएँ हर साल आती थीं और उदय और अस्त होता हुआ सूर्य उनके प्रिय चरागाहों और कुंजों से उनके चिन्तन को पूर्व की उस दुनिया की ओर ले जाता था जहाँ से वे आए थे, या पश्चिम की उस दुनिया को ले जा रहा था जहाँ वे तेजी से जा रहे थे। उनके पास एक धर्म था, जो बहुत सादा था और शायद ही उसने अब तक धर्म का रूप लिया था। वे यही अनुभव करते थे और जानते थे कि 'एक अनन्त है'। उन्होंने यथासम्भव यह प्रयास किया कि उस अनन्त को कोई नाम दे दें और धर्म को एक धर्म में परिवर्तित कर दें। उनके पास देवता के लिए ऐसा कोई नाम नहीं था, जिन अर्थों में हम समझते हैं। यहाँ तक कि देवताओं के लिए कोई सामान्य नाम भी नहीं था। लेकिन उन्होंने एक के बाद एक कई नामों का आविष्कार किया ताकि वे कुछ बाहरी और दृष्टव्य प्रतीकात्मक शक्तियों को समझ सकें, जिसकी उपस्थिति को वे प्रकृति में अनुभव करते थे। लेकिन उनका सच्चा और पूर्ण तत्त्व अदृश्य और अबूझ था, जैसा कि वह हमारे लिए था।

6

वैदिक देवता

प्रकृति का अगला महत्त्वपूर्ण लक्षण जो वेदों में एक पार्थिव देवता के रूप में प्रकट हुआ है, वह है आग, जिसे संस्कृत में अग्नि और लेटिन में इग्निस कहा गया है। अग्नि की जो पूजा की जाती है और उसकी जो उच्चकोटि की प्रशंसा की गई है उससे हम मानव के इतिहास में ऐसे काल की स्पष्ट झाँकी पाते हैं जिसमें न सिर्फ जीवन के अत्यन्त अनिवार्य सुविधाएँ, बल्कि स्वयं जीवन ही, अग्नि उत्पन्न करने के ज्ञान पर आश्रित था। हमारे लिए अग्नि इतनी परिचित है कि हम यह विचार ही नहीं कर पाते कि उसके बिना जीवन कैसा होगा। लेकिन प्रश्न यह है कि पृथ्वी के प्राचीन निवासियों ने अग्नि पर अधिकार कैसे किया? वैदिक कवि हमें बताता है कि सबसे पहले अग्नि उनके पास विद्युत के रूप में आकाश से आई, लेकिन वह फिर से लुप्त हो गई। उसके बाद मातारीस्वान जो कुछ सीमा तक प्रोमेथियर था, उसे वापिस लाया और उसे भृगु के गोत्र की सुरक्षा में रख दिया। अन्य कविताओं में हम दो काष्ठों की रगड़ से अग्नि के प्रकट होने के रहस्य के बारे में सुनते हैं और यहाँ एक आश्चर्यजनक तथ्य यह है कि रगड़ से अग्नि को प्रकट करने वाले काष्ठ को संस्कृत में प्रमन्थ कहा जाता है। कुह्न ने माना है कि संस्कृत का यह प्रमन्थ ग्रीक भाषा के प्रोमेथियस शब्द के बहुत निकट है। चाहे यज्ञ-कुंडों में सुरक्षित रूप से रखी गई अग्नि हो या काष्ठ के घर्षण से प्रकट की गई अग्नि हो, या किसी भी रूप में मानव के पास अग्नि होना निश्चित ही प्रारम्भिक सभ्यता के इतिहास में मानव के विकास का महत्त्वपूर्ण कदम है। अग्नि का ज्ञान होने से मनुष्य पदार्थों को कच्चा खाने की अपेक्षा पकाकर खाना सीख गया। अब वे अग्नि के प्रकाश में रात्रि के अन्धकार में भी काम कर सकते थे। इसके अतिरिक्त अग्नि से वे शीत ऋतु में ठिठुर कर मरने से भी बच गए। इसलिए यदि ऋषियों ने एक श्रेष्ठतम और अत्यन्त दयालु देवता के रूप में अग्नि की अपनी ऋचाओं में स्तुति की तो आश्चर्य नहीं होना चाहिए। ऋषियों ने पाया कि अग्नि ही एक ऐसा प्रत्यक्ष देवता है, जो उनके बीच रहने के लिए स्वर्ग से धरती पर अवतरित हुआ है। वह मनुष्य का सच्चा हितैषी, मित्र और

देवताओं का दूत और मनुष्यों और देवताओं के बीच मध्यस्थ के रूप में है और नश्वर जीवों में सिर्फ वही अमर है। यह भी कहा गया है कि अग्नि ही आर्यों की बस्तियों की रक्षा करता है तथा उनके साँवले शत्रुओं को वह उनसे दूर भगाता है।

वैदिक ऋषियों ने अग्नि को शीघ्र ही गर्मी और प्रकाश के ज्यादा प्रचलित स्वरूप में पहचान लिया था। अग्नि को चूल्हे या यज्ञकुंड में ही नहीं, बल्कि उषा और सूर्य तथा उससे भी आगे तक व्यापक रूप में अनुभव किया जाने लगा। उसी समय यह भी अनुभव कर लिया गया कि अग्नि के प्रभाव से ही पृथ्वी पर फसलें तथा फल आदि पकते हैं तथा मानव और प्राणिमात्र के शरीर में विद्यमान अग्नि से ही उनके शरीर गर्म रहते हैं, और वे जीवित रहते हैं। इसी दृष्टिकोण से अग्नि को अन्य सभी दैविक शक्तियों से सर्वोच्च देव के रूप में माना गया। यह कहा गया कि अग्नि इस धरती और आकाश में व्याप्त है। यह ठीक भी है, क्योंकि अग्नि के बिना धरती और आकाश दिखाई नहीं दे सकते थे और न उन्हें अलग-अलग पहचाना जा सकता था। एक अन्य ऋषि का कथन है कि अग्नि ने ही इस आकाश को अपने प्रकाश से थाम रखा है और उसी के कारण धरती और आकाश ये दोनों अलग हैं। अग्नि ही इन दोनों को अलग रखे हुए है। अन्त में कहा गया है कि अग्नि से ही पृथ्वी और आकाश उत्पन्न हुए हैं तथा वही इन दोनों का पिता है। इस पृथ्वी पर उड़नेवाले या चलने-फिरने वाले सभी प्रकार के पदार्थों की रचना भी अग्नि ने की है।

यहाँ फिर वही प्रक्रिया हमारी आँखों के सामने है। मानव-मस्तिष्क कभी-कभार या नियमित रूप से घटने वाली प्राकृतिक घटनाओं से आश्चर्यचकित हो उठता था। जैसे कभी कड़कती हुई बिजली किसी वृक्ष पर गिरकर पूरे वन को जलाकर भस्म कर डालती थी। जंगलों में वृक्षों की आपसी रगड़ से पैदा हुई आग की एक चिंगारी या कभी-कभी रथ के पहियों की धुरी और नेमि की रगड़ से भी ऐसा हो जाता है। तब मानव यह सोचने लगा कि चाहे अग्नि प्रकट होना सिर्फ एक साधारण-सी प्राकृतिक घटना ही क्यों न हो, फिर भी यह किसी भी महान आश्चर्य से कम नहीं है। वह किसी भी शक्ति के प्रभाव को प्रत्यक्ष देखता तो था, लेकिन उसके कारण का अनुमान ही लगा पाया। यदि उसके बारे में उसे बोलना ही पड़ता तो वह इसे एक माध्यम या मानव प्रतिनिधि के जैसा ही बता सकता था और यदि किसी मामले में एकदम मानव नहीं तो कभी वह उसे मानवेतर या परामानवी मान लेता था। इस प्रकार अग्नि की अवधारणा का विकास होता गया और एक ओर तो वह ज्यादा भव्य, स्पष्ट और ज्यादा दैवी हो गया। अग्नि के बिना प्रकाश और उष्णता असम्भव थे और इन दोनों के बिना जीवन नहीं रह सकता था। ऐसी स्थिति में अग्नि को जीवनदाता और वनस्पतियों और प्राणियों का उद्धारक मान लिया गया। प्रकाश और जीवन तथा सम्पूर्ण पदार्थों के दाता के रूप में अग्नि की स्तुति एवं उसके लिए यज्ञ आदि किए जाने लगे। तब यदि यह कामना

की गई कि 'अग्नि की कृपा हम पर सदा बनी रहे और वह सदा हमारे अनुकूल रहे।' इसमें आश्चर्य नहीं करना चाहिए कि कुछ कवियों ने अपने मन में तथा अनेक ग्राम-समुदायों की लोक-परम्परा में अनायास ही अग्नि को सर्वोच्च देवता के रूप में स्वीकार कर लिया। अग्नि ही अब देवाधिदेव और उनका एकमात्र सच्चा देव बन गया!

अब हम उन शक्तियों के बारे में विचार करेंगे जिसे प्राचीन ऋषियों ने वायु, मेघ तथा बिजली की चमक और कड़क, आँधी-तूफान, झंझावात और मूसलाधार वर्षा आदि के रूप में देखा था,। इन शक्तियों को देखकर मनुष्य ने जाना होगा कि इस विश्व में वह अकेला नहीं है। जैसा कि आप जानते ही हैं, हमारे यहाँ के बहुत से दर्शनिक यह मानते हैं कि दुःख या आतंक के कारण ही सब धर्मों का प्रादुर्भाव हुआ है और यदि बिजली की कड़क और चमक हमें नहीं सिखाते तो हम शायद कभी किसी देवी-देवता को नहीं मानते। मेरी समझ में यह धारणा एकदम अतिशयोक्तिपूर्ण और एकतरफा है। इसमें सन्देह नहीं कि बिजली की कड़क-चमक मानव के मन में भय और आतंक उत्पन्न करने का एक कारण हो सकती है, और उससे मनुष्य को अपनी दुर्बलता का तथा पराश्रित होने का भी कुछ अनुभव हुआ होगा। यहाँ तक कि वेद में भी इन्द्र को यह कहते हुए बताया गया है—"मैं जब बिजली की कड़क, चमक और तड़क धरती तक पहुँचाता हूँ तभी तुम मुझ पर विश्वास करते हो।" किन्तु, जिसे हम धर्म कहते हैं, उसका विकास तो सिर्फ भय की भावना से सम्भव नहीं है। धर्म का अर्थ है विश्वास। प्रकृति में नियमित रूप से होनेवाले सूर्योदय, चन्द्रमा की कला का नियमित रूप से घटना-बढ़ना, नियमित ऋतु-चक्र आदि सामान्य प्राकृतिक घटनाओं के निश्चित क्रम के फलस्वरूप मानव के मस्तिष्क में निश्चित ही विश्वास की वह भावना जागृत हुई होगी। इसी क्रम से आगे बढ़ते-बढ़ते मनुष्य अन्त में इस निष्कर्ष पर पहुँचा होगा कि सबका भी कोई कारण होगा, भले ही हम उसे किसी भी नाम से क्यों न सम्बोधित करें।

फिर भी, इसमें सन्देह नहीं कि अनेक प्रकार के देवताओं के प्रादुर्भाव में इन विभिन्न प्राकृतिक घटनाओं का महत्त्वपूर्ण हाथ रहा है। यही कारण है कि वैदिक ऋषियों की रचनाओं में स्वाभाविकत: उक्त प्राकृतिक घटनाओं का स्थान भी काफी महत्त्वपूर्ण है। यदि हमसे पूछा जाए कि वैदिक युग में प्रमुख देवता कौन था तो ऋग्वेद के जितने मंत्र आज तक हमारे पास सुरक्षित हैं, उनके आधार पर इसी निर्णय पर पहुँचा जा सकता है कि इन्द्र को ही वैदिक युग में प्रमुख देवता माना जाता था। भारत का यह Zeus (इन्द्र) नीले आकाश का देवता है जो मेघों को एकत्र करता है, वर्षा प्रदान करता है, वज्रपात भी करता है, अन्धकार को छिन्न-भिन्न कर सर्वत्र प्रकाश भी फैलाता है, शक्ति स्फूर्ति और जीवन तत्त्व का कारण भी है और सम्पूर्ण

विश्व का शासक एवं स्वामी है। वैदिक इन्द्र इससे भी कहीं बढ़-चढ़कर है। ऋषियों के अनेक सूक्तों में इन्द्र को ही सर्वशक्तिमान देवता के रूप में प्रस्तुत किया गया है। प्राचीन वैदिक परम्परा एवं मान्यताओं में इन्द्र की महिमा अपार और अवर्णनीय है। आकाश, पहले सब देवताओं का पिता माना जाता था, और भारत में कई प्राचीन गोत्रों या ग्राम-समुदायों में उसे सम्बोधित प्रार्थनाओं में उसे ऐसा ही कहा गया है। जब अन्य देवों की उससे तुलना की जाती है तो उन देवों को निर्बल वृद्ध कहा गया है। आकाश या द्यौष, जो पहले सभी देवताओं का पिता था, नहीं खुद इन्द्र का पिता था, उसके समक्ष झुकता है और बेचारी धरती उसके भय से काँपती रहती है। इतना सब कुछ होते हुए भी इन्द्र यूनानियों के ज्यूस और जुपिटर के समान सदा के लिए सर्वोच्च स्थान नहीं पा सका। यहाँ तक कि वेदों से ही हमें ज्ञात होता है कि उस प्राचीन काल में भी ऐसे सन्देहवादी थे जो यह मानने से इनकार करते थे कि इन्द्र जैसे किसी देवता का अस्तित्व था।

इन्द्र के साथ-साथ, युद्धों में उसके सहयोगी के रूप में हम वायु देवता को भी पाते हैं। कहीं-कहीं तो इन्द्र और वायु में अन्तर करना भी कठिन हो जाता है। वायु देवता के साथ इनका एक अधिक उग्ररूप 'तूफान का देवता' और मरुत्, जिसका शाब्दिक अर्थ है संहार करने वाला।

वायु देवता की चर्चा करते हुए एक ऋषि कहता है कि यह कहाँ से उत्पन्न होता है? वह कहाँ से उत्पन्न हुआ? यह जो देवताओं का जीवन और दुनिया का स्रोत है! यह देवता जहाँ सुनाई देता है वहाँ जाता है, उसकी ध्वनि सुनी जाती है लेकिन वह कभी दिखाई नहीं देता।

मरुत् वात से कहीं ज्यादा भयंकर हैं। ये स्पष्ट रूप से ऐसे तूफान के प्रतिनिधि हैं, जिन्हें भारत में लोग जानते हैं। उस समय इतनी धूल उड़ती है कि धरती और आकाश में अँधेरा छा जाता है, जब एक क्षण में बड़े-बड़े विशाल वृक्षों के पत्ते क्षण भर में झड़ जाते हैं, उनकी डालें काँप उठती हैं, पुराने वृक्ष भी जड़ से उखड़ जाते हैं, जब ऐसा लगता है धरती किसी चक्रवात में फँस गई है, पहाड़ भी हिल उठते हैं और नदियाँ भी जोश में झाग उगलती हुई तेजी से बहने लगती हैं। ऐसे ही दृश्य को देखकर कवि को लगता है कि मानो सुनहरे शिरस्त्राण और अपने कन्धों पर व्याघ्रचर्म धारण किए, तथा अपने हाथों में सुनहरे भालों और फरसों को चमकाते हुए स्वयं मरुद्गण इन आँधियों के रूप में प्रकट हो रहे हैं। बादलों के गर्जन-तर्जन और बिजली की कड़क और कौंध ही मानो उनके लहराते हुए दिव्य चाबुक की चमक है। वे इन्द्र के सहायक हैं और कभी-कभी वे इन्द्र जैसे हो जाते हैं, द्यौः के पुत्र हैं और कभी वे रुद्र के पुत्र भी कहे गए हैं। रुद्र गर्जना करने वाला और एक योद्धा देवता कहा गया है और कई ऋचाओं में रुद्र की स्तुति की गई है। उसमें एक नया चरित्र विकसित हुआ है और उसे एक कष्टनिवारक एवं रक्षक के रूप में माना गया

है। रुद्र के संहारक और संरक्षक, दोनों ही रूप भारत जैसे देश के लिए सर्वथा स्वाभाविक हैं। इस भारत में दूषित हवा के प्रभाव का अन्त कर फिर से मानव व अन्य सभी जीवों में, स्वास्थ्यप्रद एवं शक्तिदायी, स्फूर्ति का संचार करने के लिए सप्ताहों तक गर्मी और सूखे के बाद भयंकर आँधी-तूफानों के साथ आने वाली मूसलाधार वर्षा का आगमन होता है।

इन सबके साथ पर्जन्य और ऋभु आदि अन्य अनेक देवता भी मध्यम लोक के हैं। प्राचीन वैदिक ऋषियों ने जितने भी देवताओं की कल्पना की होगी, उनमें ये दोनों अत्यन्त सक्रिय, गतिशील और विविध रूप वाले हैं और प्राचीन कवि इनका बहुत उल्लेख करते हैं और आगे चलकर भारत के महाकाव्यों के बाद वाले नायकों के प्रतिरूप कहे जा सकते हैं। युद्धों के सम आकाश के इन देवताओं की स्तुति खासतौर पर की जाती थी। इन्द्र वस्तुतः युद्ध में देवों की सेना का नेतृत्व करता है और वह भारत के कृष्णवर्ण आदिवासियों को युद्ध में पराजित करता है। ऋषि ने एक ऋचा में कहा है कि 'इन्द्र ने अपने पचास हजार कृष्ण-वर्ण शत्रुओं को पराजित कर दिया तथा उनके अत्यन्त दृढ़ दुर्गों को ध्वस्त कर डाला।' यह देखकर आश्चर्य होता है कि अपने लोगों की रक्षा करने वाले इन्द्र की स्तुति वेद में ठीक उसी प्रकार से की गई है जैसे कि यहूदी पैग़म्बरों और कवियों ने यहोवा की प्रशंसा की है। इस प्रकार एक सूक्त में यह बताया गया है कि जब दाशराज्ञ युद्ध में तृत्सुओं के राजा सुदास पर उसके दास शत्रुओं की सेनाएँ टूट पड़ीं तो इन्द्र ने नदी-प्रवाह को इतना उथला कर दिया कि वह ससैन्य उसके पार जा पहुँचा। इस प्रकार इन्द्र ने सुदास की रक्षा की।

एक अन्य सूक्त में हम पढ़ते हैं, 'आपने तुर्विति वैय्य की रक्षा के लिए नदी के विशाल और बहुत विस्तृत प्रवाह को रोक दिया था : भयंकर-से-भयंकर नदियों की बाढ़ आपकी आज्ञा का पालन करती है और आप नदियों को ऐसा बना देते हैं कि उन्हें आसानी से पार किया जा सकता है।' ऋग्वेद का यह वर्णन भी Psalmist (Lxxviii.13) के इस कथन से पूरी तरह मिलता-जुलता है—'उसने समुद्र को विभाजित कर दिया और इस प्रकार उसे पार करने योग्य बना दिया। साथ ही उसने तीव्र प्रवहमान जल को पानी के स्तम्भ की भाँति स्थिर कर दिया।'

इसी प्रकार कुछ अंश ऐसे भी हैं जिन्हें पढ़कर जोशुआ के उस युद्ध का स्मरण हो आता है जहाँ यह कहा गया है कि "जब तक वहाँ के लोगों ने अपने शत्रुओं पर विजय नहीं प्राप्त कर ली, तब तक सूर्य अपने स्थान पर स्थिर खड़ा रहा और चन्द्रमा भी अपने स्थान से हिला-डुला नहीं।" हम वेद में यह भी पढ़ते हैं कि 'इन्द्र ने दिन को इतना लम्बा कर दिया कि रात नहीं होने पाई।' यह भी कहा गया है कि—'सूर्य ने अपने रथ को मध्याह्न में एक जगह खोल दिया।'

इन्द्र को सम्बोधित कुछ सूक्तों में इन्द्र का अन्तरिक्ष एवं मेघ आदि से किसी प्रकार के सम्बन्ध को एकदम भुला दिया गया है। ऐसे सूक्तों में इन्द्र की प्रतिष्ठा पूरी

तरह एक आध्यात्मिक देवता के रूप में कर दी गई है। इन्द्र ही सारे विश्व और सब लोगों का एकमात्र ऐसा सम्राट् है जो सब कुछ देखता-सुनता है, यहाँ तक कि वह लोगों को अच्छे काम करने के लिए बुद्धि को प्रेरित भी करता है। उसके समान अन्य कोई नहीं है और कोई उससे बढ़कर नहीं है।

इन्द्र का नाम केवल भारत में ही प्रचलित है। इससे यह निष्कर्ष निकाला जा सकता है कि आर्य जब अपने मूल-स्थान से विभिन्न दिशाओं को चले गए तब उनके जाने के बाद ही इन्द्र अस्तित्व में आया, क्योंकि, हम यूनान, इटली अथवा जर्मनी आदि में इन्द्र को नहीं पाते। जैसा कि मैं पहले बता चुका हूँ, बहुत से वैदिक देवता ऐसे हैं, जिनके नाम आर्यों के उक्त महाविभाजन से पूर्व ही प्रचलित हो चुके थे। इसीलिए उन देवताओं के नाम कभी ग्रीक भाषा में, तो कभी लातिनी में, तो कभी-कभी सेल्टिक वर्ग की आयरिश, अथवा ट्यूटोनिक वर्ग की अंग्रेजी और जर्मनी और स्लावोनिक वर्ग की रूसी आदि भाषाओं में मिलते रहते हैं, भले ही उन भाषाओं में वे नाम कुछ बदल ही क्यों न हो गए हों। उदाहरण के लिए वेद का द्यौः ही जेउस और जुपिटर , उषा है। 'नक्त' ही निक्स, सूर्य ही हेलिओस है अग्नि, भगः ही पुरानी फारसी में बग़ तथा पुरानी स्लावोनिक में बोगू है। वरुण, वाक् है। इन सीधे संयोगों के अलावा सारमेय और हरमेस में डायोनिसिस और ड्यूनिसिया में प्रोमेथियस, और पैरामन्थ में ओरफियस और ऋभु, एरेनी और सरयु, पान और पवन कुछ परोक्ष सम्बन्ध स्थापित हुआ है।

किन्तु जबकि आकाश के देवता के रूप में और तूफान के, बारिश देने वाले, मेघ आदि के देवता के रूप में वृष्टिकर्ता इन्द्र से भले ही आर्यों की पश्चिमोत्तरीय शाखा के सदस्य अपरिचित हों, तथापि एक अन्य देवता जो कभी-कभी इन्द्र के काम सम्पन्न करता हुआ भी वेदों में कुछ अधिक महत्त्व प्राप्त नहीं कर पाया, वह 'पर्जन्य' इन्द्र से बहुत पहले ही से मौजूद रहा होगा। क्योंकि, जैसा कि हम आगे देखेंगे, जर्मनी तथा बाल्टिक सागर के तट के प्रदेशों के निवासी आज भी इस पर्जन्य से अच्छी तरह परिचित हैं।

वेदों में भी एकाध स्थान पर इस पर्जन्य को द्यौः के स्थान पर रखा गया है। अथर्ववेद में कहा गया है कि 'भूमि मेरी माता है और मैं पृथ्वी का पुत्र हूँ, पर्जन्य पिता है, वह हमारी हर प्रकार से सहायता करे।'

एक अन्य स्थान पर पृथ्वी को स्वर्ग, अन्तरिक्ष या द्यौः की पत्नी न कहकर पर्जन्य की पत्नी बताया गया है।

अब प्रश्न यह उठता है कि आखिर यह पर्जन्य क्या है या कौन है? इस विषय में बहुत मतभेद रहा है कि क्या यह वही द्यौः (अन्तरिक्ष या स्वर्ग) है या वह वैसा ही है जैसा कि द्यौः का उत्तराधिकारी इन्द्र है? वह आकाश का देवता है या मेघों का देवता है या वृष्टि का देवता है?

मुझे ऐसा लगता है कि आकाश का देवता अथवा मेघ का देवता आदि शब्दों में कालगणना का क्रम ऐसा उलझ गया है कि व्याकरण की गलती को ठीक किए बिना हम इन शब्दों का वैदिक संस्कृत में अनुवाद नहीं कर सकते। इसमें सन्देह नहीं कि यह ठीक है कि जब हम प्राचीन युग की भावनाओं को व्यक्त करते हैं तो हमें आधुनिक शब्दावली का ही सहारा लेना चाहिए, किन्तु किसी प्राचीन शब्द से सम्बद्ध या समकक्ष किसी दूसरे शब्द का ठीक से प्रतिनिधित्व करनेवाला कोई शब्द हम आधुनिक शब्दकोशों के सहारे कभी नहीं ढूँढ़ पाएँगे। निस्सन्देह अंग्रेजी में 'देव' शब्द का अर्थ 'गॉड' या 'गाड्स' किया जाता है। इसी प्रकार 'पर्जन्य' शब्द का अर्थ 'मेघ' है। किन्तु संस्कृत में 'पर्जन्यस्य देव:' जैसे शब्द का प्रयोग नहीं कर सकता। देव अथवा दैव या भावातीत तत्त्व बाहर से नहीं आते कि उन्हें मेघ या आकाश या पृथ्वी से जोड़ दिया जाए। यह मेघ, अन्तरिक्ष या पृथ्वी के साथ ही आते हैं और धीरे-धीरे यह स्वतंत्र अवधारणा में प्रकट होने लगता है। चूँकि प्राचीन भाषाओं में बहुत से ऐसे शब्द हैं जिनका कोई एक अर्थ नहीं है और उनका उपयोग अवसर के अनुसार विभिन्न प्रयोजनों के लिए विभिन्न वक्ताओं की मंशाओं के अनुसार अलग-अलग अर्थों में होता है, प्राचीन भाषा की इस लचीली और समन्वयकारी प्रकृति में यह देवताओं के नाम भी आते हैं। कई ऐसे अंश मिलते हैं जहाँ एक स्थान पर 'पर्जन्य' का उपयोग मेघ के अर्थ में है, तो दूसरे स्थान पर यही शब्द वर्षावचाक या द्यौ: या अन्तरिक्ष या इन्द्र का पर्यायवाची है। यह पृथ्वी के वायुमंडल का अत्यन्त सक्रिय देवता है। वैज्ञानिक ढंग से विवेचन करने वाले को, यह अव्यवस्था गलत और बहुत अवैज्ञानिक लगेगी। किन्तु, इसका कोई और चारा नहीं है। अवैज्ञानिक होना प्राचीन चिन्तन एवं भाषा की प्रकृति है। इसलिए हमें इसकी कमियाँ तलाशने और यह शिकायत करने के स्थान पर कि हमारे पूर्वज तथा उनके व्यवहार हमारे समान सटीक नहीं होते थे, हमें चाहिए कि हम उसे यथासम्भव ऐसा आत्मसात कर लें कि उस पर हमारा अधिकार हो जाए।

वैदिक ऋचाओं में ऐसे अंश भी मिलते है जहाँ 'पर्जन्य' सर्वोच्च देवता के रूप में सामने आता है। उसे भी द्यौ: और अन्तरिक्ष की तरह पिता कहा गया है। उसे 'असुर'-जीवनदाता के नाम से भी सम्बोधित किया गया है और इस शब्द का उपयोग प्राचीनतम तथा महानतम देवताओं के लिए ही विशेष रूप से हुआ है। एक ऋषि की उक्ति है—'वह देवता के समान इस सम्पूर्ण विश्व पर शासन करता है। उसी में सब प्राणियों का निवास है। सभी स्थावर-जंगम पदार्थों की वह आत्मा है।'

यहाँ पर्जन्य के लिए जो कुछ कहा गया है, निश्चित ही उस परमेश्वर के लिए इससे अधिक और कुछ कहना कठिन है। फिर भी एक अन्य सूक्त में पर्जन्य को मित्र और वरुण की अधीनता में पृथ्वी पर वृष्टि करने वाला बताया गया है जो तब आकाश और पृथ्वी के सर्वोच्च स्वामी एवं सर्व शक्तिशाली शासक बताए गए हैं।

कुछ ऐसी ऋचाएँ भी मिलती हैं, जहाँ पर्जन्य के व्यक्तित्व या विशिष्टता का चिह्न भी नहीं मिलता। वह सिर्फ मेघ या वर्षा के ही एक पर्यायवाची के रूप में लिया गया है।

इस प्रकार हम पढ़ते हैं कि 'मरुद्गण दिन में भी धरती को तर कर देने वाले जलवाहक मेघों से अन्धकार कर देते है।' यहाँ मेघ असल में पर्जन्य है और इस शब्द का उपयोग व्यक्तिवाचक संज्ञा के रूप में न होकर सामान्य रूप से हुआ है। यही शब्द बहुवचन में भी प्रयुक्त हुआ है और हम कई पर्जन्यों या मेघों के बारे में पढ़ते हैं जो पृथ्वी को जीवन प्रदान करते हैं।

जब देवापि अनावृष्टि से पीड़ित अपने भाई शन्तनु और उसकी प्रजा के लिए प्रार्थना करता है तो वह कहता है कि—'हे बृहस्पति! आप भले ही मित्र हों, या वरुण, अथवा पूषन, मेरे इस यज्ञ में पधारिए। आप चाहें तो आदित्य, वसु या मरुद्गणों के साथ हों, पर्जन्यों को मेरे भाई शन्तनु के लिए वर्षा करने दें।'

एक और जगह कहा गया है कि इन वर्षा के मेघों को झकझोर डालो।

कई स्थानों पर इससे कोई अन्तर नहीं पड़ता कि हम 'पर्जन्य' शब्द का अर्थ मेघ मानें या वर्षा, क्योंकि जो वर्षा के लिए प्रार्थना करते हैं, वे मेघ के लिए भी प्रार्थना कर रहे हैं और वर्षा से जो भी लाभ होते हैं, वे सब लाभ मेघों से भी मिलते हैं। उदाहरण के लिए, ऋग्वेद का एक बड़ा ही विचित्र सूक्त है—'मंडूक सूक्त' जिसमें मेढक वर्षा की बूँदें पड़ते ही सूखे जलाशयों से निकल आते हैं और एक-दूसरे का आलिंगन करके टर्राने लगते हैं। ऋषि स्वयं वेदपाठी होने पर भी कहता है कि ये मेढक ऐसे टर्रा रहे हैं, जैसे वेदपाठी मंत्र-पाठ कर रहे हों। यह कोई बहुत सम्मानजनक टिप्पणी नहीं है। कहा गया है कि पर्जन्य के कारण ही इन मेढकों को आवाज प्राप्त हुई है। निश्चित ही यहाँ 'पर्जन्य' का अर्थ 'वर्षा' ही है, यद्यपि ऋषि का सम्भवतः इस शब्द से मन्तव्य मेघ या पर्जन्य से भी हो सकता है।

मैं पर्जन्य को सम्बोधित एक सूक्त का अनुवाद करने का प्रयास करूँगा, जिसमें पर्जन्य को देवता माना गया है या कम से कम देवता के समान माना गया है, क्योंकि मानव जाति की बौद्धिक उन्नति के स्तर में ऐसा करना सम्भव था।

1. उस बलवान् देव के लिए अच्छी-अच्छी स्तुतियाँ करें। पर्जन्य की प्रशंसा करें और सम्मान के साथ उसकी पूजा करें, क्योंकि वह बैल या साँड़ की तरह गर्जता हुआ, तथा खूब वर्षा करता हुआ सब पौधों को बीज-फल प्रदान करता है।
2. यह बड़े-बड़े वृक्षों को काटकर गिरा देता है। वह सब राक्षसों को मार गिराता है। उसके महान् शस्त्र से सारा संसार भयभीत हो जाता है। यहाँ तक कि जब पर्जन्य दुष्टों को गर्जता-कड़कता हुआ मार गिराता है तो निर्दोष लोग भी भयभीत होकर इधर-उधर भागने लगते हैं।

3. जैसे कोई रथी अपने चाबुक से घोड़ों को हाँकता है, वैसे ही यह पर्जन्य अपने वर्षा-दूतों को धरती की ओर भेजता है। जब पर्जन्य आकाश को वर्षा से आच्छादित कर देता है तो सिंह के समान उसकी गर्जना बहुत दूर से ही सुनाई देने लगती है।
4. हवा चलने लगती हैं, बिजलियाँ कड़कने लगती हैं, पौधे विकसित होते हैं, आकाश से भारी वर्षा होती है। जब पर्जन्य पृथ्वी को अपने बीज प्रदान करता है तो पूरे विश्व के लिए अनाज पैदा होता है।
5. हे पर्जन्य, जिसके काम के समक्ष यह पृथ्वी नत हो जाती है और जिसकी वर्षा की झड़ियों से खुरोंवाले सभी पशु इधर-उधर भागने लगते हैं और जिस पर्जन्य के कर्म के प्रभाव से ये वृक्ष-लताएँ कई रूप धारण कर लेती हैं, ऐसे आप हमारे महान रक्षक बनें।
6. हे मरुद्गणो, आप लोग हमारे लिए अन्तरिक्ष से वर्षा कीजिए। शक्तिशाली अश्वों की जलधाराएँ बहा दीजिए और आप इस गर्जते हुए मेघ के साथ वर्षा की झड़ी लगाते हुए आइए, क्योंकि आप (हे पर्जन्य) वास्तव में सजीव देवता और हमारे पिता हैं।
7. आप इस धरती पर खूब जोर से गर्जना कीजिए और फलदायी बना दीजिए। आप अपने जलपूर्ण रथ से इस धरती पर चारों ओर फैल जाइए। आप अपनी जलपूरित मशक का मुँह खोल उन्हें औंधा करके धरती पर उँडेल दीजिए और ऊँची-नीची सभी भूमि को बराबर कर दीजिए।
8. आप अपने जल के विशाल भंडार को धरती पर उड़ेल दीजिए और इन नदियों को जल-पूरित होकर दौड़ती हुई पूर्व की ओर बहने दीजिए। आप अपनी जलराशि से धरती और आकाश को पूरित कर दीजिए और गौ को पानी पीने के लिए जलाशय आदि को भर दीजिए!
9. हे पर्जन्य! आप जब गर्जते और कड़कते हुए दुष्टों को नष्ट कर डालते हैं, तब इस पृथ्वी के सभी प्राणी आनन्दमग्न हो जाते हैं।
10. आपने खूब वर्षा कर दी, अब आप रुक जाइए। आपने मरुभूमियों को आवागमन लायक बना दिया है। आपने भोजन के लिए पौधों को उगा दिया है और मानव आपकी स्तुति कर रहे हैं।

यह एक वैदिक सूक्त है, इसे ऋग्वेद के प्राचीन सूक्तों के एक नमूने के रूप में भी प्रस्तुत किया जा सकता है। इसमें न तो कोई बहुत बड़ी बात कही गई है और न इसमें कोई विशेष काव्य-सौन्दर्य ही है। इसके बावजूद मैं कहना चाहूँगा कि आप हमारे गाँवों में रहने वाले हजांरों-हजार किसानों को देखिए जिनका सम्पूर्ण जीवन पूरी तरह वर्षा पर ही निर्भर करता है। उनमें से कई वर्षा के लिए ऐसी कविता की रचना नहीं कर पाएँगे, जबकि आज से साढ़े तीन हजार वर्ष से भी अधिक पहले

भारत पर्जन्य का आह्वान किया जा चुका था। इन ऋचाओं में काव्यात्मक अवधारणाएँ और विवरण भी पूरी तरह से अनुपस्थित नहीं हैं। जिसने भी उष्णकटिबन्ध के क्षेत्रों में उठनेवाले तूफानों को कभी देखा होगा, उसकी आँखों के सामने ऋचा में वर्णित यह द्रुतमय चित्र की सत्यता को पहचान जाएगा। 'पवन के तीव्र झकझोरे आ रहे हैं। बिजलियाँ कौंध रही हैं नवांकुर तथा सभी वृक्ष-लताएँ, पेड़-पौधे तेज गति से बढ़ रहे हैं और वर्षा एवं तूफान के वेग को न सहते हुए सभी मृग-पशु आदि चौपायों के झुण्ड इधर-उधर भाग रहे हैं।' यह कल्पना भी किसी कठोर सत्य से दूर नहीं है कि 'पर्जन्य अन्तरिक्ष के कुएँ में से डोल भर-भरकर पानी उड़ेल रहा है और अपनी मशकों को धरती पर तेजी से खाली करता जा रहा है।'

इस सूक्त में नैतिकता की भावना भी देखी जा सकती है 'जब झंझावात की गर्जना चारों ओर सुनाई देने लगती है, बिजलियाँ कौंधने लगती हैं तथा मूसलाधार वर्षा होने लगती है तो अपराधी और पापी तो मारे ही जाते हैं, बेचारे निरपराध प्राणी भी भय से काँप उठते हैं।' यहाँ हम स्पष्टत: देखते हैं कि कवि झंझावात को मात्र प्रकृति के उत्पातों के रूप में वर्णित नहीं कर रहा, बल्कि मानो उसे यहाँ उस सर्वोच्च शक्ति का अनुभव हो रहा है, जिसके आगे निरपराध प्राणी भी भयभीत हो उठते हैं। क्योंकि उसके अनुसार ऐसा कौन है, जो पूर्णत: निर्दोष है?

अब हम फिर से वही प्रश्न करें कि यह पर्जन्य कौन है, या पर्जन्य क्या है? तो इस प्रश्न के उत्तर में कहा जा सकता है कि जब तक यह वृष्टिकर्ता है, तब तक 'पर्जन्य' शब्द का आशय मेघ था। पर ज्यों ही दाता की भावना मन में आई तो प्रत्यक्ष दृश्यमान मेघ मात्र एक बाहरी पदार्थ बनकर रह गया। इसे यह भी कह सकते हैं कि मेघ उस वृष्टिदाता की देह बन गया; वह 'दाता' कहीं अन्यत्र था, किन्तु हम नहीं जान पाए कि वह कहाँ था या कहाँ है। किन्हीं मंत्रों में 'पर्जन्य' 'द्यौ:' के पद तक पहुँचा हुआ प्रतीत होता है और पृथ्वी उसकी पत्नी है। अन्य जगह पर्जन्य को द्यौ: का पुत्र बताया गया है, यद्यपि उस प्रारम्भिक स्थिति में यह नहीं सोचा जा सका कि इस प्रकार पर्जन्य अपनी माता का ही पति लग सकता है। हम पहले ही देख चुके हैं कि इस विचार से ऋषि को कोई आश्चर्य नहीं हुआ कि इन्द्र अपने पिता का भी पिता है। उसने मात्र इतना ही कहा कि यह एक विलक्षण बात है।

कभी पर्जन्य वेद के इन्द्र का, तो कभी वायु का और कभी वृष्टिकर्ता सोम का भी कार्य तो अवश्य करता है किन्तु इतना होने पर भी वह न तो द्यौ: है, न इन्द्र, न मरुत् न वायु और न सोम ही है। उसका अपना पृथक् व्यक्तित्व है, वह एक अलग देव है।, वस्तुत: वह आर्यों के प्राचीनतम देवताओं में से एक है।

मृग धातु अपना क्रियाविशेषण मृष्ट बनाती है, जैसे यग से इष्ट, विस से विष्ट। ऐसी भी धातुएँ हैं जैसे द्रुह जो वैकल्पिक रूप से अन्तिम तालव्य, जैसे ध्रुत और ध्रुक बन जाती हैं। इसलिए पर्ज की तुलना पर्जन्य में इन शब्दों से कर सकते हैं—प्रिशत,

प्रिशति, जलबिन्दु और परसु, बादल, प्रिश्नी, जलबिन्दु, बादल, धरती। और ग्रीक भाषा में πρόξ (ω) , περκνός आदि। यदि इसे पर्ज से निकला माना जाए तो जलबिन्दु या पर्जन्य का मूल अर्थ हुआ होता 'जो सिंचाई करता है या वर्षा प्रदान करता है।'

जब आर्य परिवार के विभिन्न सदस्य एक-दूसरे से अलग हुए, चाहे वे हिन्दुओं के पूर्वज रहे हों, या यूनानियों के अथवा केल्ट, ट्यूटन अथवा स्लाव लोगों के पूर्वज रहे हों, वे मेघ के लिए 'पर्जन्य' नाम अपने साथ लेते गए। किन्तु जैसा कि आप जानते ही हैं, उन लोगों के सामान्य प्राचीन शब्द भंडार में से कोई एक या वही शब्द आर्य परिवार की उक्त सभी शाखाओं में नहीं बल्कि, खास परिस्थिति के अनुसार आर्यों के उक्त सात प्राचीन प्रमुख परिवारों या शाखाओं में से सिर्फ छह, या पाँच, चार, तीन या दो ही शाखाओं में या कभी-कभी केवल किसी एक मुख्य उत्तराधिकारी में ही प्रचलित रह गया। इतने पर भी, जैसा कि हम जानते हैं कि एक दूसरे से बिछुड़ जाने के बाद उनके बीच कोई ऐतिहासिक सम्पर्क नहीं था। यह इतिहास की शुरुआत के बहुत पहले हुआ था। सच तो यह है कि यदि किन्हीं दो आर्य-भाषाओं में भी कोई एक शब्द ऐसा मिल जाता है, जिसकी प्रकृति तथा अर्थ एक ही हों, तो यह मान लेने के लिए पर्याप्त प्रमाण हैं कि वह शब्द आर्यों के चिन्तन के अत्यन्त प्राचीन कोष से सम्बद्ध है।

अब ग्रीक, लेटिन या केल्टिक, यहाँ तक कि ट्यूटोनिक (जर्मन) वर्ग की भी किसी भाषा में 'पर्जन्य' शब्द का कोई स्पष्ट चिह्न हमें नहीं मिलता। इस शब्द को स्लाववर्ग की भाषाओं में ढूँढ़ने का भी हमारा प्रयत्न तब तक निष्फल हुआ लगता है, जब तक कि उस भाषा-वर्ग की एक भूली-बिसरी शाखा 'लेट्टिक' से हम परिचित नहीं हो जाते। इस लेट्टिक शाखा में लितुआनियन तथा लेटिश, एवं लुप्तप्राय पुरानी प्रशियन भाषा, सम्मिलित हैं। लितुआनिया अब स्वतंत्र राज्य नहीं है लेकिन कभी, 6 सदियों से भी पहले एक ग्रैंड डची था और रूस और पोलैंड दोनों से स्वतंत्र था। इसका पहला ग्रैंड ड्यूक रिनगोल्ड था जिसने 1235 से शासन किया और उसके उत्तराधिकारियों ने रूसियों के विरुद्ध सफल विजयें प्राप्त की थीं। 1368 में ये ग्रैंड पोलैंड के शासक बन गए और 1569 में ये दोनों देश एक हो गए। जब पोलैंड का विभाजन रूस और प्रशिया के बीच हो गया तो लितुआनिया का एक हिस्सा रूस के पास और दूसरा हिस्सा प्रशिया के पास चला गया। अभी भी करीब पन्द्रह लाख लोग ऐसे हैं जो रूस और प्रशिया में रहते हुए लितुआनियन भाषा बोलते हैं, जबकि लेटिश भाषा करीब दस लाख लोगों द्वारा करलैंड और लिवोनिया में बोली जाती है।

लितुआनियन भाषा में, जैसी कि वहाँ के जनसाधारण के द्वारा बोली जाती है, व्याकरण के प्राचीनतम रूप हैं, और कुछ मामलों में तो वह संस्कृत से बहुत मिलती-जुलती है। ये प्राचीन रूप वास्तव में आश्चर्यजनक हैं, क्योंकि उनकी संख्या

बहुत कम है और भाषा के बाकी भाग को सदियों तक चली घिसावट से बहुत नुकसान पहुँचा है।

इस सुदूर लितुआनियन भाषा में हमारे पुराने मित्र 'पर्जन्य' ने शरण ली। वहाँ वह आज तक भी बचा रह गया, जबकि स्वयं भारत में भी, कम से कम आधुनिक बोलचाल की भाषाओं में तो, उसे एकदम भुला ही दिया गया है। अभी कुछ सदियों पहले तक लितुआनिया के ईसाई धर्मान्तरित अथवा आंशिक रूप से ईसाई बने हुए लोग वर्षा के लिए जो प्रार्थनाएँ किया करते थे, वे कुछ ऋचाओं से बहुत भिन्न नहीं हैं, जिनका मैंने ऋग्वेद से आपके लिए अनुवाद किया था। लितुआनियन भाषा में मेघ के देवता को पर्क्युनस कहते थे और इसी शब्द का उपयोग आज भी वहाँ मेघ के लिए होता है। पुरानी प्रशियन भाषा में भी पर्क्युनस मेघ को कहते थे और लेटिश भाषा में आज भी पर्कोन्स मेघ यानी मेघ देवता हैं।

मैं मानता हूँ कि वह विख्यात भाषा-वैज्ञानिक ग्रिम ही था, जिसने प्राचीन स्लाव-वर्गीय भाषा के पेरुन तथा पोलिश भाषा के पिओरन एवं बोहेमियन भाषा के पेराउन शब्दों की वैदिक 'पर्जन्य' के साथ पहचान कर दिखाई थी। मुझे लगता है कि इन शब्दों को पहले डोब्रोवस्की और अन्य लोगों ने पेरू धातु से निकाला था। ग्रिम ने ही सबसे पहले यह बताया था कि लितुआनियन, लेटिश एवं पुरानी प्रशियन भाषाओं में यह शब्द परकुनस पेहर्कोन्स तथा परकुनोस अपने इन पूरे रूपों में विद्यमान हैं। यहाँ तक कि मोरद्विवियन लोगों ने भी अपने मेघ देवता के लिए पोरग्विनी शब्द अपना लिया था।

साइमन ग्रुनाउ, जिसने अपना वृत्तान्त 1521 में समाप्त किया था, तीन देवताओं की बात करता है जिन्हें प्राचीन प्रशियनों, पटोलो, पेटरिम्पो और परकुनो लोगों के द्वारा पूजा जाता था और वह कहता है कि परकुनो की आराधना 'तूफानों के लिए की जाती थी कि वे उचित समय पर वर्षा करें और अच्छा मौसम रखें और उन्हें बिजली नुकसान न पहुँचाए।'

निम्नलिखित लितुआनियन प्रार्थना लासित्ज्की के द्वारा हमारे लिए सुरक्षित रखी गई है :

'हे परकुना, खुद को रोको और मेरे खेत पर किसी दुर्भाग्य को मत भेजो! मैं आपको यह फ्लिच दूँगा।'

लेटिश लोगों के पड़ोसियों में से एस्थोनियन लोगों की भाषा यद्यपि आर्य-भाषा परिवार की नहीं है, फिर भी उन्होंने अपने आर्य पड़ोसियों से बहुत कुछ सीखा था। हम देखते हैं कि वहाँ के पुराने किसान सत्रहवीं सदी तक बिजली और वर्षा के देवता पिकर या पिकेन की स्तुति निम्नलिखित तरीके से करते थे।

'प्रिय बादलों की कड़क (वोदा पिकर)! हम तुम्हारे लिए दो सींगों तथा फटे हुए चार खुरों वाले एक बैल की बलि देते हैं। हम अपने खेतों को जोतने और उनमें

बीज बोने के लिए आपकी स्तुति कर रहे हैं, जिसके फलस्वरूप हमारे पशुओं के चारे के लिए ताँबे जैसी लम्बी-लम्बी घास और सोने जैसी सुनहरी हमारी फसलें पककर तैयार हो जाएँ। भयंकर गरजपूर्ण वर्षा की मूसलाधार झड़ियों को आप यहाँ से बहुत दूर दलदलों या घने जंगलों की ओर भेज दीजिए। किन्तु, हम किसानों के लिए तो हमेशा फलदायी मौसम और मधुर वर्षा प्रदान करें। हे पवित्र पिकेन! आप हमारे खेतों की इस प्रकार रक्षा करें कि उनकी फसलों के नीचे के डंठलों से हमें चारा मिल जाए, उनके ऊपर धान की बालियाँ लहलहा उठें तथा उन बालियों में अच्छे अनाज भर जाएँ।'

अब, मैं फिर से कहता हूँ कि मैं नहीं चाहता कि आप इस आदिम कविता की प्रशंसा करें, चाहे यह एरथोनिया के दलदली भूभागों में 17वीं सदी ईस्वी में पढ़ी-सुनी जाती रही हो, या ईसा से 1700 वर्ष पहले सिन्धु नदी की घाटी में गाई जाती रही हो। भले ही काव्यशास्त्र की दृष्टि से समीक्षा करनेवाले आलोचक यह कहते रहें कि मेघ के लिए प्रयुक्त यह स्तुति किसी साधारण-सी कविता का नमूना हो सकती हैं, किन्तु मैं तो सिर्फ इतना ही कहना चाहता हूँ कि यह बात तय हो जाना ही क्या सबसे बड़ी कविता नहीं है कि सिकन्दर द्वारा भारत की खोज कर लेने के हजारों वर्ष पहले भी मेघ, बिजली की चमक-दमक और कड़क तथा वर्षा के जिस पर्जन्य की स्तुति भारत में की जाती थी, उसी स्तुति को पूर्वी प्रशिया तथा रूस की सीमाओं के बीच में स्थित लितुआनिया के किसान अभी केवल दो सौ वर्ष पहले तक गाते रहे हैं? संस्कृत का 'पर्जन्य' शब्द तो आज भी वहाँ मेघ के लिए व्यक्तिवाचक संज्ञा के रूप में प्रयुक्त होता है। यही नहीं, जैसा कि कुछ विद्वान हमें आश्वस्त करते हैं कि पुरानी स्लाव भाषा में पैरुन पोलिश भाषा में पायरुन और बोहेमियन भाषा में प्रयुक्त पेरौन आदि मेघ के अर्थ वाले शब्द वस्तुतः संस्कृत 'पर्जन्य' के ही संक्षिप्त रूप हैं।

ऐसे तथ्यों से मुझे लगता है कि मानो मिस्र की किसी पुरानी ममी में फिर से रक्तसंचार हो उठा हो, अथवा काले पत्थर की मूर्तियाँ एकाएक हमारे साथ फिर से बातचीत करने लगी हों। आधुनिक विज्ञान के स्पर्श से पुराने शब्द—उन्हें हम चाहें तो ममी अथवा कोई विशाल मूर्ति कह लें—सचमुच फिर से जीवित हो उठते हैं और देवताओं तथा वीरों के पुराने नाम मानो सचमुच बोलने लगते हैं। जो कुछ भी प्राचीन है, वह एकदम नया बन जाता है और इसके विपरीत नया एकदम पुराना लगने लगता है। अकेला 'पर्जन्य' शब्द ही ऐसा जादू कर देता है जिससे वे गुफाएँ या कुटियाएँ एक साथ ही हमारी आँखों के सामने घूम जाती हैं, जहाँ हजारों वर्ष पहले आर्य जाति के पुरखे और हमारे खुद के पूर्वज—चाहे हम बाल्टिक सागर या हिन्द महासागर में रह रहे हों—पर्जन्य की वर्षा से मुक्ति पाने के लिए एकत्र हुए दिखाई देते हैं और कह रहे हों—"हे पर्जन्य! अब बस करो। आपने इतनी वर्षा कर दी कि जलमय हो

जाने के कारण शुष्क मरुस्थल भी आवागमन के योग्य हो गए हैं। अब चारों ओर फसलें खूब लहलहा रही हैं, इसीलिए सब लोग आपकी स्तुति कर रहे हैं।''

पृथ्वी तथा आकाश के यानी सर्वोच्च अन्तरिक्ष के देवताओं के अतिरिक्त हमें अभी भी तृतीय वर्ग के देवताओं के विषय में विचार करना है। ये देवता हवा और मेघों के लड़ाके देवताओं की तुलना में कहीं अधिक निर्मल एवं विशिष्ट हैं और मानव की आँख से ज्यादा दूर हैं। इसलिए ये अपनी शक्ति के निष्पादन में पृथ्वी और आकाश के देवों की तुलना में ज्यादा रहस्यमय हैं।

इन देवताओं में सर्वप्रमुख निस्सन्देह द्युतिमान आकाश या प्राचीन द्यौष ही है जिन्हें, जैसा कि हम जानते हैं, आर्यों के विभिन्न शाखाओं में बँटकर विभिन्न लोगों और भाषाओं में बँट जाने के पहले और ग्रीस में जेसस, इटली में जुपिटर, स्वर्ग के पिता और ट्यूटोनिक कबीलों में तायर और टियू के रूप में बचे रहने के पहले पूजा जाता था। वेदों में हम उसे मुख्य रूप से 'द्यावा पृथ्वी' के रूप में पृथ्वी के साथ संयुक्त रूप में पाते हैं। कहीं-कहीं अकेले द्यौष का उल्लेख भी मिलता है। किन्तु, वैदिक साहित्य में वह क्रमशः विलुप्त होता गया और उसके स्थान पर अधिक शक्तिशाली तथा सक्रिय देवता 'इन्द्र' प्रतिष्ठित होने लगा।

उच्चतम आकाश का एक और प्रतिनिधि, जो सभी को आच्छादित, आलिंगनबद्ध और बचाव करता है, वह वरुण है। यह ऐसा नाम है जो वर धातु से निकला है जिसका अर्थ होता है आच्छादित करना और यह ग्रीक शब्द औरानोस के समकक्ष है। यह देवता हिन्दू मस्तिष्क की अत्यन्त रोचक रचना है क्योंकि हालाँकि हम उस भौतिक पृष्ठभूमि को अभी भी पहचान सकते हैं जहाँ से उसका उद्भव होता है, ऊपर स्थित विशाल, तारामय, देदीप्यमान विस्तार, उसकी विशेषताएँ, किन्हीं भी अन्य वैदिक देवताओं से पूरी तरह परिवर्तित हो गई हैं और वह हमारे सामने एक ऐसे देवता के रूप में विद्यमान है जो विश्व का द्रष्टा है, वह दुष्टों को दंड देता है और अपने से क्षमायाचना करने वालों के पापों को क्षमा कर देता है।

मैं उससे सम्बन्धित सूक्तों में से एक सूक्त का अनुवाद यहाँ प्रस्तुत करना चाहूँगा—

'हे वरुणदेव! हमें आशीर्वाद दीजिए कि हमें हमेशा आपका आशीर्वाद प्राप्त होता रहे क्योंकि हम प्रतिदिन उष:काल होते ही अपनी यज्ञ-वेदियों में यज्ञाग्नि प्रज्वलित करते हैं, वैसे ही हे वरुणदेव, प्रतिदिन आपको नमस्कार करते हुए हम हमेशा आपका चिन्तन और आपकी स्तुति करते रहते हैं।'

'हे वरुण! आप हमारे नेता या मार्गदर्शक हैं। आप हमें अपनी सुरक्षा में ले लीजिए। आप सब वीरों में समृद्ध एवं सशक्त वीरवत्तम हैं। यत्र-तत्र सर्वत्र आपका स्तवगान होता रहता है। आप सभी अदितिसुत आदित्यों या देवताओं में अविजेय हैं। हे देव! आप हमें अपना मित्र बनाने की कृपा कीजिए।'

'शासक आदित्य ने इन नदियों को धरती पर प्रवाहित किया है। हे वरुण! वे आपकी आज्ञाकारी हैं। वे आपकी आज्ञा में रहती हुई निरन्तर प्रवाहित होती रहती हैं, वे कभी थकती नहीं और न अपने प्रवाह को ही कभी रोकती हैं। मानो उड़ती जा रही हों।'

'हे वरुण! जैसे कोई किसी अपराधी को बेड़ियाँ काटकर उसे बन्धनमुक्त कर देता है, वैसे ही आप मुझे मेरे पापों से मुक्त कर दीजिए। इस प्रकार हम खूब फूले-फलेंगे, बढ़ेंगे और समृद्ध होंगे। पृथ्वी पर विकास और समृद्धि की प्रतीक यह बसन्त ऋतु आपके ही नियमों के अनुसार प्रतिवर्ष यथासमय विकसित होती है तथा आपके आदेश और नियम सर्वत्र व्याप्त हो रहे हैं। जब तक मैं आपकी स्तुति कर रहा हूँ, मेरे स्तुति के सूत्र को बीच में न कटने दें और बढ़ई या कारीगरों के कामों में कोई को खंडित न होने दें।'

'हे वरुण! इस आतंक को मुझसे दूर कर दीजिए। हे न्यायकारी सम्राट् वरुण मुझ पर कृपा कीजिए। जैसे बछड़ा बन्धन-मुक्त हो जाता है, वैसे ही आप मुझे मेरे पापों से मुक्त कर दीजिए। आपसे दूर रहकर मैं पलक भी नहीं झपक सकता।'

'हे वरुण! आप वे शस्त्र हम पर न उठाइए जिनसे दुष्कर्म करनेवालों को प्रताड़ित एवं नष्ट करते हैं। हम ऐसे लोक में न जाएँ जो प्रकाशहीन हैं। आप हमारे शत्रुओं को छिन्न-भिन्न कर दीजिए ताकि हम सकुशल रहें।'

'हे वरुणदेव! हम आपकी स्तुति करते रहे हैं, कर रहे हैं और करते रहेंगे। हे शक्तिशाली देव! ये सब स्थिर पदार्थ और विविध आकार-प्रकार वाली मूर्तियाँ आप पर ऐसे सुदृढ़ रूप से स्थापित हैं मानो किसी दृढ़ चट्टान पर प्रतिष्ठित हों। हे देव! आप वस्तुतः अपराजेय वीर हैं।'

'हे राजन्! मेरे सब पापों और अपराधों को आप मुझसे दूर कर दीजिए। दूसरों के किए दुष्कर्मों के कुफल अथवा दुःख मुझे न भोगने पड़ें। हे वरुण! अभी अनेक उषाएँ आनेवाली हैं। आप हमें आनेवाली उन अनेक उषाओं तक जीवित रहने का आशीर्वाद दीजिए।'

आपने देखा होगा कि इस सूक्त के कई श्लोकों में वरुण को आदित्य अर्थात् अदिति का पुत्र कहा गया है। 'अदिति' शब्द का अर्थ है जो कभी खंडित या नष्ट न हो, तथा जो बन्धनहीन एवं अनन्त हो। स्वयं वेद में भी यदा-कदा अदिति की प्रार्थना परा कहकर की गई है। अर्थात अदिति वस्तुतः पृथ्वी, आकाश तथा सूर्य और उषा आदि सबसे परे है। धार्मिक चिन्तन के उस आदिम युग में एक दिव्य शक्ति की इस रूप में मान्यता वस्तुतः आश्चर्यजनक है। वेदों में हमें अदिति की अपेक्षा भी कहीं अधिक 'आदित्यों' का वर्णन मिलता है जिसका शब्दिक अर्थ है अदिति के पुत्र या दृश्य पृथ्वी और अन्तरिक्ष से अप्रकट और एक अर्थ में अनन्त हैं। उनमें से वरुण भी है और अन्य हैं मित्र और अर्यमा (भाग, दक्ष और अंश), हालाँकि इनमें से

अधिकांश केवल भाववाचक संज्ञाएँ ही हैं। हालाँकि अन्तरिक्ष और अन्तरिक्ष के सूर्य का प्रकाश उनका स्रोत है, और लगता है कि इसे भुला दिया गया है।

जब 'मित्र' और 'वरुण' दोनों की एक-साथ स्तुति की जाती है, तब भी हम धुँधले रूप में यह महसूस कर सकते हैं कि वे दिन रात्रि और अन्धकार के लिए बने हैं। लेकिन इनके और अधिक वैयक्तिक तथा नाटकीय पहलुओं में, वैदिक पुराकथाओं में दो घुड़सवारों के रूप में व्यक्त होते हैं।

अनन्त अदिति के भी कुछ ऐसे चिह्न दिखाई देते हैं कि यह मूलत: अन्तहीन उषा ही रही होगी। किन्तु दूसरी ओर वैदिक कवि प्रतिक्षण परिवर्तनशील इस सुन्दरी उषा की, जिसे ग्रीक भाषा में इओस कहा जाता है, स्वतंत्र रूप से भी स्तुति करता है। यह उषा प्रभात की एक अत्यन्त रूपवती कुमारी कन्या है जिससे अश्विनीकुमार प्रेम करते हैं और सूर्य भी इससे प्रेम करता है, किन्तु ज्यों ही वह अपनी सुनहरी किरणों से इसके आलिंगन के लिए आगे बढ़ता है, यह तुरन्त उसकी आँखों के आगे से ओझल हो जाती है। सूर्य को हम वायु, अन्तरिक्ष, द्युलोक और पृथ्वीलोक के दिव्य व्यक्तित्वधारी के रूप में देख चुके हैं। वह सूर्य, सावित्री, पूषन और विष्णु आदि अनेक नामों से एक बार पुन: आकाश में स्थित सूर्य के रूप में अपने सम्पूर्ण व्यक्तित्व में प्रकट होता है।

इस सबसे अब आप समझ गए होंगे कि आर्यों के सम्पूर्ण पुराकथाओं को केवल सूर्य तक ही सीमित कर देने का कोई भी प्रयत्न कितना भ्रामक है। हम यह देख ही चुके हैं कि वैदिक आर्यों के प्रारम्भिक, धार्मिक एवं पुराकथाओं के भंडार के निर्माण और विकास में पृथ्वी, वायु और अन्तरिक्ष आदि का हाथ है। तथापि आर्यों की इस प्राचीन चिन्तनधारा में—जिसे हम लोग पुराकथाएँ अर्थात माइथोलॉजी कहते हैं—सूर्य उसी केन्द्रीय एवं आधिपत्यपूर्ण स्थान पर विभिन्न नामों से स्थित रहते हुए आज भी हमारे चिन्तन में विद्यमान है।

जिसे आज हम 'प्रभात' कहते हैं, प्राचीन आर्य उसे सूर्य या उषा कहते थे। और, 'सही ढंग से चिन्तन करनेवाले किसी भी व्यक्ति का इससे अधिक गहन-गम्भीर चिन्तन नहीं हो सकता जितना कि वह एक 'उषस' शब्द में निहित है। (ये मेरे अपने शब्द नहीं है; ये तो हमारे अपने महाकवियों में से एक सुप्रसिद्ध कवि एवं प्रकृति के सच्चे उपासक जॉन रस्किन का कथन है)। जिसे हम मध्याह्न और सन्ध्या अथवा रात्रि कहते हैं, और वसन्त तथा शरत् अथवा वर्ष या समय एवं जीवन व नित्यता आदि नामों से जानते हैं, उन सबको प्राचीन आर्य 'सूर्य' कहते थे। यह सब कुछ स्पष्ट रहने पर भी समझदार लोग चकित होकर कहते हैं कि यह कैसी विचित्र बात है कि प्राचीन आर्य लोगों के यहाँ इतने प्रकार के 'सौर-मिथक' थे। वे लोग इतने रूपों में सूर्य की उपासना क्यों करते थे ? मैं आपसे पूछना चाहूँगा कि क्या हर समय गुड मार्निंग कहकर हम 'सौर मिथक' को ही स्वीकार नहीं करते ? प्रत्येक ऐसा कवि

जो यह गाता है कि 'यह थरथर कँपा देनेवाली शीतऋतु दूर चली जाए और खेतों व मैदानों में फिर से वसन्त का आगमन हो जाए', वह भी क्या सूर्य पुराकथा को ही स्वीकार नहीं करता? हमारी पत्र-पत्रिकाओं के 'क्रिसमस-विशेषांक', जो पुराने वर्ष के चले जाने एवं नववर्ष के शुभागमन की घोषणाएँ करते हैं, सूर्य-सम्बन्धी पुराकथा से ही लबालब भरे रहते हैं। इस 'सौर पुराकथा' से घबराइए मत, किन्तु जब भी प्राचीन पुराकथाओं में आपका सामना उस नाम से हो जो भाषाविज्ञान के कठोरतम नियमों का पालन करते हुए अंग्रेजी के सूर्य, उषा, या प्रात:काल, या रात्रि या वसन्त या शीत ऋतु अर्थ वाले शब्द से विकसित हुआ है, तो यह मान लें कि जो भी कुछ है उस सबका मतलब सूर्य है। इसमें कोई विस्मय की आवश्यकता नहीं कि सूर्य के उपनाम से जो कथा कही गई, वह मूल रूप से सौर पुराकथा से ही सम्बन्धित है।

सभी को सौर आख्यानों में बदलने में तुलनात्मक पुराकथाओं की प्रवृत्ति का मुझसे ज्यादा किसी ने विरोध नहीं किया है। लेकिन यदि मैं इस नए विज्ञान के विरुद्ध सामने रखे गए तर्कों में से कुछ को पढ़ूँ तो मैं यह स्वीकार करता हूँ कि ये मुझे सदियों पहले दक्षिणी गोलार्द्ध में रहने के विरुद्ध प्रस्तुत की गई दलीलों की याद दिलाने से ज्यादा कुछ नहीं करते। उन दिनों लोग अपने सामान्य ज्ञान से यह समझाने की प्रेरणा दिया करते थे कि इस भूमंडल के नीचे की ओर (दक्षिणी गोलार्द्ध) नहीं है अन्यथा वे लोग इस भूमंडल से नीचे गिर पड़ेंगे? ऐसे लोगों को खगोलशास्त्रियों का यही सबसे बढ़िया उत्तर होता था कि 'जाओ और देख लो।' इसी प्रकार मैं उन विद्वान सन्देहवादियों को भी यही कहना चाहूँगा जो तुलनात्मक पुराकथाओं के विज्ञान की खिल्ली उड़ाया करते हैं—'जाओ और देख लो' और वेदों को पढ़िए। अध्ययन कीजिए और मैं आपको विश्वास दिलाता हूँ कि ऋग्वेद के प्रथम मंडल का अध्ययन करते-करते ही आप सौर मिथकों के विरोध में अपनी आवाज उठाना बन्द कर देंगे और यह मान जाएँगे कि आप भारत में हों या यूनान में, इटली में हों या इंग्लैंड में-जहाँ हमें सूर्य बहुत कम दिखता है और जहाँ हम मौसम की बात ज्यादा करते हैं—सब जगह सूर्य सम्बन्धी मिथक किसी न किसी रूप में प्रचलित हैं।

इस प्रकार हमने देखा कि ऋग्वेद के सूक्तों और मंत्रों में कितनी बड़ी संख्या में तथाकथित देवगण सुरक्षित हैं जो वस्तुत: देदीप्यमान और सूर्य के समान प्रभावान हैं, जिनकी प्रार्थनाएँ की गई हैं। किस प्रकार सम्पूर्ण विश्व में वे विद्यमान थे और पृथ्वी की या वायुमंडल की, अथवा उससे भी ऊपर द्युलोक की प्रकृति-सम्बन्धी प्रत्येक कार्य और घटना उन्हीं के द्वारा सम्पन्न होती हुई दिखाई गई है। जब हम कहते हैं कि यह गरज रहा है, तो उन्होंने कहा कि इन्द्र गरज रहा है, जब हम कहते हैं कि वर्षा हो रही है तो उन्होंने कहा कि 'पर्जन्य' जल से भरे अपने पात्र को धरती

पर उड़ेल रहे हैं। जब हम कहते हैं कि पौ फट रही है तो उन्होंने कहा कि उषा सुन्दरी किसी नृत्यांगना के समान अपनी कला का वैभव बिखेर रही है। हम कहते हैं अब अँधेरा हो गया तो उन्होंने कहा कि सूर्य ने अपने रथ के अश्व खोल दिए। वैदिक कवियों के लिए यह समग्र प्रकृति ही सजीव थी। उसे प्रत्येक कण-कण में देवता की उपस्थिति का अनुभव होता रहता था और उनकी उपस्थिति की इस भावना में धार्मिक एवं नैतिकता के बीज भी विद्यमान थे। यह धार्मिक भावनाजन्य नैतिकता अत्यन्त दृढ़ थी। इस कारण मानव किसी भी प्रकार का कोई दुष्कर्म करने से ऐसे हिचकिचाता था, मानो वह किसी की आँखों के सामने पाप कर रहा हो। आकाश के पुरातन देवता वरुण का वर्णन करते हुए एक कवि कहता है—

'इन सम्पूर्ण विश्वों के महान् स्वामी वरुण सम्पूर्ण विश्व को सदा ऐसे देखते रहते हैं मानो वे उनके पास ही में विद्यमान हों। कोई भी व्यक्ति, भले ही वह खड़ा हो या चल-फिर रहा हो, छिपा हुआ हो या लेट रहा हो, अथवा कोई भी दो व्यक्ति आपस में कानाफूसी कर रहे हों, राजा वरुण सब कुछ जानते हैं। वह उन दोनों के मध्य तीसरे होते हैं। यह पृथ्वी सम्राट् वरुण के ही अधीन है तथा सुदूर विस्तृत यह अनन्त आकाश भी उसी के अधीन है। अन्तरिक्ष और सूर्यरूपी दोनों समुद्र उसके दोनों कटिबन्ध हैं। पानी की सूक्ष्मतम बूँद में भी वह विद्यमान हैं कोई भले ही आकाश में कितनी ही दूर उड़कर क्यों न चला जाए, वह सम्राट् वरुण की पकड़ के बाहर नहीं जा सकता। उसके दूत या गुप्तचर स्वर्ग से इस धरती पर निरन्तर अवतरित होते रहते हैं और वे अपने हजारों नेत्रों से इस पृथ्वी का हमेशा निरीक्षण करते हैं। पृथ्वी और अन्तरिक्ष के बीच तथा इनसे बाहर भी जो कुछ है, उस सबको राजा वरुण निरन्तर देखते रहते हैं। यहाँ तक कि वे मनुष्य की एक-एक पल की भी गणना करते रहते हैं। वह चौसर के खिलाड़ी के समान सदा अपने पासे फेंकते रहते हैं। उन्होंने सब पदार्थों को यथास्थान स्थिर रखा है। सात गुणा सात के तीन गुना आपके सर्वव्यापी घातक पाश असत्य बोलनेवालों को जकड़ लें तथा जो सत्य बोलते हैं उनसे वे सदा दूर रहें।'

आप देख सकते हैं कि यह एक सुन्दर रचना है और उतनी ही सत्य भी है जितनी कि कोई भी प्रार्थना हो सकती है। इसके विपरीत हम यह भी जानते हैं कि वरुण नामक कोई देवता सचमुच नहीं था और न ऐसा कोई पदार्थ और वस्तु ही थी, जिसे वरुण के नाम से सम्बोधित किया जा सके। हमें यह भी पता है कि यह मात्र एक नाम ही है। जिसका अर्थ है 'सबको आवृत कर लेनेवाला या अपने में समेट लेनेवाला'। पहले शायद यह तारामय आकाश के लिए प्रयुक्त होता रहा होगा, और बाद में सर्वथा बोधगम्य प्रक्रिया के द्वारा इस वरुण शब्द का विकास मानवीय और अतिमानवीय वैशिष्ट्ययुक्त इस तारामय आकाश के पीछे छिपे हुए सर्वशक्तिमान गुणों के रूप में हो गया।

वरुण के बारे में जो कुछ कहा गया है, वही वेद के अथवा वैदिक धर्म के अन्य सब प्रमुख देवताओं के बारे में भी कहा जा सकता है, भले ही इन देवताओं की संख्या तैंतीस रही हो या एक ऋषि के कथनानुसार वे तीन हजार तीन सौ उनतालीस ही क्यों न रही हो। वे केवल नाम हैं वैसे ही जैसे जुपिटर, अपोलो और मिनर्वा। वास्तव में यह वैसा ही है जैसे दूसरे धर्मों के देवता हैं जिन्हें विशेषणात्मक उपाधिवाचक संज्ञाओं से सम्बोधित किया जाता है।

सम्भवत: यदि वैदिक युग के भारत में अथवा पैरीक्लीज-कालीन युनान में किसी ने यह कहा होता तो सुकरात की तरह उसे भी ईश्वर-निन्दक या नास्तिक कह दिया जाता। यह सब होते हुए कहीं कुछ भी तो स्पष्ट और सत्य नहीं है। यहाँ तक कि वेद के कुछ ऋषियों तथा परवर्ती वेदान्तदर्शन के माननेवाले तत्त्व-चिन्तकों ने भी स्पष्ट रूप से यह समझ लिया था कि तथ्य यही है।

यहाँ हमें 'यह केवल एक नाम है' जैसे मुहावरे का प्रयोग अत्यन्त सावधानी के साथ करना होगा। क्योंकि, कोई भी नाम, केवल नाम तो हो नहीं सकता। शुरुआत में प्रत्येक नाम किसी के लिए ही प्रयुक्त हुआ होगा। यह हो सकता है कि उससे यह स्पष्ट नहीं हो सका हो कि यह नाम क्या अभिव्यक्त करने के लिए है और तब हम यह कहते हैं कि 'यह केवल एक नाम है'। इन वैदिक देवताओं के साथ भी यही हुआ है। प्रत्येक देवता मूलत: परात्पर, अदृश्य, अज्ञेय, दृश्य विश्व से परे, इस अपूर्ण विश्व में सर्वथा परिपूर्ण एवं सर्वांग-सम्पूर्ण इस प्राकृतिक जगत् में अतिमानवीय, दिव्य तथा सर्वशक्तिमान और सर्वव्यापी की अभिव्यक्ति करने के लिए बना था। जो सदैव से ही अवर्णनीय होना था उसे वे अभिव्यक्त करने में असफल रहे। लेकिन वह अवर्णननीयता स्वयं विद्यमान रही और इन सभी असफलताओं के बावजूद वह समाप्त नहीं हुई और प्राचीन चिन्तकों और कवियों के मस्तिष्क से लुप्त नहीं हुई। वे अपने प्रयत्न में हताश नहीं हुए और इसीलिए वे सदैव उसे नए और बेहतर नाम देते रहे। और तब तक उन्हें इस प्रकार सम्बोधित किया जाता रहेगा जब तक इस पृथ्वी पर मानव का अस्तित्व बना रहेगा।

7

वेद और वेदान्त

मुझे इस बात पर आश्चर्य नहीं है कि मेरे कुछ श्रोताओं ने यह चाहा है कि मैं अपने अन्तिम व्याख्यान के एक हिस्से के रूप में उनके इस प्रश्न का उत्तर दूँ कि यदि भारत में ई.पू. 5वीं सदी से पहले लेखन का प्रचलन नहीं था तो वैदिक साहित्य इतने वर्षों तक कैसे सुरक्षित रह पाया, जबकि ऋग्वेद की ऋचाएँ 15वीं शती ईस्वी पूर्व की हैं? शास्त्रीय विद्वान स्वाभाविकत: यह पूछते हैं कि ऋग्वेद की हमारी प्राचीनतम पांडुलिपि की तिथि क्या है और किस आधार पर उसकी विषयवस्तु को इतनी ज्यादा प्राचीनता दी जाती है? मैं जितना हो सकता है इस प्रश्न का उत्तर देने का प्रयास करूँगा और इसके लिए मैं विनम्रता से कहना चाहूँगा कि ऋग्वेद की प्राचीनतम पांडुलिपि, जिसे हम जानते हैं, 1500 ईस्वी पूर्व नहीं बल्कि 1500 ईस्वी की है।

इस प्रकार इन दोनों में 3000 वर्ष का अन्तर है और इस अन्तर को पाटने हेतु पुल बनाने के लिए एक शक्तिशाली मेहराब की जरूरत है।

किन्तु इतना ही काफी नहीं है।

आपको यह पता होगा कि इस सदी के आरम्भ में जब महाकवि होमर के काव्य का रचनाकाल निर्धारित करने की चर्चा हो रही थी तब जर्मन विद्वान फ्रेड्रिख आगस्ट वोल्फ ने दो महत्त्वपूर्ण प्रश्न उठाए थे—

1. यूनानी लोगों ने लिखना कब सीखा और उन्होंने अपने शिलालेखों, सिक्कों, ढालों और सरकारी और निजी इक़रारनामों आदि में लेखन का प्रयोग कब शुरू किया?
2. यूनानियों ने साहित्य-रचना के लिए लिपि के उपयोग के बारे में कब सोचा और इस काम के लिए उन्होंने किस सामग्री का उपयोग किया?

इन दोनों महत्त्वपूर्ण प्रश्नों के द्वारा प्राचीन ग्रीक-साहित्य के धुँधले इतिहास पर जो एकदम नवीन प्रकाश पड़ा है उससे प्राचीन ग्रीस के इतिहास के अन्य किसी तथ्य से ज्यादा दृढ़ता से यह बात स्थापित हुई कि आयोनियन लोगों ने अपनी शब्दावली फोनीशिया लोगों से सीखी थी। आयोनियन लोग अपने अक्षरों को

फोनिशियन अक्षर कहा करते थे और अल्फाबेट शब्द स्वयं ही फोनिशियन शब्द है। हम यह अच्छी तरह समझ सकते हैं कि एशिया माइनर में आयोनियन लोगों को फोनिशियन लोगों ने शब्दावली यानी अल्फाबेटा का ज्ञान दिया होगा। यह कुछ तो व्यापार-व्यवसाय के काम के लिए अर्थात अनुबन्ध बनाने के लिए और कुछ इसलिए कि वे पेरीप्लस नामक छोटे पन्नों का उपयोग कर सकें या यात्रा का ब्यौरा तैयार कर सकें जो नाविकों के लिए उतने ही महत्त्व के थे जिस प्रकार नक्शे मध्यकाल के साहसिक नाविकों के लिए महत्त्व के थे। किन्तु वहाँ से लिखित साहित्य तक अभी भी एक चौड़ी खाई है। यह सभी जानते हैं कि विशेषकर उत्तर के जर्मनों के पास, मकबरों, गोबलेट्स, सार्वजनिक स्मारकों के लिए उनके रूनेस थे लेकिन ये साहित्यिक रचनाओं के लिए नहीं थे। मिलेटस और राजनीतिक और व्यावसायिक जीवन के अन्य केन्द्रों में चाहे कुछ आयोनियनों ने लिखने की कला हासिल कर ली हो, उन्हें लिखने की सामग्री कहाँ से प्राप्त हुई थी ? इससे भी ज्यादा यह बात महत्त्व की है कि उन्हें पाठक कहाँ से मिलते थे ? जब आयोनियनों ने लिखना शुरू किया तो उन्हें चमड़े के टुकड़ों से सन्तोष करना पड़ता था, और जब तक वेलम या पार्चमेन्ट पूरी तरह उपयुक्त नहीं बनाया जा सका, तब तक लेखक का व्यवसाय सन्तोषजनक नहीं हो सकता था। जहाँ तक हमारी जानकारी है, आयोनियनों ने छठवीं सदी के मध्य के लगभग लिखना शुरू किया। वूल्फ के सिद्धान्त के विरुद्ध कुछ भी कहा जाए, यह सिद्धान्त अभी भी इस बात पर लागू है कि उनके लिए लिखित साहित्य की शुरुआत वैसी है जैसे कि गद्य के लेखन की शुरुआत।

लेखन उस समय एक प्रयास हुआ करता था और ऐसा प्रयास कुछ महान उद्देश्य के लिए ही किया गया था। पहला लिखित चमड़ा मरे की पुस्तक थी, जिसे पेरीजेसिस या पीरियोडोस कहा गया था, या यदि सामुद्रिक यात्राओं की बात करें तो ये पेरीप्लस अर्थात मार्गदर्शक पुस्तकें, ये वे किताबें थीं जो यात्रियों को किसी प्रदेश के या शहर के आसपास घुमाती थीं। इन यात्रा विवरणों से सम्बन्धित थे शहरों की बुनियादों के विवरण जिन्हें Ktisis कहा जाता था। ऐसी किताबें छठवीं और पाँचवीं सदियों में एशिया माइनर में विद्यमान थीं और उनके लेखकों को एक सामान्य नाम लोगोग्राफी या λόγιοι या λογοποιοί कहा जाता था, जो ἀοιδοί यानी कवियों के विपरीत था। ये ग्रीक इतिहासकारों से भी पहले की थीं और इतिहास के पिता हेरोडोटस ने उनकी कृतियों का अकसर उपयोग किया था।

प्रारम्भ की यह पूरी साहित्यिक गतिविधि एशिया माइनर की थी। ऐसा लगता है कि 'शहरों और देशों की मार्गदर्शिकाएँ' से लेकर साहित्य प्राचीन काल में ही जीवन की मार्गदर्शिका या दार्शनिक वचनों तक विस्तारित हो चुका था, जैसा कि

आयोनियन एनेक्सिमेंडर (610-547 ई.पू.), सीरियाई फेरेकाइड्स (540 ई.पू.) को श्रेय दिया जाता है। ये तथ्य हमें इतिहास के खुले प्रकाश में ले जाते हैं क्योंकि एनेक्सिमेंडर एनेक्सिमिनिस का, एनेक्सिमिनिस एनाक्सागोरस का और एनक्सवागोरस पेरिकल्स का शिक्षक था। उन दिनों लेखन एक मान्य कला थी और उसका पोषण मुख्यतः मिस्र और पेपीरस के आयात से सम्भव हुआ। एस्चिलास (500 ई.पू.) के समय लेखन का विचार इतना चिर-परिचित हो चुका था कि वह काव्यात्मक उपमाओं में उसका उपयोग अधिक-से-अधिक कर पाया और इसका कोई कारण नहीं दिखता कि हम क्यों यह सन्देह करें कि पीसिस्ट्रेटोस (528 ई.पू.) और समोस का पोलीक्रेटस (523 ई.पू.) ग्रीक पांडुलिपियों के पहले संग्रहकर्ता थे। इस प्रकार वूल्फ के द्वारा उठाए गए साधारण से प्रश्नों ने प्राचीन ग्रीक साहित्य के इतिहास को कुछ व्यवस्थित कर दिया, खासतौर से उसकी पहली शुरुआतों के सन्दर्भ में। इसलिए यह तर्कपूर्ण ही लगेगा कि संस्कृत साहित्य के विद्यार्थी भी इस प्रकार के सवाल पूछ सकते हैं—

अब यही दोनों प्रश्न कोई संस्कृत का विद्यार्थी भी इस प्रकार पूछ सकता है—

(1) भारत के लोग वर्ण से कब परिचित हुए?

(2) वहाँ साहित्य के लिए ऐसी वर्णमाला का प्रयोग कब से आरम्भ हुआ?

आश्चर्य की बात है कि ये प्रश्न लम्बे समय तक उपेक्षित रहे और इसका परिणाम यह हुआ कि संस्कृत साहित्य की अव्यवस्था में व्यवस्था के पहले तत्त्वों को भी लागू नहीं किया जा सका।

यहाँ मैं कुछ तथ्य ही बता सकता हूँ। भारत में तीसरी सदी ईसा पूर्व के मध्य के पहले तक का कोई भी शिलालेख उपलब्ध नहीं है। ये शिलालेख बौद्ध हैं जो चन्द्रगुप्त के पौत्र अशोक के शासनकाल में खुदवाए गए थे। चन्द्रगुप्त सेल्यूकस का समकालीन था और उसके दरबार में सेल्यूकस का राजदूत मेगस्थनीज रहता था। आप देखेंगे कि यहाँ हम ऐतिहासिक आधारभूमि पर हैं, वास्तव में इसमें कम सन्देह है कि अपने विशाल राज्य के विभिन्न भागों में इन शिलालेखों को खुदवाने वाले अशोक ने 259 से 222 ई.पू. तक राज्य किया था।

ये शिलालेख दो प्रकार की वर्णमाला में लिखे गए हैं—एक दाईं ओर से बाईं ओर की वर्णमाला जो अरमीनियन यानी सेमिटिक वर्णमाला थी और दूसरी बाएँ से दाहिने की ओर लिखी जाती थी और यह भारतीय भाषा की जरूरतों के अनुरूप सेमिटिक वर्णमाला का व्यवस्थित अनुकूलन था। यह दूसरी वर्णमाला सभी भारतीय लिपियों का और उन कई वर्णमाला का भी स्रोत बनी जिसे बौद्ध शिक्षक भारत की सीमा के बाहर तक ले गए। यह सम्भव है कि तमिल वर्णमाला उसी सेमिटिक स्रोत से सीधे ली गई हो जिसने भारत की दाहिनी ओर को और बायीं ओर को लिखी जाने वाली वर्णमालाएँ प्रदान की थीं।

अब हमारे पास पहला तथ्य यह आ गया कि लेखन चाहे वह भवनों के लिए हो, भारत में तीसरी सदी ईस्वी पूर्व के पहले अज्ञात था।

किन्तु वाणिज्यीय गतिविधियों के लिए लेखन तो उसके पहले भारत में ज्ञात था। इसमें सन्देह नहीं कि मेगस्थनीज ठीक ही कहता है कि भारतीयों को वर्णों का ज्ञान नहीं था और उनके कानून लिखित नहीं थे और वे स्मृति से ही न्याय-प्रशासन करते थे। किन्तु सिकन्दर महान का नौसेनाध्यक्ष, जो सिन्धु नदी के दक्षिण की ओर चला था (325 ई.पू.) और इसलिए उसका सम्पर्क भारत के बन्दरगाहों में आवाजाही करने वाले व्यापारियों से हुआ था, ने उतना ही सही कहा था कि "भारतीय लोग पीट-पीट कर जमाई गई रुई पर पत्र लिखते थे।" निस्सन्देह ये वाणिज्यीय दस्तावेज थे, अनुबन्ध थे और ये फोनीसियनों या मिस्त्री सेनापतियों के साथ किए गए हो सकते हैं। लेकिन इनसे यह बात सिद्ध नहीं होती कि उस समय भारत में, जिसे हम लिखित साहित्य कहते हैं, वह विद्यमान था।

वास्तव में नियारकस खुद वही बात कहता है जो मेगस्थनीज ने उसके बाद कहा था, याने 'भारत में कानून लिखित रूप में नहीं थे।' यदि, उसी दौरान, भारत में आने वाले ग्रीक यात्री यह लिखते हैं कि भारतीयों ने मील के पत्थरों और मवेशियों पर विभिन्न चिह्न बनाए थे और अंकों का उपयोग भी किया था तो यह सब उस बात की पुष्टि होगी जो हमें अन्य स्त्रोतों से ज्ञात होती है, अर्थात, लिखने की कला सिकन्दर की विजय के पहले भारत आ तो गई थी, तथापि साहित्यिक रचनाओं के लिए उसका प्रयोग उससे ज्यादा पहले नहीं किया गया होगा।

अब हमारे सामने एक अत्यन्त आश्चर्यजनक तथ्य आ जाता है। भारत में लेखन चौथी सदी ईस्वी पूर्व के पहले अज्ञात था, फिर भी हमें यह विश्वास करने के लिए कहा जाता है कि वैदिक साहित्य अपने तीन सुपरिभाषित कालों अर्थात मंत्र, ब्राह्मण, और सूत्र कालों में कम से कम एक हजार वर्ष ई.पू. अपने वर्तमान रूप में निर्मित हो चुका था।

अब केवल ऋग्वेद अकेले में ही विभिन्न देवताओं को सम्बोधित सूक्तों के दस ग्रन्थ शमिल हैं, जिनमें कुल मिलाकर 1017 (1028) सूक्त, 10580 श्लोक और लगभग 153,826 शब्द हैं। ये कविताएँ अत्यन्त पूर्ण छन्द में रची गई थीं। प्रश्न यह है कि ये किस प्रकार रची गई थीं और रचे जाने के बाद, वे 1500 ई.पू. से 1500 ई. तक यानी उस काल तक कैसे विद्यमान रहीं, जिस काल की हमारी श्रेष्ठतम संस्कृत पांडुलिपियाँ थीं?

इसका उत्तर यह है कि ये पूरी तरह स्मरणशक्ति से सुरक्षित रहीं। यह आश्चर्यजनक लग सकता है, किन्तु उससे भी ज्यादा आश्चर्यजनक यह लगेगा कि यह एक ऐसा तथ्य है जिसे सन्देह करने वाले किसी भी व्यक्ति के द्वारा इसी क्षण आसानी से सुनिश्चित किया जा सकता है, कि यदि ऋग्वेद की हर पांडुलिपि खत्म हो जाएँ तो

भी हम उसे सम्पूर्ण रूप में भारत में श्रोत्रियों की स्मरण शक्ति से प्राप्त कर सकते हैं। ये देशी छात्र वेद को कंठस्थ कर लेते हैं और वे अपने गुरु से इसे सीखते हैं, किसी पांडुलिपि से नहीं, और मेरे छपे संस्करण से तो कतई नहीं—और कुछ समय बाद वे पुनः अपने छात्रों को पढ़ाते हैं।

ऑक्सफोर्ड में मेरे कमरे में मुझे ऐसे छात्रों से भेंट हुई जो न केवल इन ऋचाओं को दुहरा सकते थे, बल्कि जिन्होंने उन्हें उचित उच्चारण (क्योंकि वैदिक संस्कृत का उच्चारण ग्रीक के समान होता है) के साथ दोहराया। उन्होंने ऋग्वेद के मेरे छपे संस्करण को जब देखा तो उन्होंने किंचित हिचक के बिना उसकी एक गलती की ओर मेरा ध्यान दिलाया।

मैं आपको और भी कुछ बताना चाहता हूँ। हमारे यहाँ उपलब्ध ऋग्वेद की हस्तलिखित पांडुलिपियों में कोई पाठान्तर नहीं है, किन्तु भारत में वेदों को कंठस्थ करनेवाले विभिन्न गुरु-शिष्यों की परम्पराओं के भेद के कारण कुछ अंशों के उनके अपने पाठ हैं और वे इन पाठों को बहुत सावधानी से अगली पीढ़ी को सौंपते हैं। इसलिए ग्रीक और लैटन में जिस प्रकार पांडुलिपियों में मिलान करते हैं, उसके स्थान पर, मैंने अपने कुछ मित्रों से कहा है कि वे उन वैदिक छात्रों का मिलान करें जिन्हें उनके स्वयं का ऋग्वेद कंठस्थ है, और फिर वे मुझे इन जीवित अधिकारी विद्वानों के विभिन्न पाठों को बताएँ।

हम यहाँ सिद्धान्तों की बात नहीं, बल्कि तथ्यों की बात कर रहे हैं, जिनकी कोई भी पड़ताल कर सकता है। सम्पूर्ण ऋग्वेद और उससे भी ज्यादा कुछ, कई विद्वानों की मौखिक परम्परा में अभी भी विद्यमान हैं। यदि वे चाहें तो हर अक्षर को और हर उच्चारण को ठीक वैसा ही लिख सकते हैं जो हम प्राचीन पांडुलिपियों में पाते हैं। यह जरूर है कि कंठस्थ करने का यह काम अत्यन्त अनुशासन के अन्तर्गत होता है। वास्तव में यह बहुत पवित्र कर्तव्य माना जाता है। भारत के मेरे एक मित्र ने, जो स्वयं वेदों के प्रामणिक विद्वान हैं, मुझे बताया कि ऋग्वेद पढ़नेवाले प्रत्येक विद्यार्थी को आठ वर्ष तक गुरु के घर में बिताना होता है। उसे दस ग्रन्थ पढ़ने होते हैं : प्रथम, ऋग्वेद की ऋचाएँ, फिर यज्ञों का गद्य ग्रन्थ जिसे ब्राह्मण कहते हैं, फिर अरण्यक, फिर घरू समारोहों के नियमों को, और अन्त में शिक्षा, व्याकरण, कल्प, निरुक्त, छन्द और ज्योतिष का अध्ययन करना पड़ता है।

हिसाब लगाया गया है कि इन दस ग्रन्थों में लगभग 30,000 पंक्तियाँ होती हैं और प्रत्येक पंक्ति में बत्तीस अक्षर होते हैं।

छात्र को आठ साल के अपने धर्मशास्त्रीय छात्र-जीवन में, अवकाश वाले अनध्याय-दिवसों को छोड़कर प्रतिदिन अध्ययन करना पड़ता है। एक चान्द्र वर्ष में 360 दिनों के हिसाब से उसे आठ वर्षों में 2880 दिन मिलते थे। इनमें से 384 बिना पढ़ाई को निकाल देने पर उसे आठ वर्षों में 2496 कार्य-दिवस मिलते हैं। अब यदि

आप 30,000 पंक्तियों को 2496 कार्यदिवसों से भाग दें, तो आपको एक दिन में केवल 12 पंक्तियाँ याद करनी पड़ती हैं। यह बात अवश्य है कि इसके साथ ही पूर्वपठित ग्रन्थों को दोहराने और उनका अभ्यास करने में पर्याप्त समय चला जाता है।

अभी स्थिति यह है, हालाँकि अब मुझे सन्देह होने लगा है कि क्या यह परम्परा आगे भी सुरक्षित रह पाएगी ? इसलिए मैं अपने भारत-स्थित मित्रों तथा आई.सी.एस. के पद पर नियुक्त होकर भारत जानेवाले अपने शिष्यों से सदा यह आग्रह करता रहता हूँ कि यह उनका परम पुनीत कर्तव्य है कि वे इन जीवित पुस्तकालयों से जो कुछ सीख सकते हैं, अवश्य सीख लें। यदि यह श्रोत्रिय-समुदाय समाप्त हो गया, तो इस प्राचीन साहित्य का बहुत बड़ा अंश उन्हीं के साथ समाप्त हो जाएगा।

पर अब हमें पीछे मुड़कर देखना चाहिए। लगभग एक हजार साल पहले इत्सिंग नामक एक बौद्ध चीनी यात्री संस्कृत सीखने के लिए भारत गया ताकि वह मूलतः संस्कृत में लिखे अपने स्वयं के धर्म के कुछ पवित्र ग्रन्थों का चीनी में अनुवाद कर सके। वह 671 ई. में चीन से रवाना हुआ और भारत में ताम्रलिप्त में 673 में पहुँचा। वह वहाँ से नालन्दा के महान महाविद्यालय और विहार में पहुँचा और वहाँ उसने संस्कृत का अध्ययन किया। वह 695 में चीन पहुँचा और 703 ई. में उसका निधन हो गया।

अपनी एक कृति में जो अभी भी चीनी भाषा में है, उसने भारत में अपने सहधर्मियों के बीच और ब्राह्मणों के बीच रहते हुए जो कुछ देखा था उसका वर्णन किया है।

बौद्ध श्रमणों के बारे में वह कहता है कि पाँच और दस अध्याय का पाठ करना सीखने के बाद उन्हें मात्रिकेता के 400 श्लोक याद कराए जाते हैं और बाद में उसी कवि के 150 श्लोक याद कराए जाते हैं। जब वे इनका पाठ करना सीख जाते हैं, तब वे अपने पवित्र ग्रन्थों के सूत्रों का अध्ययन प्रारम्भ करते हैं। वे गटकमाला को भी कंठस्थ करते हैं जिसमें बुद्ध के पिछले जीवनों का विवरण दिया गया है। भारत छोड़ने के बाद वह दक्षिणी समुद्र के द्वीपों में गया और उनके बारे में इत्सिंग कहता है : ''दक्षिण के समुद्र में दस से ज्यादा द्वीप हैं। वहाँ श्रमण और आम लोग गटकमाला का उसी प्रकार पाठ करते हैं, जैसे कि वे पहले उल्लिखित श्लोकों का पाठ करते हैं लेकिन इसका चीनी भाषा में अनुवाद नहीं हुआ है।''

वह आगे कहता है कि इनमें से एक कहानी की काव्यात्मक रचना एक राजा के द्वारा की गई और उसे संगीतबद्ध किया गया और उसे वाद्यों और नृत्य के साथ सार्वजनिक रूप से प्रदर्शित किया गया—स्पष्ट है कि यह बौद्ध रहस्यात्मक नाटक होगा।

इसके बाद इत्सिंग शिक्षा प्रणाली का संक्षिप्त विवरण देता है। वह कहता है कि बच्चे जब 6 साल के होते हैं तब उनचास अक्षर और दस हजार संयुक्त अक्षर सीखते हैं और उन्हें सामान्यतः आधे साल में समाप्त कर देते हैं। यह लगभग तीन सौ

श्लोकों के बराबर और प्रत्येक श्लोक बत्तीस अक्षरों का होता है। इसे मूल रूप से महेश्वर के द्वारा पढ़ाया गया था। आठ साल में, बच्चे पाणिनि का व्याकरण याद करना प्रारम्भ कर देते हैं और उसे आठ माह में पढ़ लेते हैं। इसमें 1000 श्लोक होते हैं जिन्हें सूत्र कहा जाता है।

इसके बाद धातु की सूची और तीन खिला अर्थात परिशिष्ट प्रारम्भ होती है, जिनमें एक हजार श्लोक होते हैं। बालक जब दस साल के रहते हैं तब वे तीन खिला अर्थात परिशिष्ट प्रारम्भ करते हैं और इन्हें तीन साल में पूरा कर लेते हैं।

जब वे पन्द्रह साल के होते हैं तब वे सूत्र की टीका का अध्ययन प्रारम्भ करते हैं और उसे याद करने में पाँच साल लगाते हैं। यहाँ इत्सिंग अपने देशवासियों को नीचे लिखी सलाह देता है। उनमें से कई संस्कृत सीखने के लिए भारत आते हैं, लेकिन लगता है कि उन्होंने बहुत अधूरा ज्ञान प्राप्त किया था। वह लिखता है, 'यदि चीन के लोग भारत में अध्ययन करने के लिए जाना चाहते हैं तो उन्हें सबसे पहले इन व्याकरण ग्रन्थों को पढ़ना चाहिए और उसके बाद ही अन्य विषयों को पढ़ना चाहिए। यदि उन्होंने ऐसा नहीं किया तो उनका परिश्रम निरर्थक जाएगा। इस ग्रन्थों को कंठस्थ किया जाना चाहिए। लेकिन यह सिर्फ उच्च स्तर के लोगों के लिए उपयुक्त है...उन्हें दिन रात कठोर अध्ययन करना चाहिए और एक क्षण भी आलस्य में बरबाद नहीं करना चाहिए। उन्हें कनफ्यूशियस के समान होना चाहिए, जिसके कठोर अध्ययन के द्वारा उसके यीह राजा के बन्धन तीन बार कटकर अलग हो गए थे, क्योंकि वे जीर्ण हो गए थे। इसी प्रकार सुई शीह का हुआ जो किसी किताब को बारम्बार एक सौ बार पढ़ता था।' इसके बाद वह एक टिप्पणी करता है जो अंग्रेजी भाषा से कहीं ज्यादा चीनी भाषा में समझने योग्य है : 'एक बैल के बाल हजारों होते हैं, लेकिन एक गैंडे का एक ही होता है।'

फिर इत्सिंग स्मृति में इन बौद्ध और परम्परावादी ब्राह्मण छात्रों की उच्चकोटि की सम्पूर्णता होने के बारे में बताता है। वह कहता है कि 'ऐसे लोग केवल एक बार पढ़कर दो ग्रन्थों की विषयवस्तु याद रख सकते हैं।'

इसके बाद वह परम्परावादी ब्राह्मणों के बारे में कहता है कि 'भारत के पाँच सम्भागों में ब्राह्मणों को अत्यन्त सम्माननीय माना जाता है। वे अन्य तीन जातियों के साथ नहीं चलते और मिश्रित वर्गों के लोग उनसे और भी दूर होते हैं। वे अपने ग्रन्थों चारों वेदों का सम्मान करते हैं, जिनमें लगभग एक लाख श्लोक हैं...वेदों को आगे की पीढ़ियों को कागज पर लिखकर नहीं बल्कि मौखिक रूप से सौंपा गया है। प्रत्येक पीढ़ी में ऐसे बुद्धिमान ब्राह्मण हैं जो उन एक लाख श्लोकों को दोहरा सकते हैं...मैंने खुद ऐसे लोगों को देखा है।'

हमारे पास एक प्रत्यक्षदर्शी है जो सत्रहवीं सदी ईस्वी में भारत आया, संस्कृत सीखा और विभिन्न विहारों में लगभग बीस साल बिताए। इस व्यक्ति के पास

मौखिक परम्परा के अपने कोई सिद्धान्त नहीं थे लेकिन, चीन से आने के कारण वह लिखित ही नहीं बल्कि छपे साहित्य के बारे में पूरी तरह परिचित था : इसके बावजूद वह कहता है—'वेद कागज पर लिखित नहीं हैं, बल्कि वे मौखिक रूप से अगली पीढ़ी को सौंपे जाते हैं।'

मैं इत्सिंग के कथन से पूरी तरह सहमत नहीं हूँ। वह कहता है कि उसके समय संस्कृत पांडुलिपियाँ नहीं थीं किन्तु इससे ही हमें निष्कर्ष नहीं निकाल लेना चाहिए। हम जानते हैं कि उस समय संस्कृत पांडुलिपियाँ विद्यमान थीं। हम यह जानते हैं कि पहली सदी में संस्कृत पांडुलिपियों को भारत से चीन ले जाया गया और वहाँ इनका अनुवाद किया गया। इसलिए बहुत सम्भव है कि तब वेदों की पांडुलिपियाँ भी विद्यमान रही होंगी। किन्तु इत्सिंग का यह अनुमान सही है कि इन पांडुलिपियों का उपयोग करने की छात्रों को अनुमति नहीं थी और उन्हें समुचित रूप से योग्य शिक्षक के मुँह से सुनकर वेदों को कंठस्थ करना पड़ता था। बाद की कानून सम्बन्धी पुस्तकों में यह लिखा था कि जो लोग वेद की प्रतिलिपि करेंगे या उसे पांडुलिपि से पढ़ेंगे उन्हें कठोर दंड दिया जाएगा, यही तथ्य यह प्रकट करता है कि पांडुलिपियाँ विद्यमान थीं और उनके होने से ब्राह्मणों के प्राचीन विशेषाधिकारों पर गम्भीर हस्तक्षेप होता था, क्योंकि ब्राह्मण ही अपने पवित्र ग्रन्थों के एकमात्र वैध शिक्षक थे।

यदि अब इत्सिंग का यह विवरण सुनकर हम एक हजार साल पीछे जाएँ तो हम उस साक्ष्य को स्वीकार करने में मन में कम सन्देह का अनुभव करेंगे जो हम तथाकथित प्रतिसाख्यों अर्थात नियमों के संकलनों में पाते हैं, जो हमारी जानकारी के अनुसार, पाँचवीं सदी ईसा पूर्व के हैं और जो हमें वही बात बताते हैं जो हम अभी भारत में देखते हैं, यानी तीन द्विजों—ब्राह्मणों, क्षत्रियों और वैश्यों के बच्चों को शिक्षा पाने के लिए अपने गुरु के यहाँ कम से कम आठ साल बिताना पड़ता था और प्राचीन वैदिक ऋचाओं को कंठस्थ करना पड़ता था।

शिक्षण देने की कला उस प्राचीन काल में भी एक सुव्यवस्थित प्रणाली बन गई थी और उस समय पुस्तक, चमड़ा या पार्चमेन्ट या कागज का पन्ना, कलम या स्याही जैसी किसी चीज का अस्तित्व ही नहीं था और इनका नाम भी भारत के लोगों को मालूम नहीं था। साहित्य से सम्बन्धित प्रत्येक अभिव्यक्ति यह संकेत देती है कि साहित्य केवल स्मृति में सुरक्षित था और यह अगली पीढ़ी को मौखिक परम्परा के द्वारा अत्यन्त सूक्ष्मता से दिया जाता था।

मुझे ये बातें विस्तार से इसलिए बतानी पड़ीं क्योंकि मैं जानता हूँ कि साहित्य के बारे में जिस प्रकार की हमारी सोच है, उससे यह कल्पना करने के लिए प्रयास की जरूरत होगी कि विशाल मात्रा में काव्य और उससे भी अधिक मात्रा में गद्य लिखित रूप में मौजूद हैं। इस पर भी हम केवल वही देखते हैं जो हम अन्यत्र देखते हैं याने हम यह मानते हैं कि सभ्यता की महान खोजें किए जाने के पहले, मानव

अपने महान व्यक्तिगत प्रयासों से वह हासिल कर सका जो हम जैसे सुविधाभोगियों को अत्यन्त असम्भव प्रतीत होता है। तथाकथित बर्बर लोग काष्ठ के टुकड़ों को आपस में रगड़कर आग प्राप्त करने के लिए फ्लिन्ट के टुकड़े बना सके। यह बात हमारे कुशल कारीगरों को चकित कर देती है। क्या हम यह अनुमान लगाएँ कि यदि वे हमारे कुछ गीतों को सुरक्षित करना चाहते थे, जिनसे उन्हें उनके देवताओं की कृपा प्राप्त हुई थी, आकाश से वर्षा प्राप्त हुई थी या उन्हें विजय प्राप्त हुई थी, तो ऐसा करने के लिए उनके पास कोई साधन नहीं थे? किस प्रकार बर्बर भी अपने प्राचीन नायकों, राजाओं और देवताओं के अभिलेख सुरक्षित करने के लिए उत्सुक रहते हैं, खासकर तब जब इन गीतों पर कुछ परिवारों की कुलीनता या गरिमा निर्भर करती है, या जब उनमें विशाल रियासतों की सनदें होती हैं, इन बातों को देखने के लिए हमें केवल ऐसे विवरण पढ़ना है, जैसे, श्री विलियम व्याट गिल ने अपनी रचना 'हिस्टारिकल स्केचेज़ ऑफ सेवेज लाइफ इन पोलीनीसिया' में दिए हैं। यह भी है कि केवल वैदिक भारतीय ही प्राचीन काल के बर्बर नहीं थे, जिन्होंने मौखिक परम्परा को सुरक्षित करने के तरीके ढूँढ़ निकाले। सीजर भी, जो बहुत विश्वसनीय साक्ष्य नहीं है, हमें बताता है कि "कहा जाता था कि ड्रूड लोगों को कई कविताएँ कंठस्थ थीं। उनमें से कई ने इन्हें याद करने में बीस साल लगा दिए और वे इन्हें लिखे जाने को गलत समझते थे"—यह उसी प्रकार की कहानी है जो हम भारत में सुनते हैं।

हमें एक बार फिर तिथियों के प्रश्न की ओर लौटना चाहिए। हमारे दिनों से सातवीं सदी ईस्वी में इत्सिंग के दिनों तक और फिर पाँचवीं सदी ईस्वी पूर्व में प्रतिसाख्यों के काल में हमें वेद जिस प्रकार मौखिक परम्परा में मिले थे, हमने उनके अस्तित्व की खोज की।

पाँचवीं सदी ईस्वी पूर्व में बौद्ध धर्म का उदय हुआ। यह ऐसा धर्म था जो वैदिक धर्म के अवशेषों पर निर्मित हुआ और इसने परम्परावादी ब्राह्मणों के द्वारा वेदों को जो दैवी सत्ता प्रदान की गई थी उसको अस्वीकार किया।

इसलिए वैदिक साहित्य के जो भी अंश विद्यमान हैं, उन्हें बौद्ध धर्म के उत्थान के पहले की सदियों के भीतर रखना होगा और यदि मैं आपसे कहूँ कि इस प्रकार रखे जाने वाले वैदिक साहित्य के तीन काल हैं और तीसरा काल दूसरे के पहले है और दूसरा काल पहले के पहले है और इस पहले काल में भी वैदिक ऋचाओं का एक व्यवस्थित संग्रह है, तो मैं सोचता हूँ कि आप मुझसे सहमत होंगे कि उसे अत्यन्त पुराना बताने के उद्देश्य से नहीं बल्कि केवल तथ्यों का सम्मान करने के लिए है, और वेद के विद्यार्थी इस निष्कर्ष पर आए हैं कि इन ऋचाओं की पांडुलिपियाँ तो पन्द्रहवीं सदी से पहले की नहीं हैं, लेकिन इन ऋचाओं का उदय पन्द्रहवीं सदी ईस्वी पूर्व हुआ था।

मुझे यहाँ एक तथ्य का उल्लेख कर देना चाहिए क्योंकि मैं सोचता हूँ कि इसे कट्टर सन्देहवादी के विरुद्ध भी कोई मान्यता हो सकती है।

मैंने कहा है कि भारत में जो सबसे प्राचीन शिलालेख पाया गया है वह चन्द्रगुप्त के पोते अशोक के समय का है जिसने 259-222 ई.पू. में शासन किया था। प्रश्न यह है कि इन शिलालेखों की भाषा क्या है? क्या यह वैदिक सूक्तों की भाषा संस्कृत है? निश्चित रूप से ऐसा नहीं है। क्या यह ब्राह्मण ग्रन्थों और सूत्रों की भाषा परवर्ती संस्कृत है? निश्चित रूप से ऐसा नहीं है। ये शिलालेख स्थानीय बोली के हैं जो उस समय भारत में बोली जाती थी और ये स्थानीय बोलियाँ व्याकरणात्मक संस्कृत से उतनी ही भिन्न है जैसी कि इटालियन भाषा लेटिन से।

इसका क्या अर्थ निकलता है? पहला तो यह कि वेदों की प्राचीन संस्कृत तीसरी सदी ईस्वी पूर्व के पहले बोलचाल की भाषा नहीं रह गई थी। दूसरे, बाद वाली व्याकरणीय संस्कृत आम लोगों की भाषा नहीं रह गई थी और इसलिए जब बौद्ध धर्म का उदय हुआ था तब संस्कृत देश की आम जनता की भाषा नहीं रह गई थी। इसलिए वैदिक भाषा का यौवन और वयस्कता उस काल के बहुत परे था, जिसने बुद्ध के उपदेशों को जन्म दिया था। बुद्ध चाहे संस्कृत और शायद वैदिक संस्कृत जानते रहे होंगे, लेकिन उन्होंने बारम्बार इस बात पर जोर दिया कि उनके शिष्य उनके सिद्धान्तों को आम जन की भाषा में बताएँ।

अब, जबकि मुझे इन व्याख्यानों के लिए दिया गया समय समाप्त होने जा रहा है, तो मैं देख रहा हूँ कि, भारत से जो कुछ भी सीखना चाहिए, यहाँ तक कि केवल मानवीय ज्ञान की एक शाखा अर्थात धर्म के मूल के अध्ययन के बारे में मैं जो कुछ कहना चाहता था उसका आधा भी नहीं कह सका हूँ।

मुझे आशा है कि देवोत्पत्ति या देवों के मूल और उदय पर वेदों द्वारा प्रकाश डालने से जो समस्या पैदा होती है उसका एकदम नया पहलू बताने में मैं सफल हुआ हूँ। सकारात्मक सिद्धान्तों के स्थान पर हमारे पास अब निश्चित तथ्य हैं, जो आपको अन्य कहीं नहीं दिखते। हालाँकि वेदों के देवों के बीच पर्याप्त अन्तराल है और उनके उच्चतम रूप और जेउस, एपोलोन और एथीन की अवधारणाओं के बावजूद मुख्य उलझन का हल हो गया है और हमें अन्त में यह मालूम हो गया है कि प्राचीन भारत के देव किस वस्तु के बने थे।

किन्तु देवोत्पत्ति की यह प्रक्रिया प्राचीन वैदिक धर्म का केवल एक पहलू है और उतने ही महत्त्व के और हमारी उतनी ही गहन रुचि के दो अन्य पहलू भी हैं।

वेदों में तीन धर्म हैं, या कहा जाए तो एक महान मन्दिर में तीन वेदियाँ हैं। इस मन्दिर का पोषण हमारी आँखों के सामने कवियों, देवदूतों और दार्शनिकों ने किया है। यहाँ भी हम शिल्पी का काम देख सकते हैं। हमें अगम्य अनुष्ठानों या पत्थर की मूर्तियों के साथ कठोर मंत्र से ही नहीं जूझना है। हम यह देख सकते हैं कि किस

प्रकार मानव मस्तिष्क एक पूर्ण विवेकपूर्ण प्रक्रिया के द्वारा अपने परवर्ती अविवेक तक पहुँचता है। यही बात वेद को अन्य पवित्र ग्रन्थों से अलग करती है। इसमें सन्देह नहीं कि वेदों में और वैदिक अनुष्ठानों में काफी कुछ पहले से ही पुराना, अगम्य कठोर और पाषाणीकृत है।

किन्तु कई मामलों में नामों और अवधारणाओं का विकास, उनका स्वाभाविक से अलौकिक की ओर तथा व्यक्तिगत से सामान्य ओर संक्रमण अभी भी हो रहा है, और इसी कारण हम वेद के विकसित होते चिन्तन को अपने समय के पूर्ण और पूर्ण से भी अधिक विकसित भाषा में अनुवाद करना इतना कठिन या कहें असम्भव पाते हैं।

आइए हम वेद में देवता के लिए जो सबसे पुराना शब्द है उसे लें, जैसे देवता, जिसे लेटिन में दिउस कहा जाता है। शब्दकोश आपको बताएँगे कि देव का अर्थ है गॉड और गॉड्स। किन्तु यदि हम हमेशा वैदिक ऋचाओं के देव का अनुवाद गॉड करें तो हम अनुवाद तो नहीं कर रहे होंगे, बल्कि वैदिक कवि के चिन्तन को पूरी तरह बदल रहे होंगे। मेरा सिर्फ यह मतलब नहीं है कि गॉड के बारे में हमारा चिन्तन उस चिन्तन से बिलकुल भिन्न है जो देव के द्वारा अभिव्यक्त किए जाने की अपेक्षा थी। लेकिन गाड्स की ग्रीक और रोमन अवधारणा भी उस चिन्तन को संवहित करने में पूरी तरह से अनुपयुक्त होगी जो वैदिक देव में निहित है। मूल रूप से देव का अर्थ है देदीप्यमान और कुछ नहीं। देदीप्यमान अर्थ का उपयोग लगातार आकाश, तारे, सूर्य, उषा, दिन, वसन्त, नदियों, पृथ्वी के लिए होता रहा है। जब कोई कवि सभी के बारे में केवल एक शब्द का उपयोग करना चाहता था, तो वह उन्हें देव सम्बोधित करता था। जब वह हो जाता था तो देव का अर्थ 'देदीप्यमान' नहीं रह जाता था, बल्कि उस नाम में वे सभी विशेषताएँ निहित हो जाती थीं जो आकाश, सूर्य और उषा में समान रूप से होती थीं। उन विशेषताओं को छोड़ दिया जाता था जो प्रत्येक की विशेष होती थी।

यहाँ आप देखेंगे कि एक साधारण प्रक्रिया के द्वारा किस प्रकार देव, आकाशीय, कृपालु, शक्तिशाली, अदृश्य, अमर और अन्त में ग्रीकों और रोमनों के θεοί (दी) के समान हो जाता था।

इस प्रकार वेद के प्राचीन धर्म में एक लोक (beyond), प्रकृति का लोक निर्मित हो गया और उसमें ये सब शामिल थे— देव, असुर, वसु, आदित्य, देदीप्यमान सौर के सभी नाम, अन्तरिक्षीय, निसर्ग की वसन्तीय शक्ति, यहाँ तक कि रात की, मेघों की या शीत ऋतु की कृष्णवर्णी और अमित्र शक्तियाँ, जो गड़बड़ कर सकती थीं, लेकिन हमेशा अन्त में उनके देदीप्यमान प्रतिरोधियों के साहस और शक्ति के समक्ष हार जाती थीं।

अब हम वैदिक मन्दिर की दूसरी वेदिका पर आते हैं। यह दूसरा लोक है जिसे कम समझा गया और इसे प्राचीन ऋषियों ने समझा और उसका नामकरण किया स्वर्गीय आत्माओं का संसार।

दूसरे स्थानों के समान भारत में भी एक और बहुत प्राचीन धर्म था जो लोगों के हृदयों में स्वाभाविक रूप से उभरा कि जब उनके पिताओं और माताओं ने प्राण त्यागे तो वे अनन्त को चले गए। यह जहाँ भी हो, चाहे पूर्व में हो जहाँ से सभी देदीप्यमान देव आते दिखते हैं या ज्यादा पश्चिम में, जहाँ वे जाते दिखते हैं और वेदों में जिसे यम का या अस्त होते सूर्य का जगत कहा गया है। यह विचार कि जो जीव कभी थे उनका कभी अन्त नहीं हो सकता, अभी उनके मस्तिष्क में प्रवेश नहीं हुआ था। इस विश्वास से कि उनके स्वर्गीय पिताओं का कहीं अस्तित्व है, चाहे वे उन्हें कभी नहीं देख पाते थे, वे दूसरे अनन्त में और दूसरे धर्म पर विश्वास करने लगे।

पिताओं की वास्तविक शक्ति उनकी मृत्यु के बाद भी पूरी तरह अगम्य या लुप्त नहीं हुई थी। प्राचीन कानूनों और परिवार के रिवाजों में उनकी उपस्थिति लगातार अनुभव की जाती रही और इसका ज्यादातर हिस्सा उनकी इच्छा और उनकी सत्ता पर टिकी थी। जब उनके पिता जीवित थे और शक्ति सम्पन्न थे तो उनकी इच्छा ही कानून थी और जब उनकी मृत्यु के बाद कानून या रिवाज के मामले में सन्देह या विवाद उत्पन्न हुआ तो यह स्वाभाविक ही था कि पिताओं की स्मृति और सत्ता से अपील की जाए कि वे ऐसे बिन्दुओं का समाधान करें—कि उनकी इच्छा अभी भी कानून बनी रहे।

इस प्रकार मनु कहते हैं (चार. 178)—'अर्थात् पिता-पितामह आदि जिस पथ पर चलते रहे हैं, भले व्यक्तियों के उस मार्ग पर उसे चलते रहना चाहिए, और वह पथभ्रष्ट नहीं होगा।'

जिस प्रकार प्रकृति की देदीप्यमान शक्तियों से देवों का उदय हुआ था उसी प्रकार मृतकों के कथनों से कुछ बातें उभरीं, जैसे पितृ, पिता, प्रेत, गत, दयालु, पूर्वज, छाया, आत्माएँ या प्रेत, जिनकी उपासना जितने पूर्ण रूप से भारत में विकसित हुई थी उतनी और कहीं नहीं। पितृ या पिता के नाम ने क्रमश: अपनी ओर वह सब आकर्षित किया जो सभी पिताओं में समान रूप से विद्यमान है। इसका मतलब सिर्फ पिता ही नहीं रहे बल्कि अदृश्य, दयालु, शक्तिशाली, अमर, अन्तरिक्ष के जीव भी रहे हैं। इसके अतिरिक्त हम वेद में यह बात बेहतर ढंग से देख सकते हैं कि अपरिहार्य होने पर भी प्राचीन चिन्तन का अत्यन्त हृदयस्पर्शी स्वरूप अर्थात पिता और माता के लिए बच्चे का प्यार देख सकते हैं, जिसने आत्मा की अमरता की चेतना के विश्वास का रूप ले लिया।

यह आश्चर्य की, और अधिक आश्चर्य की बात है कि प्राचीन हिन्दू धर्म के इस महत्त्वपूर्ण और एक प्रमुख तत्त्व पितृगण की आज उपेक्षा ही नहीं की जा रही, बल्कि कुछ समय से इसके अस्तित्व के विषय में भी शंकाएँ की जाने लगी हैं। इसलिए मेरा यह कर्तव्य है कि भारत में अत्यन्त प्राचीन काल से लेकर अत्यन्त

आधुनिक समय तक इस विश्वास के और पूर्वजों की उपासना के सर्वोच्च महत्त्व के बारे में मैंने अभी जो कुछ कहा है उसके समर्थन में कुछ कहूँ। हर्बर्ट स्पेन्सर ने इस बात की ओर ध्यान आकर्षित किया है कि जंगली जातियों में प्रचलित पितृपूजा धर्म का एक स्वाभाविक हिस्सा है। उसने अत्यन्त स्पष्ट तरीके से घोषित किया है, 'उसने इसे देखा है और वार्तालाप में इसे सुना भी है और अब छपे रूप में भी यह बात है कि किसी भी भारोपीय अथवा सैमेटिक जाति में, जहाँ तक हम जानते हैं, पितृपूजा को धर्म नहीं माना गया है।' मुझे उनकी बात पर सन्देह नहीं है लेकिन मेरा विचार है कि इतने महत्त्वपूर्ण बिन्दु पर हर्बर्ट स्पेन्सर को अपने कथन के समर्थन में कुछ प्रमाण देने चाहिए थे। यह मुझे एकदम असम्भव दिखता है कि कोई व्यक्ति जिसने भारत के बारे में कोई भी किताब पढ़ी है उसने ऐसा कहने का साहस किया। स्वयं ऋग्वेद में पितृगणों की पूजा से सम्बन्धित सूक्त हैं और ब्राह्मण तथा सूत्रग्रन्थों से पितृकर्म का पूरा विधि-विधान दिया गया है। महाकाव्यों, स्मृति ग्रन्थों और पुराणों में श्राद्ध आदि की विस्तृत चर्चा है। भारत का सम्पूर्ण सामाजिक तानाबाना, अपने विरासत और विवाह के विधानों के साथ पूर्वजों में विश्वास पर आधारित है—इस पर भी हमें बताया जाता है कि किसी भी भारोपीय देश में पूर्वजों की पूजा धर्म का हिस्सा नहीं है।

पारसियों में फ्रवशिस था, ग्रीकों में उनका εἴδωλα या उनका θεοὶ πατρῷοι और उनका δαίμονες, ἐσθλοὶ, ἐπιχθόνιοι, φύλακες θνητῶν ἀνθρώπων; οἵ ῥα φυλάσσουσίν τε δίκας καὶ σχέτλια ἔργα, ἠέρα ἑσσάμενοι πάντη φοιτῶντες επ' αἶαν, πλουτοδόται (हेसिओदी ओपेरा एत दीज, पच्चीस, 122-126), जबकि रोमनों में लारेस फेमिलियारेस और दिवी मानेस की पूजा अन्य देवताओं की तुलना में ज्यादा उत्साह के साथ की जाती थी।

मनु एक स्थान (तीन. 203) पर यह तक कहता है कि 'ब्राह्मणों द्वारा अपने पूर्वज को दी गई भेंट देवी-देवताओं को दी गई भेंट से ज्यादा ऊँचा होता है' इतना होने पर भी हमें यह बताया जाता है कि किसी भी भारोपीय देश में पूर्वजों की पूजा धर्म का हिस्सा नहीं है।

यदि ऐतिहासिक अनुसन्धान में कोई प्रगति की जानी है तो ऐसी बातें नहीं होनी चाहिए। मेरा मत है कि हर्बर्ट स्पेन्सर का मतलब सम्भवत: यह था कि कुछ विद्वान यह स्वीकार नहीं करते कि मृतकों की पूजा ही किसी भी भारोपीय देश के धर्म का सम्पूर्ण रूप नहीं है। निस्सन्देह यह पूरी तरह सच है, किन्तु मेरा मानना है कि यह भी उतना ही सच है कि लगभग किसी भी धर्म में ऐसा ही है। मेरा मत है कि इस बिन्दु पर भी नृतत्वशास्त्र के विद्यार्थियों को किसी भी अन्य पुस्तक की अपेक्षा वेद से ज्यादा सीखने को मिलेगा।

वेदों में पितृ का आह्वान देवों के साथ किया जाता है लेकिन उनसे उनका कोई टकराव नहीं है। देव कभी भी पितृ नहीं बनते और हालाँकि पितृ के लिए कभी-कभी देव जैसे विशेषणों का उपयोग किया जाता है और उन्हें प्राचीन वर्ग के देवों (मनु तीन. 192, 284, याज्ञवल्क्य एक. 268) के दर्जे तक उठा दिया जाता है, तथापि यह देखना आसान है कि पितृ और देव का मूल अन्योन्याश्रित था और वे पूजा के उद्देश्य के निर्माण में मानव मस्तिष्क के एकदम भिन्न चरणों का प्रतिनिधित्व करते हैं। यह एक ऐसी सीख है जिसे कभी भी नहीं भूलना चाहिए।

हम ऋग्वेद चार. 52, 4 में पढ़ते हैं 'उभरती हुई उषा मेरी रक्षा करे, प्रवहमान नदी मेरी रक्षा करे, स्थिर पर्वत मेरी रक्षा करें, देवताओं के इस आह्वान में पितृ मेरी रक्षा करें।' यहाँ पितृ का अस्तित्व उषा, नदियों और पर्वतों से स्पष्ट रूप से अलग दिखाया गया है, हालाँकि वे एक ही देवाहुति या देवताओं के आह्वान में शामिल हैं।

फिर भी हमें प्रारम्भ से ही दो वर्गों या कहें पितरों की दो अवधारणाओं के बीच भेद करना चाहिए। इनमें एक है सुदूर, अर्द्धविस्मृत और कुछ परिवारों के या वेदों के कवियों के अनुसार सम्पूर्ण मानव जाति के लगभग मिथकीय पूर्वज और दूसरा वह है जिसमें वे पितृ हैं जो हाल ही में चले गए हैं और जिनका अभी भी व्यक्तिरूप से स्मरण किया जाता है और सम्मानित किया जाता है।

आमतौर पर पुराने पूर्वज देवताओं के ज्यादा निकट होते हैं। उनके बारे में कहा जाता है कि वे यमलोक गए हैं और वहाँ कुछ देवों की संगति में रह रहे हैं (ऋग्वेद सात. 76, 4, देवानामासधामादा:, ऋग्वेद दस. 16, 1, देवानाम वासानीह)।

कभी-कभी हम पढ़ते हैं कि हमारे प्रपितामह स्वर्ग में हैं, पितामह आकाश में हैं, पिता पृथ्वी में हैं। पहले आदित्यों के संग हैं, दूसरे रुद्रों के संग हैं और अन्तिम वसुओं के संग हैं। ये सभी व्यक्तिगत काव्यात्मक अवधारणाएँ हैं।

कभी-कभी स्वयं यम का आह्वान किया जाता है जैसे कि वह पिताओं में से एक पिता याने पहला मृतक जिसकी मृत्यु हुई हो और जो पिताओं के मार्ग पर चला हो (पितृयान, दस. 2, 7) और जिसने पश्चिम की ओर गमन किया हो। उसका वास्तविक देवतुल्य स्वभाव कभी भी पूरी तरह नष्ट नहीं होता और अस्त होते सूर्य के देवता होने के कारण वह निश्चय ही पिताओं का अगुआ है लेकिन पिताओं में से एक नहीं है।

मानव ने पृथ्वी में जिन लाभों का आनन्द लिया था उनके बारे में पिताओं को बताया गया था क्योंकि इन्हें पहले उन्होंने ही प्राप्त किया था और उनका आनन्द लिया था। उन्होंने प्रथम यज्ञ किया था और उससे मिलने वाले लाभ प्राप्त किए थे। यहाँ तक कि प्रकृति की महान घटनाओं, जैसे सूर्य का उदय, दिन के प्रकाश और रात्रि के अन्धकार के बारे में उन्हें बताया गया और प्रात:काल के काले अस्तबल को खोलकर गायों को अर्थात दिनों को बाहर लाने के लिए उनकी प्रशंसा की गई

(दस. 68, 11)। उनकी इस बात के लिए भी प्रशंसा की गई थी कि उन्होंने तारों से रात्रि को सजा दिया है, जबकि बाद के साहित्य में कहा गया है कि तारे उन अच्छे लोगों का प्रकाश हैं जिन्होंने स्वर्ग में प्रवेश किया है। हम यह जानते हैं कि प्राचीन ईरानियों, ग्रीकों और रोमों में भी ऐसे ही विचार विद्यमान थे। वेदों में पितृ को सत्य, सुविदात्र, ऋतवत, कवि, पथिकरित कहा गया है और उनका सबसे ज्यादा लगाया जाने वाला विशेषण है सौम्य, जो कि वैदिक ऋषियों का अत्यन्त प्राचीन नशीला पेय था और जिसके बारे में माना जाता था कि अमरत्व प्रदान करता है, किन्तु जो खो गया है या आर्यों के पंजाब में आ जाने के बाद आर्यों के लिए उसे पाना कठिन हो गया है।

भृगुओं, अंगिराओं, अथर्वनों के परिवारों के पितृ हैं और उन्हें घास पर बैठने के लिए और वहाँ उनका आह्वान किया जाता है कि वे उनके लिए रखी हुई भेंट को स्वीकार करें। यहाँ तक कि ऋग्वेद की ऋचा में पहले से पितृयज्ञ शब्द मिलता है।

नीचे ऋग्वेद का एक सूक्त दिया जा रहा है जिनके द्वारा प्राचीन पितृ उनके यज्ञ में आमंत्रित किए जाते थे (ऋग्वेद दस. 15)।

1. 'सबसे निम्न, उच्चतम और मध्यम सोमप्रिय पितृ उठो। जो सज्जन और सत्यनिष्ठ पितृ फिर से जीवित हो गए हैं वे इन प्रार्थनाओं में हमारी रक्षा करें।
2. 'यह अभिवादन आज मेरे पितृ के लिए हो, उनके लिए जिन्होंने पहले और बाद में प्रयाण किया, चाहे वे पृथ्वी के ऊपर आकाश में रहते हों या भाग्यशाली लोगों के साथ रह रहे हों।
3. 'मैंने विज्ञ पितागणों को आमंत्रित किया...वे यहाँ शीघ्र आएँ, और घास पर बैठकर मन से सूखे से मुक्ति दिलाएँ।
4. 'घास पर बैठने वाले पिताओ यहाँ आइए। आपकी सहायता से हमने आपके लिए यह हविष्य तैयार किया है। इन्हें स्वीकार करें। यहाँ अपने अत्यन्त कृपापूर्ण सुरक्षा के साथ आएँ और हमें स्वास्थ्य और सम्पत्ति दें।
5. 'सोमप्रिय पिताओ को यहाँ उनके प्रिय भोजन के लिए बुलाया गया है जो घास पर रखा हुआ है। उन्हें आने दें, उन्हें सुनने दें, उन्हें आशीष देने दें, उन्हें हमारी रक्षा करने दें।
6. 'अपने घुटने मोड़कर और मेरे दाहिनी ओर बैठकर इस यज्ञ को स्वीकार कीजिए। हे पितागण, हमने आपके विरुद्ध यदि कोई गलतियाँ की हों तो हमें आघात न पहुँचाएँ, क्योंकि आखिर हम मनुष्य हैं।
7. 'जब आप रक्तवर्णी उषा की गोद में बैठते हैं, तो उदार नश्वरों को धन प्रदान कीजिए! हे पितागण, यहाँ के लोगों के बेटों को अपनी सम्पत्ति प्रदान कीजिए और हमें शक्ति प्रदान कीजिए।

8. 'मित्रों के साथ जो मित्र रहते हैं, ऐसे यम अपनी इच्छानुसार हमारी भेंट का उपभोग करें। वे हमारे उन प्राचीन सोमप्रिय पितागणों वसिष्ठों के साथ एक हों, जिन्होंने सोम की व्यवस्था की थी।
9. 'हे अग्नि, उन बुद्धिमान और सच्चे पितागणों के साथ आएँ जो चूल्हे के पास बैठना पसन्द करते हैं, जो देवताओं की कामना के प्यासे थे और जो यज्ञ से परिचित थे और उनकी गीतों में शक्तिशाली प्रशंसा की गई है।
10. 'हे अग्नि उन प्राचीन पितागणों के साथ आओ जो चूल्हे के पास बैठना पसन्द करते हैं और जो हमेशा देवताओं की प्रशंसा करते हैं, सच्चे हैं, हमारे हविष्य खाते हैं और पीते हैं, और इन्द्र तथा अन्य देवताओं के साथ रहते हैं।
11. 'हे पितागण, आपको अग्नि ने भस्म कर दिया है, हे दयालु मार्गदर्शक आप यहाँ आएँ, अपने आसनों पर बैठें, ! हमने जो भेंट भूमि पर रखा है उसे ग्रहण करें और फिर हमें सम्पत्ति और शक्तिशाली सन्तान दें।
12. 'हे अग्नि, हे गतावेद, हमारे आग्रह पर आपने हमारे चढ़ावे को पहले तो मधुर बनाया और फिर उसे ग्रहण कर लिया।
उन्हें आपने पिताओं को दे दिया है और उन्होंने अपना हिस्सा ग्रहण कर लिया है। हे देव, जो चढ़ावा आपको प्रस्तुत किया गया है उसे खाएँ।
13. 'जो पितागण यहाँ हैं, और जो पितागण यहाँ नहीं हैं, वे जिन्हें हम जानते हैं, और वे जिन्हें हम नहीं जानते, आप गतवेद जानते हैं कि वे कितने हैं, कृपया सुनिर्मित बलि को बलि के हिस्से के साथ स्वीकार करें।
14. 'जो अग्नि के द्वारा भस्म होकर आकाश के मध्य में अपने हिस्से के साथ आनन्दित हैं, उन्हें, हे राजा, उनकी देह वह जीवन प्राप्त करे जिसकी वे कामना कर रहे थे!'

इन पुरातन पूर्वजों को समर्पित उपासना से हटकर वह सम्मान है जो प्राचीन काल से सन्तान अपने स्वर्गीय पिता को देना चाहती थी और उसके बाद अपने पितामह और प्रपितामह को। इन अधिक व्यक्तिगत भावनों की अभिव्यक्ति जिन समारोहों में हुई है वे घरू चरित्र की अधिक थीं और उनमें स्थानीय स्वरूप अधिक था।

यहाँ उन सूक्ष्म नियमों का संक्षेप भी देना पूरी तरह असम्भव होगा जो ब्राह्मण, श्रौत, गृह्य और सम्यकारिका सूत्रों में, विधि की पुस्तकों में और अनन्त कर्मकांडों से सम्बन्धित निर्मित परवर्ती नियमावलियों में सुरक्षित हैं। ये सब मृतकों को सम्मान देना चाहते थे। समयों और मौसमों के बारे, यज्ञवेदी और चढ़ावे के बारे में, यज्ञ के पात्रों की संख्या और आकार के बारे में, यज्ञ करने वाले के बैठने के तरीके के बारे में और पात्रों की विभिन्न व्यवस्थाओं के बारे में इतना सूक्ष्म विवरण है कि हमारे

लिए यह अत्यन्त कठिन है कि हम सचमुच चाहते क्या हैं। क्या हम यह जानते हैं कि जिन लोगों ने इतनी जटिल बातों को लिखा उनके विचार या मन्तव्य क्या था। यूरोपीय विद्वानों ने इस प्रकार के यज्ञों के बारे में पर्याप्त लिखा है। सबसे पहले कोलब्रुक ने 'द रिलीजस सेरेमनीज ऑफ द हिन्दूज' पर श्रेष्ठ निबन्ध लिखा था, जो पहली बार 'एशियाटिक रिसर्चेज' जिल्द पाँच, कलकत्ता, 1798 में प्रकाशित हुआ था। लेकिन जब हम एक साधारण प्रश्न करते हैं कि ये सब बाहरी उत्सवधर्मी विचारों का उदय कहाँ से हुआ और मानव हृदय की कौन-सी स्वाभाविक तड़प थी जिसे यह सन्तुष्ट करती दिख रही थी, तो हमें कहीं भी कोई सटीक जवाब नहीं मिलता। यह सच है कि आज भी पूरे भारत में श्राद्ध किए जाते हैं, किन्तु हम जानते हैं कि आधुनिक समारोह प्राचीन शास्त्रों में दिए गए नियमों से कितने दूर हो गए हैं। हाल के यात्रियों से जो विवरण लिखा है उससे स्पष्ट है कि इन प्राचीन समारोहों के इन अवशेषों का भी कोई अभिप्राय नहीं समझ सकता जब कि वह संस्कृत नहीं समझता और प्राचीन सूत्रों को नहीं पढ़ सकता। हमें बहुत विस्तार से बताया जाता है कि जिन रोटियों को आत्माएँ खाती हैं उनके बारे में पूरा विवरण मिलता है, जिन पर उन्हें चढ़ाया जाता है उसके लिए घास के कितने पूले होना चाहिए, प्रत्येक पूला कितना बड़ा होना चाहिए और उसे किस दिशा में रखा जाना चाहिए। सभी बातें जो हमें कुछ नहीं सिखाती उन्हें बहुत विस्तार से समझाया गया है, लेकिन वे बातें जिनकी चिन्ता सच्चे विद्वान को होती है, उनके बारे में कोई चर्चा नहीं मिलती, जैसे कि उन्हें हममें कोई रुचि नहीं थी, और उसे हमें कूड़े के ढेरों से ढूँढ़ना होगा।

मेरा विचार है कि कुछ बातें स्पष्ट करने के लिए हमें नीचे लिखी बातों में अन्तर कर लेना चाहिए :

1. प्रतिदिन का पूर्वजों का यज्ञ, पितृयज्ञ, जो पाँच महायज्ञों में एक है।
2. मासिक पूर्वजों का यज्ञ, पिंडपितृयज्ञ, नवचन्द्र और पूर्णचन्द्र का यज्ञ।
3. गृहस्वामी के अनधन पर अन्तिम संस्कार।
4. प्रेम और दान का भोज, जिसे श्राद्ध कहा जाता है, जिसमें भोजन और अन्य वस्तुएँ मृत पूर्वजों की याद में सुपात्रों को दान की जाती हैं। श्राद्ध वास्तव में केवल इस अन्तिम क्रिया को कहा जाता है, किन्तु इसे दूसरे और तीसरे दर्जे के यज्ञों को भी स्थानान्तरित कर दिया गया है, क्योंकि श्राद्ध उनका एक महत्त्वपूर्ण भाग होता था।

दैनन्दिन पितृयज्ञ पाँच यज्ञों में से एक है, जिसे कभी-कभी महायज्ञ कहा जाता है, जिसे हर विवाहित व्यक्ति को रोज करना चाहिए। इनका उल्लेख गृह्य सूत्र (तीन, 1) में देवयज्ञ देवताओं के लिए, भूतयज्ञ जानवरों आदि के लिए, पितृयज्ञ पितरों के लिए और ब्रह्म यज्ञ ब्राह्मणों के लिए अर्थात वेदों के अध्ययन के लिए और मनुष्य यज्ञ लोगों के लिए अर्थात आतिथ्य के लिए।

मनु (तीन. 70) हमें यही बात बताता है कि विवाहित व्यक्ति को नीचे लिखे पाँच महान कर्तव्यों का पालन करना चाहिए :

1. ब्रह्म यज्ञ, अर्थात वेदों का अध्ययन और शिक्षण (कभी-कभी इसे आहूत कहा जाता है)।
2. पितृ यज्ञ अर्थात मृतकों को रोटी और जल प्रदान करना (कभी-कभी इसे प्रासिता कहा जाता है)।
3. देव यज्ञ अर्थात देवताओं को चढ़ावा देना (कभी-कभी इसे हूत कहा जाता है)।
4. भूत यज्ञ अर्थात प्राणियों को भोजन देना (कभी-कभी इसे प्रहूत कहा जाता है)।
5. मनुष्य यज्ञ अर्थात अतिथियों का स्वागत करना (कभी-कभी इसे ब्राह्म्य हूत कहा जाता है)।

इस दैनिक पितृयज्ञ को करना बहुत आसान दिखता है। गृहस्थ को अपना जनेऊ दाहिने कंधे पर रखकर कहना होता है 'पितरों को स्वाहा' और कुछ अर्पण के अवशेष दक्षिण दिशा में फेंकना पड़ता है।

यदि इसे यज्ञ कहा जाए तो इस यज्ञ का मानवीय पक्ष पर्याप्त स्पष्ट है। 'पाँच महान यज्ञ' में प्राचीन काल में व्यक्ति का दैनन्दिन कर्तव्य समाहित होता था। वे उसके दैनिक भोजन से जुड़ी थीं। जब यह भोजन तैयार किया जाता था और उसका स्वयं स्पर्श करने के पहले उसे देवताओं को कुछ समर्पित करना होता था, जिसे वैश्वदेव अर्पण कहा जाता था, जिसमें मुख्य देवता होते थे अग्नि, विश्वदेव सोम, धन्वन्तरि, सुहु और अनुमति (चन्द्रमा की कलाएँ), प्रजापति, द्यावा पृथ्वी, आकाश और पृथ्वी और स्विश्तकृत अर्थात चूल्हे की आग।

इस प्रकार चारों दिशाओं के देवों को सन्तुष्ट करके गृहस्थ को कुछ सामग्री खुले आकाश में फेंकना पड़ता था, जो प्राणियों के लिए थी, और कुछ मामलों में अदृश्य ताकतों, भूतों आदि के लिए होती थी। फिर उसे कुछ अर्पण के साथ पितरों का स्मरण करना होता था, लेकिन ऐसा करने के बाद भी वह अपना भोजन तब तक प्रारम्भ नहीं कर सकता जब तक वह अतिथियों को कुछ अर्पित नहीं कर देता।

जब यह सब पूरा हो जाता है और जब इसके अलावा, गृहस्थ अपने दैनिक प्रार्थना कर लेता है या जो कुछ उसने वेद से सीखा है उसे दोहरा देता है, तब और तब ही वह अपने आसपास की दुनिया के साथ तालमेल बैठा पाता है, उसने पाँच महायज्ञ कर लिए हैं और उसे विचारहीन और स्वार्थपूर्ण जीवन से उपजे पापों से मुक्ति मिल जाती है।

इस पितृयज्ञ का वर्णन ब्राह्मणों, गृह्य और साम्यकारिका सूत्रों में किया गया है और संहिताओं में मिलता है। राजेन्द्रलाल मित्र हमें बताते हैं कि "आज भी रूढ़िवादी

ब्राह्मण इन पाँचों यज्ञों को सम्पन्न करने का दावा करते हैं, किन्तु वास्तव में देवताओं को अर्पण करने का कठोरता से पालन किया जाता है, जबकि पाठ के लिए केवल गायत्री मंत्र को दोहराया जाता है और प्राणियों के प्रति दया और उन्हें भोजन कराना कभी-कभी और अनिश्चित होता है।''

इस सरल दैनिक अर्पण से एकदम भिन्न पितृयज्ञ या पिंडपितृयज्ञ है, जो कई निश्चित यज्ञों का हिस्सा होता है, सबसे पहले नवचन्द्र और पूर्णचन्द यज्ञ का। यहाँ भी मानव का उद्देश्य पर्याप्त रूप से समझा जा सकता है। प्रकृति के नियमित प्रवाह की कल्पना, अन्तरिक्ष के ग्रहों के आने और जाने में की व्यवस्था की खोज, सृष्टि पर शासन करने वाली कोई शासक शक्ति पर बढ़ता विश्वास, जिसे मनुष्य के चिन्तन ने अपने दैनिक काम से उच्चतर लोक तक पहुँचा दिया, और अपने हृदय को इस इच्छा से पूरित कर दिया कि वह प्रार्थना करके और अर्पण करके इन उच्चतर शक्तियों तक पहुँच सकेगा। ऐसे क्षणों में जब कि चन्द्रमा अस्त हो रहा हो, उसके विचारों ने भी स्वाभाविकत: अपने पिता और पूर्वजों के जीवन की ओर रुख किया होगा जिनका जीवन अस्त हो चुका था, जिनके चमकदार चेहरे पृथ्वी पर अब दृष्टिगोचर नहीं हो रहे थे। इसलिए नवचन्द्र यज्ञ के एकदम प्रारम्भ में हमें ब्राह्मण ग्रन्थों में और श्रौत सूत्रों में बताया गया है कि पितृयज्ञ सम्पन्न करना होगा। दक्षिण अग्नि में एक करु याने रोटी तैयार करना होगा और पानी और पिंडों का अर्पण पिता, पितामह और प्रपितामह को विशेषतौर पर समर्पित किया जाता है। यदि यज्ञकर्ता की पत्नी पुत्र प्राप्ति की इच्छा रखती हो तो उसे एक पिंड खाने को दिया जा सकता है।

पूर्वजों को ऐसे ही चढ़ावे अन्य यज्ञों में भी चढ़ाए जाते हैं। इनमें से नवचन्द्र और पूर्णमा के यज्ञ सामान्य प्रकार के होते हैं।

इसमें सचाई हो सकती है कि इन दो प्रकार के यज्ञों का उद्देश्य वही हो और उनके नाम भी वही हों, किन्तु उनका चरित्र भिन्न है। और यदि, जैसा कि यह मामला है, उन्हें एक साथ मिला दिया जाए तो हम उस अत्यन्त महत्त्वपूर्ण शिक्षा को खो देंगे जो प्राचीन अनुष्ठानों का अध्ययन हमें सिखाता है। मैं इन दो पितृयज्ञों के बीच के अन्तर को यह इंगित करने से अधिक निर्णायक रूप से नहीं समझा सकता, कि पहले वाला यज्ञ एक परिवार के पिता के द्वारा या यों कहें कि एक आम आदमी के द्वारा सम्पन्न किया जाता था, और बाद वाला यज्ञ एक नियमित पुरोहित के द्वारा या पुरोहित वर्ग के द्वारा सम्पन्न किया जाता था, जिसे यज्ञकर्ता अपनी ओर से काम करने के लिए चुनता था। जैसा कि हिन्दू स्वयं इसे कहेंगे, पहला ग्रह्य है याने घरेलू है और बाद वाला श्रौत अर्थात पुरोहितीय का अनुष्ठान है।

हम अब एक तीसरे वर्ग के अनुष्ठान पर आते हैं, जो घरू और व्यक्तिगत हैं, लेकिन जो पहले के दो अनुष्ठानों से अपने आकस्मिक चरित्र को लेकर भिन्न हैं। मेरा तात्पर्य अग्नि संस्कार से है, जो कि पितरों के अनुष्ठान से भिन्न है। एक मायने

में ये अग्नि संस्कार दैनिक और मासिक रूप से किए जाने वाले पितृयज्ञों से ज्यादा पूजा के प्रारम्भिक चरण का प्रतिनिधित्व कर सकते हैं। वे उनकी ओर ले जाते हैं और मृतक को पितरों या पूर्वजों की भावी गरिमा के लिए तैयार करते हैं। दूसरी ओर, सामान्य रूप से पूर्वजों की अवधारणा मृतक व्यक्ति के उस दर्जे तक उठने के पहले मौजूद रही होगी और इसलिए मैंने पितृयज्ञ का पहले वर्णन करना उचित समझा।

मुझे यहाँ भारत के विशेष अग्नि संस्कार के चरित्र के बारे में लिखने की जरूरत नहीं है। मैंने इनका वर्णन एक विशेष निबन्ध, 'आन सेपल्चर एंड सेक्रीफिशियल कस्टम्स इन द वेदा' में लगभग तीस साल पहले कर दिया है। उनकी भावना वही है जैसी कि ग्रीक, रोमन, स्लावोनिक और ट्यूटोनिक देशों के अग्नि संस्कारों की है और उनमें समानताएँ अत्यन्त आश्चर्यजनक हैं।

वैदिक काल में भारत के लोग अपने मृतकों का अग्नि संस्कार करते थे और दफनाते भी थे और वे इसे कुछ समय के बाद और सुनिश्चित नियमों के अन्तर्गत सुनिश्चित गम्भीरता से करते थे। मृतक का शरीर भस्म हो जाने और उसकी राख दफन कर दिए जाने के बाद मृतक की स्थिति क्या मानी जाती थी इसमें काफी अन्तर होता था, किन्तु मुख्य बात यह है कि वे आने वाले जीवन में विश्वास करते थे, जो कि पृथ्वी पर हमारे जीवन से बहुत भिन्न नहीं होती थी और इस पर भी विश्वास करते थे कि मृतक में अपने वंशजों को आशीर्वाद देने की शक्ति होती है। इसलिए जो लोग बच गए उनका हित इस बात में हो गया कि वे संस्कारों और चढ़ावे के द्वारा अपने मृत मित्रों की कृपा प्राप्त करें। ये चढ़ावे पहले तो मानव भावनाओं के त्वरित लक्षण होते थे, लेकिन जल्दी ही ये परम्परागत, तकनीकी और वास्तव में कर्मकांडीय बन गए।

जिस दिन मृत देह का दाहकर्म होता है, सम्बन्धी लोग स्नान करते हैं और मृतक का नाम और उसके परिवार का नाम उच्चारित करते हुए उसकी देह पर अंजलि भर पानी डालते हैं। सूर्यास्त होने पर वे घर वापिस लौटते हैं और जैसा कि स्वाभाविक है, उन्हें कहा गया था कि वे पहली रात्रि में कुछ भी भोजन नहीं पकाएँगे और दूसरे दिन से दसवें दिन तक मृतक के चरित्र के अनुसार कुछ नियमों का पालन करेंगे। ये शोक के, या जैसा कि बाद में इन्हें कहा गया है, अशुद्धि के दिन कहे जाते हैं, जब शोकग्रस्त लोग दुनिया से अपना सम्पर्क तोड़ लेते हैं और स्वाभाविक आवेग में जीवन के सामान्य धन्धों और आनन्दों से विलग हो जाते हैं।

इसके बाद कृष्णपक्ष के 11वें, 13वें और 15वें दिन अस्थि एकत्र की जाती है। वहाँ से लौटने के बाद वे स्नान करते हैं और मृतक का श्राद्ध करते हैं।

यह श्राद्ध शब्द, जो हमें पहली बार यहाँ मिलता है, रोचक शिक्षाओं से भरा पड़ा है, यदि इसे उचित ढंग से समझा जाए। सबसे पहले तो यह ध्यान में रखा जाए कि यह सूक्तों से ही नहीं, बल्कि वर्तमान में जहाँ तक हम जानते हैं, प्राचीन ब्राह्मण

ग्रन्थों से भी अनुपस्थित है। इसलिए ऐसा प्रतीत होता है कि यह आधुनिक शब्द है। आपस्तम्ब के धर्मसूत्रों में एक अंश है, जो लेखक के अनुसार, श्राद्धों के ज्यादा आधुनिक मूल की चेतना को दर्शाता है।

"पहले मनुष्य और देवता इस संसार में एक साथ रहते थे। फिर देवता अपने यज्ञों के पुरस्कार के रूप में स्वर्ग में चले गए, किन्तु मनुष्य पीछे छूट गए। जो लोग देवताओं के समान यज्ञ करते हैं वे मृत्यु के बाद देवताओं और ब्रह्म के साथ स्वर्ग में रहने लगे। जब मनु ने देखा कि मनुष्य पिछड़ रहा है तो उन्होंने इस अनुष्ठान को प्रकट किया जिसे श्राद्ध कहा जाता है।

श्राद्ध के कई अर्थ हो गए हैं और मनु लगभग समानार्थी रूप से इसका उपयोग पितृयज्ञ के लिए करते हैं। किन्तु ऐसा लगता है कि इसका मूल अर्थ 'वह जो कि श्रद्धा से किसी को दिया जाता है' रहा है अर्थात योग्य व्यक्तियों को विशेष रूप से ब्राह्मणों को दिया गया दान। जो भेंट दी जाती थी उसे श्रद्धा कहा जाता था, किन्तु यह कार्य भी इसी नाम से जाना जाता था। इस शब्द का सबसे अच्छा स्पष्टीकरण नारायण ने आश्वलायन के गृह्यशास्त्रों (चार. 7) की अपनी टीका में दिया है। "पितरों के लिए ब्राह्मणों को श्रद्धा के साथ दी जाने वाली चीज श्राद्ध है।

जब मनुष्य का निधन हो जाता है तब ऐसे दान सर्वाधिक, स्वाभाविक रूप से और प्रचुरता से दिए जाते थे या जब उसकी स्मृति परिवार की सुखद या आनन्ददायी घटनाओं में की जाती थी। इसलिए 'श्राद्ध' मृतक के स्मारक के रूप में कई पवित्र कार्यों के लिए हमेशा ही सामान्य नाम हो गया है। हम श्राद्ध के बारे में न केवल अग्निसंस्कार में सुनते हैं, बल्कि आनन्ददायक घटनाओं के समय भी सुनते हैं, और उस समय परिवार के नाम पर और इसलिए पूर्वजों के नाम पर भी, उन लोगों को भेंटें प्रदान की जाती हैं जिन्हें सम्मान पाने का अधिकार था।

इसलिए यह मान लेना गलत है कि श्राद्ध केवल पूर्वजों को पानी और रोटी के चढ़ावे हैं। इसमें सन्देह नहीं कि पितरों को चढ़ावा देना प्रत्येक श्राद्ध का प्रतीकात्मक हिस्सा है, किन्तु इसका ज्यादा महत्त्वपूर्ण हिस्सा है पितरों की स्मृति में दान करना।

कालान्तर में इससे बहुत गड़बड़ी पैदा हुई, जैसे मध्यकाल में चर्च को भिक्षा दी जाने लगी। किन्तु प्रारम्भ में, उद्देश्य श्रेष्ठ था। यह केवल दूसरों को लाभ पहुँचाने की मंशा से किया जाता था, जिसके मूल में यह विश्वास था कि चूँकि हम अपने साथ इस दुनिया से कुछ नहीं ले जा सकते इसलिए हमें चाहिए कि हम अपनी सांसारिक वस्तुओं के साथ दुनिया में यथासम्भव कुछ कर जाएँ। मृत्यु होने पर इस बात को किसी अन्य अवसर से ज्यादा दृढ़ता से अनुभव किया गया। ऐसा माना जाता था कि श्राद्ध में ब्राह्मणों को उस यज्ञाग्नि का प्रतिनिधि माना जाता था जिसमें चढ़ोत्री फेंकी जानी थी। यदि हम ब्राह्मणों का अनुवाद पुरोहित कर दें तो यह आसानी से समझ सकते हैं कि बाद के समय में श्राद्ध के विरुद्ध क्यों इतनी जबर्दस्त भावना थी।

किन्तु पुरोहित शब्द ब्राह्मण शब्द का बहुत खराब अनुवाद है। ब्राह्मण, सामाजिक और बौद्धिक रूप से उच्च वंश के लोगों का वर्ग था। इसमें सन्देह नहीं कि वे भारत के प्राचीन समाज के कुछ मान्य और अत्यन्त अनिवार्य तत्त्व थे। चूँकि वे दूसरों के लिए रह रहे थे, और जीवन के ज्यादातर लाभदायी कामों से अलग थे, यह एक सामाजिक और जल्दी ही धार्मिक कर्तव्य बन गया कि समुदाय उनका पोषण करे। इस बात की अत्यन्त सावधानी बरती जाती थी कि श्राद्ध में जो धन प्रदान किया जाता था उसे प्राप्त करने वाला अजनबी हो, न तो वह मित्र हो न शत्रु हो और किसी प्रकार से परिवार से सम्बन्धित न हो। इस प्रकार आपस्लम्ब कहता है : 'श्राद्ध में यदि दाता का रिश्तेदार भोजन करता है तो वह भोग प्रेत को जाता है।' जो व्यक्ति श्राद्ध के उपहार प्रदान करके लाभ पाने का प्रयास करता है तो उसे श्राद्धमित्र कहा जाता है।

इसलिए इस बात को अस्वीकार न करते हुए कि बाद के समय में श्राद्धों की पद्धति का पतन हो गया, मैं सोचता हूँ कि हम यह अनुमान लगा सकते हैं कि इसका उदय एक पवित्र स्रोत से हुआ है और हमारा वर्तमान उद्‌देश्य इसलिए अधिक महत्त्वपूर्ण है, कि यह एक अबूझ स्रोत से हुआ है।

अब हम आश्वलायन के गृह्य सूत्रों के अंश की ओर लौटें, जहाँ हम पहली बार श्राद्ध शब्द से मिलते हैं। यह मृतक के लिए दिया जाने वाला श्राद्ध था, जो कि उसकी राख एकत्र करने और अस्थियाँ दफनाने के बाद किया जाता था। इस श्राद्ध को एकोद्‌दिष्ट या व्यक्तिगत कहा जाता है। यह केवल एक व्यक्ति के लिए ही था, न तो तीन पूर्वजों के लिए था और न सभी पूर्वजों के लिए था। इसका उद्‌देश्य वास्तव में मृतक को पितृ के दर्जे तक उठाना था और इसे पूरे साल तक चलने वाले श्राद्ध के जरिए उपलब्ध किया जा सकता था। कम से कम यह सामान्य बात है और बहुत सम्भव है कि यह मूल नियम रहा हो। आपस्तम्ब कहता है कि मृत रिश्तेदार के लिए साल भर प्रतिदिन श्राद्ध किया जाना चाहिए और उसके बाद केवल एक मासिक श्राद्ध करना चाहिए या फिर कोई श्राद्ध नहीं करना चाहिए, अर्थात कोई व्यक्तिगत श्राद्ध नहीं, क्योंकि मृतक अब नियमित पर्वनश्राद्धों में हिस्सा लेने लगता है। सांख्यायन भी यही कहता है यानी व्यक्तिगत श्राद्ध एक साल तक चलता है और फिर 'चौथा' छोड़ दिया जाता है अर्थात प्रपितामह को छोड़ दिया गया, पितामह अब प्रपितामह हो गया, पिता पितामह हो गया, जबकि हाल ही में मृत हुआ व्यक्ति तीन मुख्य पितरों में पिता का स्थान ले लेता है। इसे सपिंडीकरण कहा गया है अर्थात मृतक का दर्जा एक पूर्वज का कर दिया गया।

यहाँ या अन्य कहीं, कई अपवाद हैं। गोभिल एक साल के बदले में छह माह की अनुमति देता है या त्रिपक्ष की अर्थात तीन पखवाड़ों की, और अन्त में कोई भी शुभ वृद्धि सपिंडीकरण का अवसर हो जाता है।

सपिंड के लिए श्राद्धों की कुल संख्या कभी-कभी सोलह दी जाती है, जैसे

पहला और फिर प्रत्येक 12 माहों के लिए एक, फिर दो छमाही और अन्तिम सपिंडन।

किन्तु यहाँ बहुत भिन्नता मिलती है, हालाँकि, यदि सपिंडन वर्ष समाप्त होने के पहले किया जाता है तो भी सोलह श्राद्ध करना ही होता है।

जब श्राद्ध किसी शुभ घटना के कारण किया जाता है, जैसे जन्म या विवाह, तो जिन पितरों का आह्वान किया जाता है वे पिता, पितामह या प्रपितामह नहीं होते, जिन्हें कभी-कभी अश्रुमुख कहा जाता है, बल्कि उनके पहले के पूर्वजों का आह्वान किया जाता है और उन्हें नान्दीमुख कहा जाता है।

आधुनिक काल में श्राद्ध क्या है इसका अत्यन्त श्रेष्ठ विवरण देने वाले कोलब्रुक ने भी यही मत अपनाया है। वे लिखते हैं कि 'अग्निसंस्कार का पहला समूह मृत देह को जलाने के बाद मृतक की आत्मा को पुनः स्वरूप देने के लिए श्राद्ध के जरिए सम्पन्न किया जाता है। दूसरे समूह का मन्तव्य यह है कि संसार से उसकी छाया ऊपर चली जाए, जहाँ हिन्दुओं के विश्वास के अनुसार वह आकाश में दैत्यों और बुरी आत्माओं के बीच भटकती रहे और फिर उसे मृत पूर्वजों के बीच देवत्व दे दिया जाए। इस उद्देश्य को पाने के लिए शोक समाप्त होने के बाद के दिन मृतक का नियमित रूप से श्राद्ध किया जाए। बाद में आने वाले बारह माहों में केवल मृतक को बारह श्राद्ध, तीसरे पखवाड़े के अन्त में वैसा ही श्राद्ध, और फिर अगले छठे माह में भी, और बारहवें माह में भी, और सपिंडन श्राद्ध मृतक की पहली बरसी में किया जाना चाहिए। इस सपिंडन श्राद्ध में, जो कि एकोद्दिष्ट श्राद्ध का अन्तिम है, चिता के चार पिंड मृतक को और उसके तीन पूर्वजों को अर्पित किए जाते हैं और इन्हें तीन भागों में बाँटा जाता है और अन्य तीन पिंडों के साथ मिला दिया जाता है और इस प्रकार एक होने और बिरादरी में शामिल होने की क्रिया समाप्त हो जाती है।'

जब श्राद्धों की यह पद्धति एक बार प्रारम्भ हो जाती है तो यह तेजी से फैलती हुई दिखती है। हम शीघ्र ही मासिक श्राद्ध के बारे में सुनते हैं जो न केवल हाल में मृत एक व्यक्ति की स्मृति में किया जाता है, बल्कि पितृयज्ञ के भाग के रूप में अनिवार्य रूप में किया जाता है। यह न केवल घरों में, बल्कि दूसरे लोगों में भी, और न केवल तीन ऊँची जातियों में, बल्कि यह सूक्तों के बिना, शूद्रों में भी किया जाता है। यह न केवल नवचन्द्र के दिन सम्पन्न किया जाता है, बल्कि अन्य दिनों में भी किया जाता है, जब भी इसके लिए अवसर मिलता है। ऐसा लगता है कि गोभिल पिंडपितृयज्ञ को ही श्राद्ध मानते हैं और टीकाकार का कहना है कि चाहे कोई भी पिंड न हों, ब्राह्मणों को तो भोजन कराना ही होगा। किन्तु इस श्राद्ध को दूसरे श्राद्ध से अलग माना जाता है, और इसे सच्चा श्राद्ध कहा जाता है जिसे अन्वाहार्य कहा जाता है, जो उसके बाद होता है और जिसे सही रूप में पर्वनश्राद्ध के नाम से जाना जाता है।

जब हम विभिन्न पितृ अनुष्ठानों के स्पष्ट अवधारणाएँ बनाना चाहते हैं तो हमारे सामने ऐसी ही कठिनाइयों का अनुभव किया गया, जैसा कि श्राद्ध कल्प की टीका में दी गई लम्बी चर्चा में और रघुनन्दन के विरुद्ध चन्द्रकान्ता तर्कालंकार के द्वारा अशोभनीय भाषा में देखा जा सकता है। उनके साथ हुआ प्रश्न इन यज्ञों में प्रधान और अंग का रूप ग्रहण कर लेते हैं और इसका अन्तिम परिणाम यह होता है कि कभी-कभी पिंडदान प्रधान है जैसा कि पिंडापितृज्ञ में बताया गया है और कभी-कभी केवल ब्राह्मणों को भोजन कराना बताया गया है, जैसा कि नित्य श्राद्ध में कहा गया है और कभी-कभी दोनों ही बातें कही गई हैं, जैसा कि सपिंडीकरण में बताया गया है।

इसलिए हम निश्चित रूप से कह सकते हैं कि भारत के प्राचीन लोगों के जीवन का एक भी दिन ऐसा नहीं बीतता था जब वे अपने निकट के या सुदूर पूर्वजों की याद नहीं करते थे और उन्हें सम्मान प्रकट करते थे। इसके लिए कुछ सांकेतिक चढ़ावा आश्रमों को और कुछ चढ़ावा सुपात्र लोगों, मुख्यतः ब्राह्मणों को दिया जाता था। यह चढ़ावा दूध और फलों जैसे सादी चीजों से लेकर स्वर्ण और जवाहरातों तक भी होते थे। ऐसा लगता है कि श्राद्ध में जो लोग अनुष्ठान का काम करने या सहायता करने के लिए आमंत्रित किए जाते थे उन्हें कभी-कभी भारी भरकम भोज दिया जाता था। और जो बात बहुत महत्त्व की है वह यह कि जब सूत्र लिखे जा रहे थे तब इन भोजों में मांसाहार को पूरी मान्यता थी। लेकिन बाद में मांसाहार को कई पंथों ने निषिद्ध कर दिया था।

इससे पता चलता है कि श्राद्ध हालाँकि पितृयज्ञों के बाद के दिनों के थे लेकिन ये भारतीय जीवन के बहुत प्रारम्भिक चरण में सम्पन्न किए जाते थे। और चाहे इन प्राचीन पितृयज्ञों के बाहरी स्वरूप में बहुत कुछ परिवर्तन हो गया हो, उनका मूल पवित्र चरित्र वैसा ही बना रहा। यहाँ तक कि वर्तमान में, जब प्राचीन देवों की पूजा का कई लोग जो उसमें अभी भी भाग लेते हैं, मजाक उड़ाते हैं, पूर्वजों की पूजा और श्राद्ध के चढ़ावों का प्राचीन पवित्र चरित्र अभी बना हुआ है। कभी-कभी उनकी तुलना ईसाई गिरजाघर में 'कम्यूनियन' से की गई है। और निश्चित रूप से इसमें सत्यता है कि कई भारतीय लोग अपने अग्नि संस्कार और पितृ अनुष्ठानों के सम्बन्ध में शान्त स्वर और सच्चे सम्मान के साथ बात करते हैं। ऐसा माना जाता दिखता है कि अभी भी ये अनुष्ठान पृथ्वी पर उनके जीवन को एक गहरा महत्त्व और उच्च सम्भावनाएँ प्रदान करते हैं। मैं एक कदम आगे जाकर यह कह सकता हूँ कि मृतकों और पूर्वजों के स्मरण के लिए ऐसी सेवाएँ न होना हमारे स्वयं के धर्म की वास्तविक कमी है। लगभग प्रत्येक धर्म इन बातों को एक पिता को, एक माता को, यहाँ तक कि बच्चे को दिए गए स्नेहपूर्ण स्मरण का प्रतीक मानता है और हालाँकि कई देशों में ये एक अन्धविश्वास के स्रोत सिद्ध हुए हैं, फिर भी

उनके जरिए जीवन्त मानव श्रद्धा का ऐसा गहरा कुंड प्रवाहित होता है जिसे कभी नष्ट नहीं होने देना चाहिए। प्रारम्भिक चर्च मृतकों की आत्माओं के लिए प्राचीन प्रार्थनाओं की स्वीकृति देती थी और ज्यादा दक्षिणी देशों में आल सेन्ट्स और आल सोल्स डे का अनुष्ठान मानव हृदय की उस चाहत को अभी सन्तुष्ट करता है जिसे प्रत्येक धर्म में सन्तुष्ट करना चाहिए। हम उत्तर वाले लोग शोक के इन खुले प्रदर्शनों से बचते हैं किन्तु हमारे हृदय अकसर एक गहन कड़वाहट को जानते हैं। हम पहले प्राचीन लोगों के बारे में यह विश्वास करते थे कि हमारे प्रिय लोगों की आत्माएँ हमें आराम नहीं करने देंगी, जब तक कि उन्हें दैनिक प्रार्थनाओं से या उनकी याद में रोज शुभ कार्य करके उन्हें प्रसन्न न किया जाए। लेकिन सचाई इससे कहीं ज्यादा है।

किन्तु अभी भी एक और लोक (Beyond) है जो भारत के प्राचीन धर्म में अभिव्यक्त हुआ है। देवों के अतिरिक्त और पितरों के अतिरिक्त एक तीसरा संसार लोक भी था, जिसके बिना भारत का प्राचीन धर्म वैसा नहीं बन पाता, जैसा कि हम वेद में देखते हैं। इस तीसरे लोक को वेद का कवि रित कहता है और मेरा विश्वास है कि इसका अर्थ मूलत : 'सीधी पंक्ति' से ज्यादा कुछ नहीं था। यह दैनन्दिन मार्ग में सूर्य की सीधी रेखा पर, दिन और रात्रि के द्वारा अनुसरण की जाने वाली सीधी रेखा पर और मौसमों को नियमित करने वाली सीधी रेखा पर, लागू होता है। और उस सीधी रेखा पर भी लागू होता है, जो कई क्षणिक विचलन के बावजूद प्रकृति के पूरे संसार से होकर जाती थी। हम उसे रित कहते हैं, याने वह सीधी, सही रेखा। इसे जब हम अधिक सामान्य अर्थ में लागू करते हैं तो यह प्रकृति का नियम कहा जाता है और जब इसे नश्वर संसार पर लागू करते हैं तो इसी विचार को फिर से नैतिक नियम कहकर अभिव्यक्त करते हैं, वह नियम जिस पर हमारा जीवन आधारित है। जो सत्य और विवेक का शाश्वत नियम है या 'वह जो सत्यनिष्ठ के लिए बनाता है', हमारे भीतर भी और बाहर भी।

इस प्रकार, जब प्रकृति पर एक विचारपूर्ण दृष्टिपात ने देदीप्यमान देवताओं की पहली कल्पना की ओर और अन्त में प्रकाश के देवता की कल्पना की ओर प्रवृत्त किया। जब हमारे पितरों का स्नेह पवित्रता में और अमरता पर विश्वास में झलकता था, तो बाहर के और भीतर के संसार में एक सीधी रेखा को मानना सर्वोच्च विश्वास हो गया। यह ऐसा विश्वास था जो हमारे भीतर चेतना के दैवी स्वर के साथ बोलता है, और हमें बताता है 'यह रित है', 'यह उचित है', 'यह सत्य है', चाहे हमारे पूर्वजों के नियम कैसे भी हों, या हमारे देदीप्यमान देवताओं के स्वर इसके विपरीत क्यों न कह रहे हों।

ये तीन लोक (Beyonds) प्राचीनता के तीन रूप हैं और यह लगभग पूरी तरह वेद की खोज के कारण है और हम अपनी इस उन्नीसवीं सदी में चिन्तन और

धर्म के इन प्रारम्भिक चरणों को देख पा रहे हैं। चिन्तन और धर्म के ये चरण अन्य साहित्यों के शुरू होने के पहले ही बीत चुके थे। वेद में हमारी आँखों के सामने एक प्राचीन नगर खुलकर प्रगट हुआ है। ऐसा नगर सभी अन्य धर्मों के इतिहास में कूड़े से भरा है और नए वास्तुकारों द्वारा निर्मित किया गया है। हमारी सुदूर बाल्यावस्था के कुछ प्राचीनतम और अत्यन्त सीखने योग्य दृश्य हमारी स्मृति के क्षितिज पर पुन: एक बार उदित हुए हैं, जो कि तीस या चालीस साल पहले लुप्त हुए प्रतीत हो रहे थे।

भारतीय दर्शन के कीटाणु उसी समय कैसे भारत में इस धार्मिक उन्नति में निहित थे इसे बताने के लिए कुछ शब्द कहना ठीक होगा। भारत में दर्शन, जैसा कि होना चाहिए, धर्म का निषेध नहीं है, बल्कि वह उसकी पूर्णता है, यह उच्चतम धर्म है और भारत में दर्शन की प्राचीनतम प्रणाली का नाम वेदान्त है, अर्थात अन्त, लक्ष्य, जो कि वेद का उच्चतम उद्‌देश्य है।

आइए हम पुन: उन प्राचीन धर्मशास्त्रियों की ओर लौटें जो पाँचवीं सदी ईस्वी पूर्व में जीवित थे, और जिन्होंने बताया कि उनके समय के पहले भी, सभी देवता यहाँ खोज लिए गए थे लेकिन केवल तीन देव, पृथ्वी के देवताओं, वायु के देवताओं और आकाश के देवताओं को विभिन्न नामों से आह्वान किया गया था। वही लेखक हमें बताता है कि वस्तुत: केवल एक ही देवता है, किन्तु वह उसे परमात्मा या परमेश्वर नहीं कहता, सृष्टिकर्ता, शास्ता और सभी चीजों का संरक्षक नहीं कहता, बल्कि वह उसे आत्मन् कहता है। वह कहता है कि एक आत्मन् की प्रशंसा कई प्रकार से की जाती है क्योंकि ईश्वर महान है। और आगे वह यह कहता है : 'अन्य देवता केवल एक ही आत्मन् के कई सदस्य हैं और इस प्रकार यह कहा गया है कि कवि अपनी कविताओं में उन तत्त्वों के स्वभाव की अनेकता के अनुसार प्रशंसा करते हैं जिनके वे प्रशंसक होते हैं।

निस्सन्देह यह सत्य है कि यह दार्शनिक धर्मशास्त्री की भाषा है, प्राचीन कवि की नहीं। तथापि ये दार्शनिक चिन्तन बहुत पहले के नहीं तो पाँचवीं सदी ईस्वीपूर्व के हैं ही। इन चिन्तनों के कुछ बीज वैदिक सूक्तों में खोजे जा सकते हैं, जैसे इस अंश में है—'वे मित्र, वरुण, अग्नि के बारे में बताते हैं, फिर वह आकाशीय पक्षी गरुत्मत है, जो कि एक ही है लेकिन कवि उसे कई प्रकार से सम्बोधित करता है। वे यम, अग्नि, मतरेस्वन के बारे में कहते हैं।'

एक अन्य सूक्त में सूर्य को एक पक्षी से जोड़ा गया है और उसमें कहा गया है 'बुद्धिमान कवि अपने शब्दों से पक्षी को प्रतिनिधित्व करते हैं जो कई प्रकार से एक है।'

इन सब में पुराकथाओं की छाया है, किन्तु ऐसे अन्य अंश भी हैं जिनसे शुद्धतर प्रकाश किरणें हम तक आती हैं, जैसे कि एक कवि पूछता है : 'जब उसने

पहले जन्म लिया तो उसे किसने देखा, जब अस्थिविहीन ने उस अस्थिमय का वहन किया? श्वास, रक्त और संसार का स्व कहाँ था? जो उसे जानता था उससे पूछने कौन गया था?

यहाँ भी अभिव्यक्ति अभी भी असहाय है, किन्तु हालाँकि यहाँ काया निर्बल है, किन्तु आत्मा बहुत इच्छुक है। इस अभिव्यक्ति का कि 'जिसके अस्थियाँ हैं' का उपयोग उसके लिए किया गया है जिसने स्वरूप ग्रहण कर लिया है, जो दृश्य है। यह उसके विपरीत है जो अस्थिविहीन, शरीरहीन, स्वरूपविहीन, अदृश्य है, जबकि 'श्वास, रक्त और संसार का स्व' केवल अकल्पनीय और नामविहीन के नाम और अवधारणाओं को तलाशने के कई प्रयास हैं।

वैदिक साहित्य के दूसरे काल में, तथाकथित ब्राह्मणों में और विशेषकर उपनिषदों में या वेदान्त के अंश में ये विचार आगे चलकर पूर्णतः स्पष्ट और निश्चित हो जाते हैं। यहाँ धार्मिक विश्वास का विकास, जो सूक्तों में प्रारम्भ हुआ था, अपनी सम्पूर्णता प्राप्त कर लेता है। चक्र पूरा हो जाता है। एक को कई नाम से सम्बोधित करने के बदले, कई नाम एक ही नाम में समाहित हो जाते हैं। प्राचीन नाम खुले रूप में दरकिनार कर दिए जाते हैं, प्रजापति, विश्वकर्मा, धात्री सम्बोधनों को अनुपयुक्त पाकर एक ओर कर दिया जाता है। अब जिन नामों का उपयोग हो रहा है वे शुद्धतम और उच्चतम पूर्वाग्रहों की अभिव्यक्ति से अधिक कुछ नहीं है—यह आत्मन् है जो हमारे अहं से कहीं अधिक अमूर्त है, सभी का आत्म, सभी प्राचीन पुराकथाओं वाले देवताओं का आत्म,—क्योंकि वे केवल नाम नहीं थे, बल्कि ऐसे नाम थे जिनका मन्तव्य कुछ था—और अन्त में, उस आत्म को, जिसमें प्रत्येक व्यक्ति के आत्म को विश्राम करना चाहिए, स्वयं ही आना चाहिए और उसे अपने स्वयं का सच्चा आत्म ढूँढ़ना चाहिए।

आपको स्मरण होगा कि मैंने अपने पहले व्याख्यान में एक बालक का उल्लेख किया था जो अपने पिता द्वारा बलि दिए जाने पर जोर दे रहा था और जब वह यम के पास गया तो उसे तीन वरदान मिले। तब उसने निवेदन किया कि उसके तीसरे वरदान के रूप में यम को उसे यह बताना चाहिए कि मृत्यु के बाद व्यक्ति का क्या होता है। यह संवाद एक उपनिषद में है, यह वेदान्त का है, वेद के अन्त का, वेद के उच्चतम उद्देश्य का। मैं उससे कुछ उद्धरण पढ़कर सुनाता हूँ।

यम कहते हैं :

'जो लोग मूर्ख होते हैं, अज्ञानता में रह रहे हैं, चाहे वे अपनी दृष्टि में बुद्धिमान हों और झूठे ज्ञान से इतरा रहे हों, वे चक्राकार घूमते रहते हैं और आगे-पीछे भटकते हैं, जैसे अन्धा, अन्धा के पीछे चलता है।

'असावधान बच्चे की आँखों के सामने भविष्य कभी भी उदित नहीं होता और सम्पत्ति के भ्रमों में डूब जाता है। वह सोचता है कि यही संसार है और

कोई अन्य नहीं है। इस प्रकार वह पुनः पुनः मेरे अधीन (मृत्यु के अधीन) हो जाता है।

'अपने आत्मन् के साथ ध्यान करने से जो बुद्धिमान व्यक्ति अपने भीतर के पुरातन को—जो कठिनाई से दिखता है, जो अन्धकार में प्रवेश कर गया है, जो कन्दरा में छुपा है, जो पाताल में रहता है—ईश्वर के रूप में पहचान लेता है, वह सचमुच आनन्द और दुख को बहुत पीछे छोड़ देता है।

'वह आत्मन्, ज्ञाता पैदा नहीं होता और न मरता है। वह शून्य में से आया और वह कभी कुछ नहीं हुआ। परमपिता जन्मा नहीं है, अनन्त से अनन्त तक, वह मारा नहीं जाता, यद्यपि शरीर मारा जाता है।

'वह आत्मन् लघु से भी लघु है, महान से महान है, प्राणियों के हृदय में छुपा है। जिस व्यक्ति को कोई इच्छाएँ नहीं होतीं और कोई पीड़ा नहीं होती, वह सृष्टिकर्ता की कृपा से आत्मन् के गौरव को देखता है।

'स्थिर बैठे हुए भी वह दूर तक चला जाता है, लेटे हुए भी वह हर जगह जाता है। जो मेरी रक्षा करता है वह उस ईश्वर को जानने में समर्थ है, जो आनन्दित होता है और आनन्दित नहीं भी होता।

'वह आत्मन् वेद से प्राप्त नहीं होता, और न समझ से, न अधिक अध्ययन से। जिसे आत्मन् चुनता है, उसके द्वारा ही आत्मन् प्राप्त किया जा सकता है।

'आत्मन् उसे अपना रूप जानकर चुनता है। किन्तु जो पहले अपनी दुष्टता से विमुख नहीं हुआ है, जो शान्त और विनम्र नहीं है या जिसका मस्तिष्क विश्राम नहीं कर रहा है, वह ज्ञान से भी आत्मन् को प्राप्त नहीं कर सकता।

'कोई भी नश्वर ऊपर और नीचे जाने वाली श्वास के जरिए नहीं जीवित रहता। हम दूसरे के जरिए रहते हैं जिसमें दोनों स्थित हैं।

'अब मैं तुम्हें शाश्वत शब्द ब्रह्मन् का रहस्य और मृत्यु को प्राप्त होने पर आत्मन् का क्या होता है यह बताता हूँ।

'कुछ जीवित प्राणियों के रूप में फिर से पैदा होते हैं, अन्य, अपने काम के अनुसार और अपने ज्ञान के अनुसार पेड़, पत्थरों में प्रवेश कर जाते हैं।

'किन्तु वह परमपुरुष, जो स्वयं के सोते समय हममें जागता है, एक के बाद दूसरा मनोरम दृश्य निर्मित करता है, उसे निस्सन्देह प्रकाश कहते हैं, वह ब्रह्म कहा जाता है, मात्र वही अमर कहा जाता है। सारा ब्रह्मांड उसी पर आधारित है और कोई भी उसके परे नहीं जाता, ऐसा है वह।

'जैसे एक आग, संसार में प्रवेश करने के बाद, यद्यपि जो वह जलाती है उसके अनुसर भिन्न हो जाती है, इसी प्रकार एक आत्मन् सभी वस्तुओं के भीतर, जिसमें भी वह प्रवेश करता है उसके अनुरूप भिन्न हो जाता है, किन्तु वह अलग-थलग भी रहता है।

'जैसे कि सूर्य, जो संसार की आँख है, आँख के द्वारा देखी जा सकने वाली बाहरी अशुद्धियों से गन्दा नहीं होता, इसी प्रकार सभी वस्तुओं के भीतर एक आत्मन् भी संसार की सारी पीड़ाओं से भी दूषित नहीं होता, क्योंकि वह उनसे अलग होता है।

'शाश्वत चिन्तक तो एक ही है, जो अशाश्वत विचारों के बारे में सोचते हुए, एक होते हुए भी, कईयों की इच्छाओं को पूरी करता है। जो बुद्धिमान लोग अपने अन्तर में देखते हैं, उन्हें शाश्वत जीवन और शाश्वत शान्ति प्राप्त होती है।

'वहाँ कुछ भी हो, सम्पूर्ण संसार, जब (ब्रह्म से) आगे चला जाता है तो अपनी श्वासों में वह कम्पायमान होता है। वह ब्रह्म खिंची हुई तलवार के समान अत्यन्त डरावना है। जो उसे जानते हैं, वे अमर हो जाते हैं।

'ब्रह्म तक वाचा से, मस्तिष्क से या आँख से नहीं पहुँचा जा सकता। वह अज्ञेय है, उसे छोड़कर जो कहता है—वह है—"जब हृदय की सभी इच्छाएँ समाप्त हो जाती हैं, तब नश्वर अमर हो जाता है, और ब्रह्म को प्राप्त होता है।

'जब हृदय के सभी बन्धन पृथ्वी में खंडित हो जाएँगे, जब हमें इस जीवन से बाँधने वाली चीजें समाप्त हो जाएँगी, तब नश्वर अमर हो जाता है—यहाँ मेरी शिक्षा समाप्त हो जाती है।"

इसे ही वेदान्त कहते हैं, जहाँ वेद समाप्त हो जाते हैं। वेद का अन्त है यह और यही धर्म या दर्शन है, आप जो भी कहना चाहें, जो 500 ई.पू. से आज तक विद्यमान है। यदि भारत के लोगों के बारे में यह कहा जाए कि उनके पास धर्म की कोई प्रणाली भी है—उनके पितरों के यज्ञ और श्राद्ध के अलावा और केवल जाति प्रथा के अलावा—यह वेदान्त दर्शन में मिलेगा, जिसके मुख्य नियम प्रत्येक गाँव में कुछ सीमा तक जाना जाता है। धर्म का वह महान पुनरुत्थान, जो राममोहन राय और मेरे सम्माननीय मित्र केशब चन्द्र सेन के नेतृत्व में ब्राह्म समाज के द्वारा उद्घाटित किया गया है, वह मुख्यतः उपनिषदों पर आधारित है और आत्मा में वह वेदान्तिक था। वास्तव में, हिन्दू चिन्तन के अत्यन्त आधुनिक और अत्यन्त प्राचीन चरणों में एक अटूट निरन्तरता है जो तीन हजार से अधिक तक विस्तृत है।

वर्तमान में भारत धर्म, अनुष्ठान, प्रथाएँ और कानून के मामले में वेद को छोड़कर किसी भी उच्चतर सत्ता को स्वीकार नहीं करता और जब तक भारत, भारत है, कोई भी वेदान्तवाद की उस प्राचीन भावना को नहीं बुझा सकता, जिसे प्रत्येक हिन्दू अपनी युवावस्था से ही साँसों में समाया हुआ है और यह भावना विभिन्न रूपों में, यहाँ तक कि मूर्तिपूजकों की प्रार्थना में, दार्शनिक की कल्पनाओं और भिक्षुक की पुकारों में भी समाया हुआ है।

इसलिए शुद्ध रूप से व्यावहारिक कारणों से—मेरा तात्पर्य है उन गुप्त स्रोतों के बारे में कुछ जानने के बहुत व्यावहारिक उद्देश्य के लिए कि भारत के सबसे

निम्न वर्ग के और सबसे उच्च वर्ग के लोगों के विचारों और कार्यों को तय करते हैं—वेद पर आधारित उनके धर्म और वेदान्त पर आधारित उनके दर्शन के बारे में जानना बहुत वांछनीय है।

इसे हलका समझना और यह पूछना आसान है, जैसा कि कुछ राजनीतिज्ञों ने यूरोप तक में पूछा है, कि दर्शन का राजनीति से क्या काम? भारत में इसके विपरीत चाहे सभी बातें विपरीत दिखें, और स्वयं भारतीयों के द्वारा संसार के सामने धार्मिक मामलों में उदासीनता के बावजूद भी धर्म और दर्शन अभी भी महान शक्तियाँ हैं। हाल ही में सौराष्ट्र की दो प्रथम श्रेणी रियासतों जूनागढ़ और भावनगर के दो देशी राजनीतिज्ञों, प्रशासकों गोकुलजी और गौरीशंकर के हाल ही में प्रकाशित विवरण को पढ़ें और आप देखेंगे कि वेदान्त अभी भी भारत में एक राजनीतिक शक्ति है या नहीं।

किन्तु मैं वेदान्त के लिए और भी अधिक दावा करता हूँ और न केवल इंडियन सिविल सर्विस के उम्मीदवारों को, बल्कि दर्शन के सभी सच्चे विद्यार्थियों को मेरी अनुशंसा है कि वेदांत का अध्ययन किया जाए। इससे उनके समक्ष ऐसा जीवन प्रस्तुत होगा जो जीवन के उन सभी दृष्टिकोणों से भिन्न होगा जो दर्शन के इतिहास में हमारे सामने प्रस्तुत किए जाते हैं। आपने देखा कि किस प्रकार सभी देवताओं के पीछे उपनिषदों के लेखकों ने आत्मन् की तलाश की। उस आत्मन् के उन्होंने केवल तीन विधेय बताए कि वह है, वह समझता है और वह शाश्वत चरम आनन्दमय है। अन्य सभी विधेय नकारात्मक हैं : यह नहीं है, वह नहीं है, यह उस किसी भी चीज के परे है जिसकी हम कल्पना कर सकते हैं या नाम दे सकते हैं।

किन्तु वह महान आत्मन्, परमात्मन् को एक कठोर नैतिक और बौद्धिक अनुशासन से ही पाया जा सकता है और अभी तक जिन्होंने उसे नहीं पाया है उन्हें निम्न देवताओं की उपासना करने दिया गया और मानवीय आवश्यकताओं को सन्तुष्ट करने के लिए अधिक काव्यात्मक नाम रखने दिया गया। जो अन्य देवों को केवल नाम या व्यक्ति या प्रतीक के रूप में जानते थे, वे यह भी जानते थे कि जो लोग इन नामों या व्यक्तियों की पूजा करते हैं वे वास्तव में परमात्मा की पूजा करते हैं, हालाँकि यह अज्ञानतावश ही है। भारत के धार्मिक इतिहास का यह अत्यन्त विशेष लक्षण है। यहाँ तक कि भगवद्गीता में, जो वेदान्ती सिद्धान्तों की एक लोकप्रिय और सामान्य व्याख्या है, परमात्मा या भागवत स्वयं कहते हैं : 'जो लोग मूर्तिपूजा करते हैं वे भी मुझे पूजते हैं।' किन्तु इतना ही पर्याप्त नहीं था। क्योंकि अग्नि, इन्द्र और प्रजापति के नामों के पीछे और प्रकृति के सभी पुराख्यानों के पीछे, भारत के प्राचीन ऋषियों ने आत्मन् पाया था—हम इसे वस्तुनिष्ठ आत्मन् कहते हैं—उन्होंने शरीर के, चेतना के, मस्तिष्क के और हमारे विवेक के पीछे भी एक और आत्मन्, या पूर्वाग्रही आत्मन् पाया। उस आत्मन् को भी कठोर नैतिक और बौद्धिक

अनुशासन के जरिए ही पाया जा सकता था, और जो उसे पाना चाहते थे, जो उसे जानना चाहते थे, स्वयं को नहीं, बल्कि उनके आत्मन् को, तो उन्हें अपनी चेतना, या मस्तिष्क, या विवेक, या साधारण अहं से अधिक गहरे जाना होता था। ये सभी भी देव थे, देदीप्यमान सम्बोधन, तथाकथित नाम कुछ के लिए होते थे। जो भी अत्यन्त प्रिय था, जो उस समय उनका अत्यन्त आत्मन् दिखता था उसे समर्पित कर देना था, तभी वे आत्मन् को, प्राचीन व्यक्ति को, दृष्टा को, सभी व्यक्तित्वों से स्वतंत्र विषय को और सभी जीवन के स्वतंत्र अस्तित्व को पा सकते थे।

जब उस बिन्दु तक पहुँच गए तब उच्चतम ज्ञान का उदय प्रारम्भ हुआ, प्रत्यागतमन परमात्मन् की ओर चला गया, उसने अपना सच्चा आत्म परमात्मा में पा लिया और वस्तुनिष्ठ आत्म के साथ पूर्वाग्रह की एकात्मता को सभी वास्तविकताओं का आधार माना गया, जैसे धर्म का मद्धम स्वप्न—दर्शन का शुद्ध प्रकाश।

वेदान्त दर्शन में इस मूलभूत विचार पर व्यवस्थित पूर्णता के साथ विचार किया गया है, और जो भी व्यक्ति बर्कले के दर्शन में दिए गए पाठों को समझ सकता है, वह उपनिषदों और ब्रह्मसूत्रों को और उनकी टीकाओं को पढ़कर सम्पन्न और बुद्धिमान ही बनेगा।

मैं यह स्वीकार करता हूँ कि इसके लिए धैर्य, अन्तर और कुछ सीमा तक त्याग की आवश्यकता है तभी हम पूर्वी दर्शक की काली खदान में ठोस स्वर्ण के दाने तलाश सकते हैं। प्राचीन संसार में धर्म और दर्शन में क्या निरर्थक और हास्यास्पद है इसे इंगित करना तो उथले आलोचकों के लिए बहुत आसान और अत्यन्त रोचक है लेकिन जिज्ञासु छात्र के लिए विचित्र वेशभूषा में सत्य और बुद्धि को तलाशना कठिन है। हम जिस संक्षिप्त जीवन का स्मरण रख सकते हैं उसमें भी कुछ प्रगति हुई है। सेक्रेड बुक्स ऑफ द ईस्ट मात्र मिशनरीज के आक्षेपों या दार्शनिकों के व्यंग्यों का मुकाबला नहीं है। अन्त में उन्हें ऐतिहासिक दस्तावेज स्वीकार कर लिया गया है। इतना ही नहीं, उन्हें मानवीय विकास के इतिहास का अत्यन्त प्राचीन दस्तावेज माना गया है और उस विकास का स्थायी अभिलेख माना गया है। इन दस्तावेजों ने हमारे ग्रह के नेबुलर फारमेशन की तुलना में या मनुष्य के जैविक विकास की तुलना में ज्यादा व्यापक और गहन सहानुभूति प्राप्त करना शुरू कर दिया है।

यदि आप सोचते हैं कि मैं अतिशयोक्ति कर रहा हूँ तो मुझे निष्कर्ष में यह पढ़ने दें जो एक महान दार्शनिक समालोचक वेदान्त के बारे में और विशेष रूप से उपनिषदों के बारे में कहता है। यह व्यक्ति निश्चित रूप से ऐसा व्यक्ति नहीं है जो दूसरों के विचारों की प्रशंसा करता रहता है। शॉपेनहार लिखता है :

'पूरे संसार में कोई भी अध्ययन इतना लाभप्रद और ऊँचाई प्रदान करने वाला नहीं है जैसा कि उपनिषदों का अध्ययन है। यह मेरे जीवन का सन्तोष है और यह मेरी मृत्यु का भी सन्तोष होगा।'

इस प्रकार मैंने अपने व्याख्यानों की शृंखला के दौरान आपको प्राचीन भारत के बारे में, खासकर उसके प्राचीन साहित्य के बारे यथासम्भव कुछ जानकारी देने का प्रयास किया है। मेरा उद्देश्य केवल स्थानों के नाम और तथ्यों को आपके सामने रखने का नहीं था, बल्कि, जहाँ तक सम्भव हो, यह प्रयास करना था कि आप मानव जाति के उस प्राचीन अध्याय में निहित सामान्य मानवीय रुचियों को देख सकें और उनका अनुभव कर सकें। मैं चाहता था कि वेद और उसके धर्म और दर्शन आपको केवल अजीब और अजनबी न लगें, बल्कि आप यह अनुभव कर सकें कि उनमें ऐसा कुछ भी है जो हमसे भी सम्बन्ध रखता है, हमारे बौद्धिक उन्नयन से भी सम्बन्ध रखता है और इसमें हमारे बचपन की या कम से कम हमारी मानवजाति के बचपन की कुछ स्मृतियाँ भी हैं। मेरा पूरा विश्वास है कि चूँकि हमें अपना जीवन मिला है तो हमें वेद से कुछ सीखना चाहिए। यह उतना ही महत्त्वपूर्ण है जितना हमने स्कूलों में होमर और विरजिल से सीखा है और वेदान्त का ज्ञान तो उतना ही सीखने योग्य है जितना कि प्लेटो और स्पिनोजा की पद्धतियों का।

मेरे कहने का तात्पर्य यह नहीं है कि जो भी व्यक्ति यह जानना चाहता है कि मानव जाति आज जो है वह कैसे हुई, आज जो भाषा है वह कैसे आई, आज जो धर्म है वह कैसे आया, कैसे शिष्टाचार, रिवाज, कानून और सरकारों के रूप जैसे आज हैं वे कैसे हुए, हम आज जो भी हैं वह कैसे हुए, इसके लिए संस्कृत सीखें और वैदिक संस्कृत का अध्ययन करें। लेकिन मैं इस पर जरूर विश्वास करता हूँ कि यह नहीं जानना कि संस्कृत के अध्ययन ने और विशेषकर वेद के अध्ययन ने मानव मस्तिष्क-वह मस्तिष्क जिस पर हम स्वयं भोजन कर रहे हैं और रह रहे हैं—के इतिहास के सबसे अन्धकारमय अंशों को देदीप्यमान करने के लिए पहले से ही क्या किया है, तो यह हमारा दुर्भाग्य है या कहा जाए तो वह हमारी हानि है। यह ऐसी ही हानि है कि जैसे मैं, सूर्य, चन्द्रमा और तारों को, विचारों को या इच्छा को या इन्हें नियंत्रित करने वाले नियमों के बारे में बिना कुछ जाने, जीवन बिता दिया है।